杜月笙做過掛名的少將參議，此圖爲杜氏唯一的穿軍服的照片，時年四十歲。

杜月笙（中）楊虎（左）楊志雄（右）合影。

許世英（中）代表政府頒獎給上海賑災有功的杜月笙（右）、黃金榮（右二）與張嘯林（左）等三人，左第二人爲政府代表褚民誼。

民國二十年杜祠落成儀隊之一部分，下圖爲中國軍隊荷槍實彈通過租界，爲有租界之始從未有過之盛事。

杜月笙傳

第二冊

杜月笙傳 第二冊

目錄

01

廣收門徒深入報界

民國十四年五卅慘案過後，全國同胞的同仇敵愾之心，和杜月笙的個人聲望，同如巨浪滔天，扶搖直上。當時的黃浦灘頭，杜月笙的地位已可與滬上大老，浙江財閥領袖虞洽卿相提並論，同轡並驅。可是，如所週知：「阿德哥」虞洽老的興趣始終貫注於工商金融，他對於政治與社會事業，不像杜月笙那樣的胸懷大志，經之營之。

杜月笙自己識字太少，但是他卻深知新聞事業的重要。上海是中國報業的發軔地，向執全國新聞紙之牛耳。民國開元以來上海中文西文，大報小報，風起雲湧，林林總總，英租界望平街上報館望衡接宇，密若繁星，因而乃有中國艦隊街之美稱，意思是它可以和英國倫敦的報業中心分庭抗禮，等量齊觀。

為了便於政治與社會關係的運用，杜月笙開始把他的觸角伸入新聞界。他的策畫極其正確，而手法更為高明，他不但跟報館老闆拉關係，攀交情，尤其一心結交各報館編採兩部的中堅份子。他對各報的編輯和訪員極力籠絡，先使自己成為他們「可資依靠」的好朋友，然後贏得他們的信賴和尊敬，終於他在新聞界收了第一位高級智識份子的門徒——新聞報編輯唐世昌。唐世昌是上海報業近二十餘年最有勢力的人物，他壓得下驚天動地的大新聞，也能掀得起無中生有的大風浪，往往一條排好了版的頭條新聞在見報那天會得突然失蹤，報館老闆裝做視而不見，編採人員噤若寒蟬，大家心照不宣，誰都知道這是怎麼一回事：唐世昌或是另外一位，在忠實執行杜先生交給他們的任務，是杜先生自己，或者杜先生受了什麼人的囑託，他以為這條新聞不適宜刊登。

袁世凱曾經當過些時專制皇帝，他一手擎著利劍——全國精銳之師的北洋軍隊，加上無孔不入，高價收買的職業凶手；另一隻手握著鈔票——中華民國國庫以及外國鉅額借款。還有具體而微的袁世凱，如齊燮元、盧永祥、孫傳芳、張作霖和張宗昌……，張宗昌即曾公然的槍決記者，但是這些軍閥巨擘再加上遜清皇朝，沒有任何一個獨裁者能夠像杜月笙一樣，得心應手，一呼百諾，全面操縱了黃浦灘上的新聞紙。

由於唐世昌的輾轉介紹，更多的報紙編輯與新聞記者身為杜門座上客、學生子：西文、中文、大報，雜誌書刊，隱隱中儼然各有其頭目。往後名重一時的上海報人如汪松年、趙君豪、姚蘇鳳、余哲文、李超凡等人，都是杜門恆社中的佼佼者。他們之中在恆社成立以前，民國十五六年拜杜月笙為師，替師尊出力辦事的，大有人在。

杜月笙對他新聞界中的學生子，特別親切愛護。黃浦灘上波譎詭秘，風濤險惡，頭一樁，不論在什麼樣的情形之下，他能絕對保障新聞界門人的安全，——趙君豪在上海淪日時期，照舊擔任申報總編輯，作抗戰之鼓吹，予漢奸以筆誅口伐，後來被汪偽政權指名通緝，當大隊日軍佔領申報，大事搜捕，趙君豪居然能夠化險為夷，逃出上海，通過陷區，安全無恙抵達重慶，便是杜月笙保護門弟子的傑作之一。

除此以外，凡是被杜月笙延攬的新聞界人，他們的職業有保障，生活更無虞，日常工作尤能獲得許多意想不到的助力。杜月笙可以在每一家報館老闆面前說得起話，這是盡人皆知之事，沒有任何一位報館老闆，肯為區區一名編輯或記者，憑白無辜開罪杜月笙。杜月笙是如何的不可開罪？——曾有一次，堂堂的某位上海市長居然善意「勸」過兩位青年記者，他們分屬北平世界日報，和天津益世報，當他們各人寫的一篇描寫上海煙窟通訊見報以後，這位市長很委婉的告誡他們說：

「杜先生曉得你們這樣寫，他一定會不開心，你們年紀輕輕的，何必去得罪杜先生呢？」

新聞從業員的生活多半清苦，杜月笙很了解這一點，別人的學生子，或多或少總要孝敬先生一點，只有杜月笙對待他新聞界中的學生子，是反過來轉孝敬他們的。在各報館工作的杜氏門人，按月有津貼。如果他們能把這筆額外收入儲存下來，以當時的幣值，每一年就能置一部小轎車。

收小八股黨武角色容易，因為杜月笙和他們聲應氣求，表裡如一。收新聞從業者等書生輩困難，那是由於杜月笙自感椎魯無文，兩者間彷彿有所距離，如何使這些學生子對他益增向心力？這是一個很大的問題。杜月笙是一向敬重文人的，只要他聽說某人道德高，學問好，他立刻便簡在深心，時刻想望能有機會為他略盡棉薄，親自執禮。一代國學大師章太炎，有一個姪兒在上海住家，和一位虎而冠者的大力人士發生了房屋糾紛，儘管連袁世凱也惹不起他，但在彈丸之地的法租界，畢竟也無計可施。於是有人建議何妨去找杜月笙？章太炎懷著試一為之的心情，給杜月笙寫了一紙便函。

接到了章太炎這封信，杜月笙立刻親自出馬，為章太炎的姪兒解決了困難，然後，他輕車簡從，專誠跑一趟蘇州，拜訪他心儀已久的當代古文大家。章太炎訝然於他的溫文爾雅，謙恭有禮，這和他心目中的想像是截然相反的，於是章太炎和杜月笙一見如故，兩人傾談良久，從此奠立他們「平生風義兼師友」的深厚交誼，那一次拜訪，當杜月笙告辭離去，斯時境況並不太好的章太炎應可發現，在杜月笙飲用的茶杯下面，暗暗壓好一張兩千銀元的莊票，這是他的摯敬。接下來，他更每月派人送一筆款子到章公館去。

認真說來，杜月笙是誠心誠意的在敬重斯文，然而，他同時也完成了最巧妙的運用和安排，祇唸過四個月書的杜月笙，門下收了大批學驗俱優的「無冕皇帝」，這座天平上的砝碼很難擺得平。如今杜月笙的良師益友名單上添了一位章太炎，攀龍附鳳，於是水漲船高，他果然順利完成了一生交游三步驟，網羅武角色，訪求書生輩，最後是敬禮當代耆彥，交讙於「師友之間。」

02

金融巨子前倨後恭

將上海新聞界的中堅份子，緊緊的掌握在手裡，杜月笙漸漸十分欣喜的發現，他的身價地位又在直線上升，交游範圍從而作幾何級數的開拓。許多腦滿腸肥，趾高氣揚的達官顯要，富商巨賈，平時根本不把這水果店學徒出身的「白相人」看在眼裡，現在他們竟反轉來向自己暗送秋波，明修「棧道」了。他很了解這一班人傾心結納，不恥下問的目的是為了什麼？舉一例以明之，一位道貌岸然，素孚眾望的金融巨子，對於杜月笙的出身和作為向來鄙視，當他知道他的一位同鄉晚輩和杜月笙接近了些，他立刻把他喊去，嚴詞告誡，口口聲聲的說：

「你怎麼可以跟這種人來往！」

然而，隔不了多久，他又把這位鄉晚輩叫了去促膝密談，兜了幾個圈子，這才點入正題，他囁嚅嚅的問：

「你跟杜月笙的交情夠嗎？」

對方茫茫然的望看他，由於不知他是否又要嚴詞指責，「交遊不慎」，答話很難以出口。

迫於無奈，此公唯有坦然自承：

「如果你和杜某人夠交情，我想請你轉託他一件事。」

什麼事呢？原來此公一時把持不住，走了一步桃花運，不幸的是女方有了身孕，就此貼牢了不放，硬逼著此公休妻再娶，——否則的話，她要訴諸輿論，將此必然轟動黃浦灘上的緋聞公開。此公連日焦頭爛額，走投無路，他想來想去，如欲封鎖新聞，了結孽緣，唯有求助於杜月笙。

話傳過去，杜月笙一口答應，他將那位命中註定必遭遺棄的少婦請來，他苦口婆心，曉諭某公由於環境的所限，對她只是逢場作戲，何曾有什麼真情實意？縱使他果真應允了女方的要求，這樣的結合仍將痛苦無窮，因此，他勸她把這一段孽緣盡付東流。杜月笙自願掏腰包，送她五千大洋，作為來日生活費用。

那位少婦感激涕零，離開杜公館，她自此和金融世子一刀兩斷，杜月笙很圓滿的做了一次調人。嗣後他和金融巨子見了面，只當沒有這一回事，金融巨子永遠深藏他的感念，留存在他的心底。

利用新聞界裡的學生子，做這種放交情，博好感的「排難解紛」，一年四季，杜月笙真不知道要做多少次。這種交情放出去，分量是很重的，受之者不但欽佩杜月笙的「吃得開」，「兜得轉」，而且銘感五內，不知何以圖報？往後但凡碰到杜月笙有關的事，出力幫忙，藉資報答，那還用得著杜月笙開口請求嗎？凡此，等於杜月笙在銀行保險箱裡存儲一批批的無價之寶，放交情要比買房地產更可靠，杜月笙對於人情之運用，實令人不勝讚歎。

報章雜誌洩露人家的陰私秘密，杜月笙可以三言兩語，將之消弭於無形，但是有些報刊捕風捉影，萋霏生錦，無緣無故把杜月笙給罵了，學生子義形於色，大為忿懣，他自己卻付之一笑，根本無意加以阻止。他這種襟懷和風度，學生子固然衷心敬服，連跟他「涇渭分明」，存有敵意的左派中人，如共產黨拼命捧出來的「大師」魯迅，都曾私下稱讚不置。以下的一則故事，便是魯迅親口告訴他的一位紹興同鄉的——

當年左派人士鄒韜奮等為共黨張目，在上海辦了一份銷行頗廣的「生活」週刊，有一段時期，「生活」週刊集中火力，向身為「封建餘孽白相人頭腦」的杜月笙開砲猛轟，幾乎每一期都刊有謾罵杜月笙的文章。此種情事使杜門中人憤慨萬分，「武角色」揚言要給「生活」週刊顏色看，「書生輩」主張採取法律行動或者「為文反駁，以正視聽」，杜月笙聽了他們的意見，總是滿面含笑，搖搖頭道：

「他們有興致，就讓他們去罵好了。」

不久，「生活」週刊闖了禍，租界當局決定逕予封閉，並且將鄒韜奮等人加以逮捕，杜月笙正和捕房幾位探目推磨莊牌九消遣，預定執行任務的時候到了，一位總探目把牌一推說：

「杜先生，抱歉抱歉，我們要出動了。」

杜月笙一邊理牌一邊問：

「你們要去做啥？」

「封生活書店，捉鄒韜奮。這批傢伙一逕都在罵你，今朝要好好叫他們吃點苦頭。」

再也沒有想到，杜月笙竟會連連的搖頭，他反轉來排解的說：

「算了罷，這班書篤頭，何必叫他們到捕房裡去受罪。你們還是給我前門喊喊，讓他們後門口逃脫拉倒啦。」

杜月笙這麼一說，等於是下了命令，幾位探目雖然心中不平，卻是不敢不遵。當下他們一車子到了生活書店，果真依照杜月笙的吩咐，在大門口裝模作樣，大呼小叫，等鄒韜奮等一班人都從後門逃光了，這才一擁而入，一個人也不曾抓到，僅祇在大門上貼張封條了事。

若干時後，共產黨人想盡方法，買通租界當局，又使生活書店啟封，生活週刊復刊。復刊後的生活週刊，就此不再攻擊杜月笙。這個轉變使杜月笙大感意外，他一再困惑不解的自問：「他們怎麼不罵了呢？」魯迅後來透露了這個秘密：鄒韜奮曉得了杜月笙的暗中搭救，他在報恩。

拋開早年同生死，共患難，如小八股黨等弟兄朋友不算，杜月笙在民國十年前後所收的門徒，魚龍蔓衍，良莠不齊，份子至為複雜，其中有電影製片家、大導演如張石川、周劍雲，有無冕皇帝如唐世昌、趙君豪，也有黃浦灘上「搖缸」第一把手江肇銘，被人詛咒為「小市民的吸血魔」，殺人不眨眼的花會大王高蘭生，以及任性衝動，愛跟黑道上朋友來往的張松濤，他後來在敵偽時期當了蘇州警察局長，使杜月笙第二度大為痛心。

如何使這許多人相安無事，和衷共濟？「武角色」不嫉妒「書生輩」的後來居上，過蒙師恩；書生輩也不輕視武角色的雞鳴狗盜，而不屑為伍。這裡面，杜月笙實高度發揮了他的駕馭長才，他能使截然不同類型的兩批人物處得和睦無間，衷誠合作。

03

十隻指頭長短不齊

杜月笙對待他的學生子，絕對一視同仁，愛護有加，即使闖了窮禍，他也會挺身而出，一力肩承。如江肇銘攪得嚴老九的賭場捲堂大散，他即曾親登嚴門，負荊請罪。但是這裡面有一個分寸，私人品德不可趨於下流，江肇銘賭輸發急，尚無礙於大體，如果有人「著底」（滬諺：品格低下），但凡做出「撈錫箔灰」（獲不義之財）、「裝筍頭」（有意栽誣）、「放紅老蟲」（揭人隱私，釀成災禍），「放龍」（內部攻訐，引起外界交涉）、「小勺」（挑拔離間，傷人感情）、「看冷鋪」（落井下石，或見死不救）、「拆梢」（脅迫取財）之類的不仁不義之事，在他是斷然不會宥恕的，凡此幾乎成為杜門的鐵律。

大概是杜月笙自天賦得來的一雙慧眼，他極能識人，在他一生之中，門生弟子成千上百，挨過他罵的不多，受到他懲處的更是少之又少。譬如說早年常和江肇銘相提並論的張松濤，曾經有一次受了黑道上朋友的牽累，幫人家「照杜月笙的牌頭」、「亮杜月笙的字號」，為非作歹，膽大妄為，事為杜月笙所偵知，赫然震怒，當時便派人把張松濤喊來，見面以後，對於張松濤朋友所犯的重大罪案，一字不提，他只是痛心疾首，不勝傷感的這麼說：

「上海儂好弗要蹲（躭）了，儂還是跟我到外地去吧。」

就這麼輕飄飄的兩句話，分量卻有千斤重，直把張松濤嚇得魂飛天外，手足無措，嚴師之命，不敢不遵，同時更由於做賊心虛，那有膽量追問緣故，他覺得放逐外鄉無所謂，被逐出杜門這個損失未免太大，當時他簌簌發抖，央求著說：

「先生，我一出黃浦灘，格末真叫死路一條了呀！」

「天底下的飯又不是統統在上海，」杜先生煩燥的一跺腳：「年紀輕輕，你怕出了上海就要餓煞人啦？」

張松濤心知這是他最後的機會，繼續苦苦哀求：

「先生！先生！……」

果然杜月笙心又軟了，他無可奈何的說：

「好吧，我喊人寫封信，介紹你到寧波砲台司令部。」

張松濤的苦肉計果然告成，杜月笙出了薦書。即使張松濤不在乎那個收入箋箋的小差使；他仍還是認真努力的幹，做出一副改頭換面，敦品勵行的姿態。

時值張伯歧在當寧波砲台司令，張司令和杜月笙是結拜弟兄，要好得很，曾是辛亥革命浙江首義人物。他見張松濤勤懇努力，每次到上海都要提起張松濤，誇獎幾句，於是菩薩心腸的杜月笙，難免又興故劍情深之嘆，回家常常說些松濤如何如何改邪歸正的話。沈月英是師娘，對於杜月笙的學生一向很關心，她晛知杜月笙頗有回心轉念的可能，她便順水推舟的說：

「俗話說，浪子回頭金不換。松濤做錯過事體，只要他知過能改，說不定將來可以成為人才。

我看，你還是把他叫回來吧。」

聽見沈月英也這麼說，恰中自家心意，杜月笙很高興，他派人去把張松濤喊回上海，命他繼續在身邊効力。張松濤回來的時候，已經是民國十五年（一九二六）的歲暮，他帶來許多令人振奮的好消息。由於他是從浙江軍中來的，他告訴黃老闆、杜先生和張大帥：國民革命軍自是年七月九日從廣州誓師北伐，大軍在蔣總司令指揮之下，一路勢如破竹，長驅直入湖南，十月復湖北，十一月克江西，十二月平福建，吳佩孚的部隊幾已全軍覆沒，孫傳芳的勁旅也在南昌之役喪師大半，被俘的軍長即有三人之多。目今東路大軍已經進入浙境。他轉述張伯歧的話說，孫傳芳雖然號稱五省聯帥，擁兵二十萬眾，盡囊東南之富，可是面臨堂堂正正的北伐軍，接連的兵敗如山倒，看情形他不日即將重蹈吳佩孚的覆轍。張伯歧託張松濤給杜月笙帶個口信，革命軍一來，大家要起而響應，他準備在寧波俟機陣前起義，如果事不能諧，他將回到上海來跟大家一致効力。

張伯歧托張松濤帶得有機密情報：由於孫傳芳搜括日亟，斂財自肥，他置部下官兵的生活於不顧，各級部隊都有欠糧欠餉的情事，或三五個月，或一兩個月不等，於是孫部軍心渙散，業已面臨魚爛土崩的局面。張伯岐將孫傳芳在浙各軍的情況作了一番統計分析，他希望這些情報能夠傳送到革命軍方面，設有需要，大可借此機會策反、招撫一番。

杜月笙高興萬分，他立刻便將情報轉送國民黨駐上海的負責人，江蘇黨務委員會七位委員之一的鈕永建，江蘇黨委會是在十五年九月四日設立的。七委員是吳敬恆、張靜江、何成濬、鈕永建、葉楚傖、朱季恂和侯紹裘，其中張、何、鈕、葉四位，都和杜月笙有密切的關係。

民國十六年（一九二七）新正前後的北伐形勢，東路軍第二師由劉峙率領，正向浙江衢州疾進，長江上游宜昌沙市一帶殘敵已告肅清，河南靳雲鶚正在秘密洽降，孫傳芳北上向奉張哭秦庭，張作霖唇亡齒冷，不寒自慄，他派張宗昌統兵南下，接替孫傳芳守南京的防務。當時正值容共時期，鮑羅廷在我國擔任顧問，左派人士在國際共黨的支持和策劃之下，企圖一舉攫取國民革命軍浴血苦戰的勝利果實，陰謀竊奪政權，煽動農工暴亂，分化革命陣營，同時他們更以鮑羅廷為首，不擇一切手段，公然阻撓蔣總司令進軍東南，光復京滬，作為統一中國的基礎。同時他們自己早已完成了佔領上海的週密部署。

所有在華國際共黨和中國共黨的軍事、工運頭子，以及中國共黨領袖人物如李立三、陳獨秀、羅亦農、劉少奇、周恩來、陳雲、廖承志，號稱「東南二華」的汪壽華與宣中華，朱季恂和侯紹裘，全都在國民黨的保護色下，躲在租界裡面秘密活動，他們甚至設立軍事小組，由俄國人查底柯夫（Jotikoff）、阿諾（Arno）、齊尼斯克（Chernisk）、布哈羅夫（Bouharoff），和周恩來、顧順章等主持。其中最值得注意的危險人物是汪壽華，最凶悍頑強的破壞份子是顧順章，顧順章後來曾擔任共黨武裝部隊——上海工人糾察隊的首領，他本來是鮑羅廷的衛士，著名的狙擊手，由鮑羅廷指派擔任周恩來的副手。

04

北伐軍與矢志前驅

國際共黨對於上海勢在必得，他們建立工人武力，多次發動罷工，全力阻撓北伐軍底定東南，陰謀成立親共政權，必要的時候他們寧願將上海拱手讓給奉系軍閥張作霖和張宗昌，或則劃為中立地帶。總而言之，他們不惜任何代價與犧牲，唯一的目的是雅不欲見中華民國的統一，使蔣總司令的百戰勳業功虧一簣。

以當時的軍事態勢言：北伐全軍共為二百個團，兵員二十六萬四千，槍支二十二萬七千。而蔣總司令一手組成，東征北伐，攻堅摧銳，前仆後繼，一直在打硬仗，充前鋒的第一軍，只剩下人槍三萬有奇。

汪壽華，原名何松林，浙江諸暨人，個子生來瘦小，但卻精力充沛，詭計多端，走起路來蹤蹤跳跳，像隻麻雀。數四十年來共黨人物，像汪壽華可以算得上是最能幹的角色。他曾和劉少奇一同去過蘇俄，返國後就在上海從事地下活動。五卅慘案時他是學生會的要角，巡捕房裡不知幾次差點兒捉到了他，而幾乎每一次都是杜月笙救他的命，因為杜月笙一直以為他是國民黨員，巡捕房要捉人，杜月笙事先得到風聲，便在紙上畫個八卦，派人送給汪壽華，汪壽華一得這個暗號，立刻逃跑。

民國十六年前後，汪壽華還是自稱國民黨員，他從地下鑽了出來，在短短期間內，上海的八大工會，如商務印書館、報界、自來水、碼頭、紗廠、電燈、電車等等，全部由汪壽華抓在手裡，於是，他更進一步組成總工會，以領導者自居，隱隱然成為一股新興的力量。他可以在四小時內發動八十萬名工友。

革命軍自民國十六年二月，順利攻入蘇浙兩省，共產黨徒沾沾自喜，認為他們統一全滬為期已不在遠，但是這時候他們檢討策略，發現僅只掌握工人，並不能發揮足夠的力量，得以阻止北伐大軍於上海市外。上海是一個光怪陸離，複雜微妙的大都會，無論士農工商各界，即使擁有再多的群眾，實際仍是一盤散沙。反倒是那些在租界裡聲色犬馬，吃喝玩樂的大亨們，他們潛伏的力量非常之大，因為他們有的是錢、有的是人。他們的群眾有嚴密的組織，絕對忠誠可靠，尤其像杜月笙，已經是上海人心目中的一尊偶像，倘若能夠將杜月笙爭取到他們這一邊來，在黃浦灘上就不愁有事行不通。

汪壽華接受組織上的命令，利用過去的舊關係，他一直在全力爭取杜月笙，汪壽華這個人很聰明，他明明知道杜月笙過去幫他那麼些忙，並非因為他是汪壽華，而是敬重他身為國民黨。當然，他有把握和杜月笙經常接近，得到他明裡暗裡的幫助，可是事到臨頭，他搖身一變，要叫杜月笙跟他一道去打擊國民黨，他也知道杜月笙是斷然不會答應的。

05

李寶章血洗黃浦灘

二月十九日，國民革命軍東路軍入浙，前敵總指揮白崇禧進駐杭州的消息，剛剛傳到上海，那日午後，汪壽華便迫不及待，他要先顯點顏色，試探一下孫傳芳「保衛大上海」的決心，究竟有多麼強?他發動了一次規模不大的罷工，誰知道，這個「擾亂治安」的舉動，居然激怒了上海守將李寶章，他派大刀隊驅散了罷工的工人，當場抓到兩個散發傳單的，不經審問，立刻砍死在大街上，梟下兩顆血淋淋的人頭，高掛在電線桿上示眾。

這一下共產黨弄巧成拙，輸了頭一個回合，如果就此銷聲匿跡，傚法縮頭烏龜，已經組織好的工人們必定離心離德，總工會顏面無光，可能土崩魚爛。多時來的心血毀之於一旦，共產黨徒又怎能心甘?於是，汪壽華決定一不做，二不休，不惜和軍閥隊伍發生正面衝突——他到處煽動工人，叫他們在第二天展開全面罷工罷市。

李寶章，是孫傳芳手下的一員驍將，他是有名的獨臂將軍，打起仗來慓悍勇猛，行起事來心黑手辣。孫傳芳很倚重他，所以把他放在最重要的一線，替孫傳芳扼守最後的據點。他當時正擔任淞滬鎮守使，同時身為革命軍和共產黨的正面之敵。十九日將一次罷工鎮壓下去，殺了兩名工人，二十日，共黨再接再厲，發動罷市罷工。李寶章事先早有準備，他的對策是「殺殺殺」，所有他掌握的軍隊，全部以武裝肉搏式姿態出動，不是手擎大砍刀，便是腰懸盒子砲。如狼如虎的軍警和搖旗吶喊的工人劈面相逢，那頭稍一遲疑，這邊悶聲不響，衝上去便是一陣砍殺，刀光霍霍，人頭滾滾，上海人幾曾見過這種血淋嗒滴，恐怖刺激的場面？工人們嚇得東奔西跑，紛紛抱頭鼠竄而逃，大街兩畔，家家戶戶門窗緊閉，南市閘北，轉眼間變成一座死城。

大刀隊不以驅散「亂黨」為已足，工人們四散奔逃，他們拔足便追，逃得慢的於是又枉送了性命，街道上真是遍地屍骸，血流成渠。惡煞神們還在殺個不停。無可奈何，有大批的人衝進了英法兩租界，於是租界裡也大起騷動，華洋巡捕一面攔阻追兵，禁止他們越雷池一步，一面大量的捉人，把闖入租界的逃命者統統捉進監牢。

杜月笙在家裡得到消息，大吃一驚，接下來杜公館的電話鈴聲便此起彼落，響個不停，都是打來向他求救的。因為外面的風聲越來越緊，李寶章的部隊殺人殺紅了眼睛，李寶章自己也陷於激怒瘋狂狀態，他派人向租界辦交涉，威脅租界當局，立將被捕的「暴民」掃數引渡到華界，他揚言要把「暴民」斬盡殺絕。

這個問題未免太嚴重了，租界當局毫無準備，因此束手無策，他們將衝入租界的逃命者捉進捕房，純粹是為了維持秩序，免得擾亂了租界的安寧。如今李寶章橫蠻的迫令引渡，使外國人進退維谷，左右為難。因為李寶章提出這種要求，依法並無不合。

是狠狠心將這些無辜者送出讓他們引頸就戮？還是峻詞拒絕劊子手們要求引渡？英法兩租界不知所從，徬徨無計，正在要緊關頭，杜月笙邀集英法兩界知名華紳，向工部局和法捕房提供意見：

引渡一舉是萬萬行不得的，這成千上百條人命必須保全。英租界工部局總董費信惇，一向對杜月笙極為友好，費氏在任期間，杜月笙幫過他很多次忙，杜月笙跟他提出這樣的要求，於情於理，他都很難打回票。法租界的總董和總巡，更是常年在吃杜月笙的「俸祿」，杜月笙的「建議」等於是措詞和緩的命令。

雙方面都採納了杜月笙等一干華紳的「建議」：無論如何決不引渡。原則確定，再籌商如何應付李寶章，當時杜月笙胸有成竹的說：

「我們大家分頭到各巡捕房去，按照規定手續，保釋那些妨害治安的嫌疑犯。」

費信惇和費沃里都莞爾的笑了，這便是對李寶章的最佳答案：今天各捕房雖然捉到一些「擾亂治安」的嫌疑犯，但是經過審訊以後，發現他們在租界裡並無犯罪事實，因此，「業已分別交保開釋。」

一番努力救了無數人的性命，杜月笙回家以後不但毫無歡欣得意的神情，他反而頓足大罵汪壽華：

「這傢伙是什麼意思？無緣無故，白白的送了這麼些條性命！」

張嘯林跟他一樣跑得滿頭大汗，於是也在憤憤的罵：

「媽特個×！這汪壽華準定不是好東西！」

新龍華淞滬鎮守使衙門裡，獨臂將軍李寶章也在暴跳如雷，他大罵洋人混蛋，包庇亂黨，由於這一天不曾如願把亂黨殺光，李寶章一口氣下了許多道命令。

當天被殺的那一批人，一概不准收屍，除了暴屍示眾，他派兵把那些人的腦袋全給切下來，盛在竹簍子裡，吊在電線桿上。

李寶章血洗上海，第二天有膽子大些的人，打開一條門縫，悄悄的向外張望。他們大都「哎呀」一聲驚喊，把頭縮了回去，趕緊將門關閉。街頭景色，看一眼都叫人魂飛天外，心怯膽顫。

無頭屍首躺在街心，到處可見絳紫色的血跡。電線桿上，竹簍盛裝的人頭，血肉模糊，面目難辨。一隻隻的代替了路燈。

李寶章的部隊，灰布軍裝，彪形大漢，每一班人排列一隊，為首的班長手捧一隻令箭，李寶章稱之為「大令」。「大令」所到之處，等於李鎮守使虎駕賁臨，有誰敢違禁，「定斬人頭不留情」。

上海是一個最幸運的都市，設置以來絕少遭刀兵之災，遜清咸豐三年（一八五三）九月八日，小刀會劉麗川鬧了一年三個月，咸豐十年太平天國長毛賊跟英國名將戈登對過一次陣，辛亥民二兩度攻打製造局，民國四年（一九一五）肇和兵艦起義，統共才放了那麼幾槍幾砲。像李寶章這麼當眾殺人，街心臥屍，真刀真槍，人頭落地的陣仗，一翻三四百年的上海歷史，那還是破題兒第一遭。李寶章就這麼把上海人嚇得乖乖的不敢動了。汪壽華再毒再狠，於焉也英雄無用武之地。

06

汪壽華發動大罷工

市不待休而自休，工不待罷而自罷，十里洋場成為恐怖世界，共產黨就把這筆帳記在自己的頭上。反正上海人給李寶章嚇得不敢出門了，李立三和汪壽華說：這是共產黨所策動的大罷市，大罷工。

方才安靜了一天，二月二十二日，又出事體，黃浦江裡的中國兵艦，建威號和建康號，受了共黨的煽動，開炮轟擊岸上，偏巧炮又打不準，二十幾發砲彈中，有一半落在法租界，幸好砲彈都爆在空曠的地方，算是不曾傷人。

吃柿子找軟的捏，這是汪壽華色厲內荏的表現，工人犧牲不少，人人失魂落魄，一時無法發動大規模的「工人運動」，但是他們必須繼續搗蛋，維持「士」氣，並且表示勞工還在不斷的向軍閥進攻。乘黃浦灘上砲聲隆隆，共產黨派出他們的自家人，配合一小部份愍不畏死的勞工嘍囉，他們一路鼓噪，襲擊閘北警察署，刦奪了一批鎗枝和彈藥。

馬上散播消息，說是上海勞工現在已經武裝起來了，他們將與殘暴的軍閥，作殊死的鬪爭。——這麼一來，又是風聲鶴唳，草木皆兵，上海人都困守在自己家裡，即使缺柴缺米，也不敢出門去買。死市，更進一步變成鬼域。

李寶章早先召見過上海各報負責人，滿口「媽特個×」的胡罵，他曾公開警告各報：「誰敢再登『亂黨』的消息，幫那些個『亂黨』講話，就甭想再要腦袋！」

於是汪壽華也下帖子請報界人士吃飯，報界人士到了約定地點，再被鬼鬼祟祟的共特帶到另一處地方，神秘恐怖氣氛是共黨慣於製造的「下馬威」，席間他滔滔不絕分析當前情勢，軍閥已在做垂死的掙扎，勞工的力量何等龐大，來日上海一定是工人的天下。他向新聞界提出「要求」，請予「協助」，實際上是語語脅迫，聲聲示威。後來他更親赴各報館，「勒令」刊登輿論界聲討李寶章的「宣言」，不登的話，「明天早晨就要採取不客氣的行動。」上海報業夾在兩毒之間，不知何適何從，當夜經過報館老闆的緊急會商，終於決定各報一律自動停刊。

大上海真正是一團漆黑，暗無天日，伸手不見五指了。

期待革命軍，宛若大旱之望雲霓，當時的上海人有誰知道：國民革命軍為避免糜爛地方，保全東南經濟命脈，早先曾有決定，不在上海用兵。於是，二月廿三日東路軍總指揮何應欽在杭州建立司令部，當日前敵總指揮白崇禧即已克復宜興。小諸葛奉命好整以暇，暫在宜興歇馬。

與此同時，南下援助孫傳芳的直魯聯軍，由山東督軍張宗昌統率，自十五年年底，開抵南京。十六年初，聯軍先頭部隊，正沿滬寧鐵路向東推展。而李寶章所部，也從龍華馳赴鬆江，據守第三十一號鐵橋。

二月二十四日，兩年前曾經來滬一遊，此刻已成張宗昌麾下一員大將的畢庶澄，親督海陸大軍循海南下，進駐上海，開始接替孫傳芳的防務。他統率的奉軍精銳人槍兩萬，對外則號稱十萬雄兵。

早在民國十四年元月底，張宗昌南下支援盧永祥，統兵萬餘抵達上海，就住在杜美路二十六號杜月笙的別墅裡。畢庶澄時任補充旅長，他曾耳聞杜月笙招待張大帥的豪奢場面，金粉世界、當時不知道有多麼艷羨，後來齊盧鷸蚌之爭，孫傳芳漁翁得利，張宗昌畢庶澄陸續撤走。他那一次南下，個人收穫僅祇是走了一趟南通，拜見過一次老恩公張謇。張狀元早年給他寫過一封介紹信，介紹畢庶澄到北洋三重鎮，龍（王士珍）、虎（段祺瑞）以次的「狗」將軍馮國璋帳下。馮國璋派他到軍官學堂受訓，好不容易熬到一個出身，後來他由皖系倒向奉（張作霖、張宗昌）系，在張大帥部下當一名旅長。

從十四年元月到十六年二月，畢庶澄在兩年之間吉星高照，立下不少汗馬功勞。當年十月二十日他親往解決青島「肇和」、「同安」兩艦要求清餉否則砲轟陸地的嚴重事件，因而獲任「渤海艦隊總司令」。十二月三日，他又解決了態度不明的一支魯軍，使張宗昌地位穩定，從此成為張宗昌的心腹大將，地位幾與褚玉璞相埒。民國十六年二月他重來黃浦灘上，已經是直魯聯軍第五路總指揮兼第八軍軍長、兼渤海艦隊總司令，他所統率的第八軍，尤為張宗昌麾下的一支勁旅。

老上海時仍津津樂道，畢庶澄人長得漂亮，他脣紅齒白，風度翩翩，即令身為狗肉將軍張大帥麾下大將，卻仍不時自詡身為「周公瑾復生」，風流倜儻，翩翩然若佳公子。他統帥師干，威風八面，偏偏不喜穿軍裝，經常黃馬褂，紫坎肩，一襲織錦團花綢衫，頭上戴一頂瓜皮帽，額心鑲綴一塊美玉。

畢庶澄二度抵滬，先則板起一副公事面孔，他聲言不下火車，就地辦公。劃北站一角，徵用幾輛車皮，草草的成立了他的司令部。他坐在一節花車上面，指揮軍隊，部署防務，做出一副厲兵秣馬，借城背一的姿態，彷彿要跟國民革命軍決一死戰。

李寶章大肆屠殺於前，共產黨煽動工潮於後，革命軍進駐上海的前夕，黃浦灘早已成為杯弓蛇影的恐怖世界。南市閘北一帶，稍有幾個錢的居民，紛紛扶老攜幼，遷入租界避亂。剩下來的人，如今眼見一年前殘民以逞的侉子軍，又在佔房屋，拉伕子，強賒強買，大街小巷，佈起了砂包鐵網，機槍大砲。看起來，很像巷戰一觸即發，上海逃不過刀兵之災，於是人心更加慌亂，民家店舖，一致關門閉戶，宣告打烊，使上海華界變做廢墟。

紳商各界的領袖人物，在租界裡接觸頻繁，籌議會商，他們為了挽救地方，免致生靈塗炭，亟想在兩軍對仗之中，找出一個避免戰禍的辦法。民國十六年的杜月笙，已是上海市民眾望所歸的頭號人物，若干年來他交遊廣濶，革命軍中和張宗昌那邊，祇怕都有他的好朋友。他們希望能從杜月笙身上，產生一次「化干戈為玉帛」的奇蹟，因此，杜月笙的一言一行，都為八方所矚目。

戰火迫在眉睫，杜月笙並非全無警覺，畢庶澄抵達上海之日，他便假鈞培里黃公館，召集過一次會議。出席的有黃老闆、張嘯林、金廷蓀、顧掌生、馬祥生和他自己，他們籌商的大計，當然和速避戰禍有關。席間，黃老闆曾經頭頭是道的作了一番分析。

黃金榮說：自古以來，上海人消弭戰禍的方法，只有兩種，其一是借重洋人的干涉，譬如說咸豐初年太平天國軍進犯上海城，就是英國將軍戈登，隔著昔為蘆花蕩的那座跑馬廳，用犀利的槍砲把長毛賊轟跑了的。其二是捐獻銀兩，對雙方主帥動之以利，請他們把戰場拉遠一點，莫要糜爛了黃爛灘這個寸土寸金的好地方。

杜月笙一臉苦笑的說：這兩條辦法時今絕對行不通，革命統一中國，弔民伐賊，出的是堂堂正正之師。張宗昌雖說是奉命援助孫傳芳，但是他背後實際發號施令的，還是關外王奉軍首領張作霖。當時駐屯關內關外的奉軍多達五十萬，又跟日本人結為奧援，而革命軍北伐以後固曾破吳佩孚，敗孫傳芳，如果純以力量比較，和奉軍之戰尚不知鹿死誰手？這將是一場天崩地坼，爾死我活的大戰，無論洋人或銀彈，絕難在其間發生任何作用。

張嘯林平素和張宗昌以及奉系將領很接近，他發言時難免有所偏頗。黃老闆斷然反對他聯奉建功的計劃。他說：

「革命軍是孫總理的子弟兵，蔣總司令是中國的救星，回想從前十幾年裡，我們這些河浜裡的泥鰍，承蒙革命黨的大人先生交關看得起，今天不管革命軍用不用得著我們，我們都要盡量出力。到了現在還想去跟軍閥勾結，那是我絕對不贊成的。」

這是黃老闆極其重要的一次發言，杜月笙立刻表示熱烈支持，他們所開的會議開始更改討論題目：應該如何配合革命軍的攻勢，設法先行驅逐，或者瓦解奉軍。

大氣磅礴，正義凜然，張嘯林畢竟也是一個重道義，顧交情的血性男兒，他服從多數意見，一心一意協助革命軍，他開始參加訂定實際步驟的討論。會商有了結果，當夜，杜月笙和張嘯林二人，興沖沖而「胸有成竹」的回家。

07

風流將軍花國總統

民國十六年，三月，上海人大難臨頭。

南北兩大軍閥，會師滬瀆，張宗昌的直魯部隊，孫傳芳的五省聯軍，耀武揚威，殺氣騰騰，以北火車站畢庶澄的司令部為中心，在大街小巷堆沙包，拉鐵絲網，佈置防線；沒有人曉得什麼時候會爆發巷戰，因為全市的報紙被迫停刊，上海成了孤島，消息完全隔絕。

與此同時，披著國民黨、革命軍偽裝外衣的共產黨徒，正自四面八方，悄然的集中，蘇俄派遣高級特務坐鎮指揮，於是顧順章和周恩來在多方搜集軍火，建立工人武力；李立三、汪壽華、瞿秋白、趙世炎、羅亦農、侯紹裘等把持了上海總工會，企圖掌握上海八十萬工人。自二月份起接二連三的罷工、暴動，工廠拉上鐵門，商店自動打烊，幾乎使上海華界，成為死市。

英法兩界，照舊歌舞昇平，繁榮不減，但卻籠罩著巨大的恐怖陰影，一旦打起仗來，子彈不長眼睛，租界和華區，脣齒相依，地界犬牙相錯，誰能保險不受戰火的波及？何況共產黨徒陰謀製造暴亂，竭力促使軍閥部隊，甚至革命軍、市民群眾與租界裡的外籍兵團發生衝突。國際共產黨執行委員會全體大會「關於中國問題議決案」，便曾有以次的諸項決定：

二、必須於張作霖（也就是張宗昌的老闆）軍隊所佔領之區域內，造成排歐之混亂。

四、激動反抗歐洲暴行之風潮及英國計劃。

五、必須設定一切方法激勵國民群眾排斥外國人，獲得各國對於國民群眾之適用武力戰鬥。為引起各國干涉，應貫徹到底，不惜任何方法，甚至公開搶掠及大量慘殺，亦可實行。

民國十六年三月十三日，在莫斯科舉行的一項會議紀錄顯示：「上海暴亂團體工作頗見成效，曾殺死反罷工者及『壓迫』工人者十餘名，一般人因之逃亡者有之，改變主義者有之。……吾人應繼續工作，在外國軍隊中宣傳，吾人極希望畢庶澄兵與外國軍隊衝突，此種時期已屆成熟。……」

因此，大罷工後，中共上海市委和中共中央發表告民眾書，積極籌組他們的「上海市民政府」，建立蘇維埃式政權，共產黨所訂定的「上海市目前最低限度共同政綱」，其中第三項即曾明顯指出：「撤退各國海陸軍，收回租界，統一市政。」——如果共產黨的陰謀能夠逐一達成，上海勢將成為外國軍隊、軍閥武力，乃至革命大軍陷於混戰的戰場，無分華界租界，同歸於盡，最後是他們漁翁得利，坐待一石三鳥之計奏效。

所以，當時上海具有真知灼見，認清環境險惡的金融巨子。地方士紳和社會群眾領袖，都在憂心忡忡，四出活動，他們不惜運用一切手腕，採取多種途徑，殊途同歸，分頭努力。他們的目的起先很單純，僅祇為了保護地方，全活身家，企圖避免戰火燃起，玉石俱焚，將這七百年來罕有刀兵之災，享盡太平歲月的東方明珠大上海，毀之於一旦。

在他們不約而同，所作的多方面活動之中，黃金榮、杜月笙和張嘯林一致從事軟化畢庶澄，瓦解直魯軍的軍心鬪志，無疑是最重要的一環。因為只要他們能夠絆住了這位直魯軍大將，不但有助於革命軍的順利推展，同時也消減了黃浦灘上劍拔弩張、刀光閃閃的緊張氣氛，並且免除了許多一觸即發的衝突；倘使他們更進一階，勸誘畢庶澄早日歸順革命陣營，一舉解決這兩萬餘人的直奉軍主力，那麼，剩下孫傳芳的第九師李寶章部，官兵兩千八百人，步槍二五〇〇支，也就成了癬介之疾，革命軍儘可傳檄而定，戰火亦將遠離上海而去。

三月十日，由杜月笙、張嘯林出面，備一份請貼，請畢庶澄赴洗塵宴，席設英租界汕頭妓，上海名妓，花國大總統富春樓老六的香閨。

畢庶澄考慮再三，終於欣然應命。杜月笙心知畢庶澄不會不來，一則畢軍長應該曉得，杜張都是他頂頭上司的要好朋友，擺這一桌酒，無非是給畢軍長一個面子。二來呢，只要畢庶澄想在上海立腳，他就不便得罪威鎮歇浦，一呼萬諾的三大亨。

私底下畢庶澄還有一層理由，那是他日後枕畔絮語，曾向花國大總統富春樓老六洩露了的。一年多以前他還是一名小小的補充旅長，幾曾沾到三大亨的邊？三大亨肉林酒池，窮奢極侈招待張宗昌，山東河北與關外，無人不交口讚羨，傳為美談。如今輪到他統率師干，擁兵滬上，「人生幾何，對酒當歌」，這一番十里洋場繁華夢，倘若再不身歷其境，更待何時？

杜月笙和張嘯林，假富春樓老六的香閨為畢軍長設讌洗塵的時候，上海花事，正當荼靡盛放，與絕代佳人富春樓老六旗鼓相當，艷名大噪的還有張素雲、雲蘭芳、和芳卿三位嬌娃，合稱四小金剛。個個都有沉魚落雁、閉月羞花之貌，允為上海名妓的一時之選——畢庶澄應邀赴宴之前，杜月笙曾經親訪富春樓老六，和她扃戶密談，為時頗久。杜月笙一走，隨即便有各色人等，紛至沓來，把富春樓老六那幢一樓一底的房子，佈置得美奐美侖，煥然一新。

請著名的廚師，辦特等的酒席，在座相陪的，只有杜月笙和張嘯林兩位主人，民國十六年三月十日，畢庶澄一襲袍褂，輕車簡從，悄悄的從上海北站，坐汽車到了富春樓老六香閨門首。

杜月笙和張嘯林倒屣相迎，這是他們初次見面，杜張二人不禁齊齊的一訝，他們眼底所見的畢庶澄，身穿湖色夾衫，一領墨綠馬褂。這位直魯第八軍軍長，渤海艦隊總司令，長得唇紅齒白，風流俊俏，分明是個擲果盈車的翩翩濁世佳公子，誰知他竟總綰兵符，膺寄方面，居然是直魯軍的一員大將。

杜月笙暗暗稱奇，心裡在說：

「難怪他自誇周公瑾再世。」

熱烈握手，寒暄已畢，畢庶澄被杜張二人迎到樓上，一軒寬敞，窗明几淨，四壁佈置得有名人字畫，古董珍玩，琳瑯滿目，美不勝收，隱約中似有陣陣幽香，襲入鼻竇。畢庶澄經此旖旎風光，但覺如醉如癡，他以為這座海上瓊樓的女居停，會在客廳迓候，他是多麼急於一見富春樓老六的艷容殊色；但是他失望了，客廳裡只有四名穿著大紅大綠的雙丫侍兒，在那兒穿梭來往，接待佳賓。

那一晚，從富春樓老六的香閨擺設筵席、安排節目，一直到她的裝束打扮，舉止談吐，統統經過細心精密的安排。杜月笙的彬彬有禮，虛懷若谷，張嘯林之颯爽灑脫，慷慨豪放，尤使席間的氛圍，益發自然輕鬆，賓主兩歡。在火車廂裡熬了幾天的畢庶澄，由於這一次的盛宴，方始有了置身十里洋場、金粉世界的感覺。

富春樓老六艷名遠播，畢庶澄心儀已久，偏是佳肴紛陳，酒過三巡，女主人反而姍姍來遲，不曾露面。此一別出心裁的設計，使畢庶澄心癢難搔，等得更為心焦。接連喝了好幾杯，畢庶澄突覺眼前一亮，濃鬱芬馥的芳香，撲鼻而來，令人心旌搖搖，不飲自醉，定睛看時，原來是花國大總統富春樓老六登場了。

富春樓老六長身玉立，顧盼多姿，一襲繡花綢旗袍，襯出她迷人的曲線，玲瓏剔透，呼之欲出。她淡抹素妝，腦後綰一個橫S髻，一身翠綠，映得她雪白的皮膚燦若羊脂。在她的身後，卻有四位一色艷紅的少女，都比她矮了一截，眾星拱月般，構成一幅舉世無雙的仕女圖。當富春樓老六秋波一轉，電光石火般和畢庶澄四目相接，她大大方方，嫣然一笑，風情萬種，艷光照人，——那一頭，畢庶澄彷彿泥塑木雕，他呆住了。

張嘯林和杜月笙互瞥一眼，會意的笑笑。

比一見鐘情更勝幾分，富春樓老六對待畢庶澄，好像多年的好友，熱戀中情人，不是乍逢初見，而是昨天剛剛分別。她娉娉婷婷，走向他身旁一坐，還沒開口，先是一陣香風，她向畢總司令道歉，方才是在更衣，因而遲了些入席，一口吳儂軟語，聽在畢庶澄的耳朵裡，都成了鶯聲嚦嚦，簡直像在唱歌曲。

受了富春樓老六的鼓勵，畢庶澄不拘形迹，放浪形骸，在兩位大亨面前，他千杯不醉，意興遄飛，一隻隻的講笑話，找人猜拳行令，時而又跟富春樓老六耳鬢厮磨，竊竊私語，那種縱歡作樂，旁若無人的風流英雄本色，比張宗昌的狂嫖濫賭，彷彿略勝一籌。「醉臥美人膝，醒掌天下權」，看在杜張二人的眼裡，杜月笙對他倒還頗有幾分欣賞。

富春樓老六呢，那一晚低吟淺唱，打情罵俏，她暖酥銷，膩雲彈，媚眼兒頻頻的飄，真是翠袖殷懃捧玉鐘，拚卻醉顏紅。她把混身解數全都施展出來了。

起先說好陪畢庶澄賭一局的，杜月笙一看畢庶澄和富春樓老六的情景，便知道這一個節目不如早早取銷，酒足飯飽，他向張嘯林拋個眼色，做主人的反而先離座告辭了。妙在富春樓老六和畢總司令也不挽留，這分明是花國大總統準備滅髡留「客」，於是大家相視一笑，下一幕，盡在不言中。

08 鼙鼓聲中芙蓉帳暖

畢庶澄初到上海，鼙鼓雷鳴，軍情緊急，他本來有心發奮振作，在上海力挽狂瀾，為直魯軍建立不世的功勳。倘若果能如此，上海這一座取之不盡，用之不竭的金鑛，可能就會落入他的掌握。然而，軍閥們十餘年來殘民以逞，罪惡滔天，黃杜張定下了錦囊妙計，而富春樓老六也甘願曲意綢繆，加以羈縻，遂而使他一斛斗跌進桃花阱裡，心猿意馬，易放難收。畢庶澄往後若干時日，在銷金窟裡的花天酒地，益以種種濶綽豪舉，他浪跡平康，走馬章台，前後不過一兩個月，卻為黃浦灘添了二三十年都說不盡的談助。畢庶澄沉湎花國，揮金如土，花大錢的手條子，不在他頂頭上司張宗昌之下。他送給富春樓老六的頭一筆纏頭資，為數即達兩萬大洋，後來開心落胃，玩得昏天黑地，便叫副官衛士，成捆的鈔票搬來打發。富春樓老六的香閨不設帳房間，同時又沒有保險箱，副官或衛士，只好用鈔票墊在臀下做櫈子，隨時等候總司令下令付帳。

儘情揮霍，一擲萬金，猶其餘也，可笑的是「芙蓉帳暖日高起，將軍從此不觀操」，渤海艦隊總司令失蹤了，第八軍官兵見不到軍長的面。駐滬海軍總司令楊樹莊和他辦交涉，拒絕渤海艦隊南下，托詞由他的艦隊擔任水路防衛。部下尋來報告，畢庶澄連聲好好，結果是六日後楊樹莊宣佈就任國民革命軍總司令，這一來，第八軍不但腹背受敵，而且斷了歸路。

北代東路軍下衢州，定杭垣，克宜興，箭頭指向上海，一路勢同破竹。張宗昌轉戰徐州，孫傳芳南京苦守，三月十七日，張大帥為畢庶澄的一支孤軍陷在上海心急萬分，接連拍發急電，嚴令全軍往援南京。豈知當時畢庶澄正玩得忘形，他用鈔票攻勢，連續摜倒上海花界四小金剛，燕瘦環肥，左擁右抱，他那兒有功夫過問軍事？應付張大帥，索性來上個「將在外帥命有所不受」，將一封封緊急電令束諸高閣，置之不理。

自從畢庶澄搬進富春樓老六香閨長住，杜月笙便機智的不再露面，富春樓老六自有方法跟他聯絡，張宗昌唯恐畢庶澄生變，三月廿一日請安國軍總司令張作霖發表他為海軍副總司令，他的指揮部便設在汕頭路長三堂子裡。富春樓老六長日相隨，直魯軍每天的動向瞭如指掌，於是重要情報源源不絕，由富、杜專線輾轉傳到前方。

除了搜集情報，瓦解敵軍，還要相機策反，勸他輸誠。畢庶澄抗命以後，前線軍事節節失利，他極感焦灼徬徨，杜月笙看看時機夠成熟了，命富春樓老六代進一條苦肉計。由她在畢庶澄面前有意無意的提起，她以前偶然聽杜月笙說過，他曾經慫勇蔣尊簋，勸孫傳芳向北伐軍投降。孫傳芳當時確已同意，十五年十月二十八日蔣尊簋還到過南昌，晉謁蔣總司令，代表孫傳芳接洽投誠條件，孫傳芳提出要求：他祇想保持蘇浙皖贛閩五省總司令的名義。蔣總司令明知孫傳芳心存詭詐，他的答覆是：「如果孫傳芳能夠先行訂定撤退江西、湖北各路軍隊的日期，準許公開設立國民黨黨部，開放人民組織集會之自由，籌備國民會議，其餘的事都好商量。」

畢庶澄聽了將信將疑，他急急的問：

「杜月笙怎麼會認得蔣尊簋的？」

富春樓老六回答得極為巧妙，她笑吟吟的說：

「連你們大帥都是他的好朋友呢？他為什麼不能認識蔣尊簋呢？」

於是，畢庶澄告訴她：蔣尊簋，字伯器，他是中國有數的兵學專家之一，他在軍界資格很老，曾經參加辛亥革命杭州之役，並且在民國元年，就繼湯壽潛之後，出任第二任浙江都督。——他只差一句話不曾明說：「我們大帥怎麼能跟蔣伯器先生比呢。」

富春樓老六格格的笑，她也細細的講給他聽：

「蔣伯器先生在法租界住了很多年，他不但跟杜月笙是好朋友，而且還時常到杜公館走動。孫傳芳尊敬他是老前輩，不好意請他出山幫忙。不過，他對蔣伯器先生的話很聽得進，所以才有代為接洽投降的這樁事體。」

聽床頭人解釋得這麼清楚，畢庶澄深信不疑。富春樓老六趁此機會，勸他不如也學孫傳芳，她說：

「現在上海已經很危險了，人家五省聯帥孫傳芳都投過降，為什麼你還要硬挺？我看你不如趁早接洽，北伐軍答應了，你照樣帶兵做官，留在上海不走，我們不是可以做天長日久的夫妻了嗎？」

畢庶澄正在進退維谷，束手無策；並頭私語，乘著軟玉溫香，吐氣若蘭，陣陣吹送到心坎，他算是下了決心，杜月笙恰好在第二天飄然出現，順道來訪，和他一度密談，然後穿針引線，通過國民黨駐滬特派員鈕永建，畢庶澄提出條件：「祇要北伐軍不攻打淞滬地區，他決定演一齣『讓徐州』，率領他的部隊，由江陰退往江北。」

回音很快的來到，東路軍兵不厭詐，為了想留下他這一支海上孤軍，而加以徹底消滅，免得這直魯軍的精銳，逃回北方，重新整頓，來日又將助紂為虐，再和北伐軍為敵。東路軍方面虛與委蛇，給畢庶澄一個喜出望外的答覆：

「假使畢某人留滬不走，在東路軍進抵上海時，繳械投誠，東路軍總部可以呈報蔣總司令，派他擔任國民革命軍第四十八軍軍長，兼華北海防總司令。」

畢庶澄喜從天降，手舞足蹈，當天，他就把直魯軍最機密的全盤作戰計劃交出，表示他確有誠意。

回過頭來，把富春樓老六親親熱熱的一抱，化險為夷，轉危為安，不僅腦袋和愛侶俱可保全，而且，搖身一變，雞犬登天，由軍閥豢養的走狗，成了堂堂國民革命軍的高級將領。於是，從此他一心一意，高枕無憂，祇等東路軍早早開來。

東路軍一面穩住畢庶澄，一面依舊揮戈北指，著著推展。何應欽總指揮親率第四、五、六縱隊，攻宜興、溧陽，取丹陽常州。白崇禧總指揮率一、二、三縱隊，進兵嘉興，直薄淞滬。三月十五日何總指揮進抵溧陽，白總指揮便在三月十六日，分兵兩路，會攻上海。

於是，十八日孫傳芳即因情勢緊迫，援軍無望，而潛離南京，逃往揚州。十九日，周蔭人、白寶山等個四師，分別渡江撤走，退守江北。二十日，東路軍前敵總指揮白崇禧揮師進攻松江第三十一號鐵橋，畢庶澄的一部倉皇應戰，旋亦潰散，京滬、滬杭兩鐵路被截斷；整個江南，除了畢庶澄這支孤軍，只剩下些散兵游勇，到處流竄。

09
鐵胳臂喋血虹口區

三月二十日，畢庶澄還在被富春樓老六迷得欲仙欲死，他所率領的第八軍，群龍無首，連主帥在那裡都找不到，而北伐大軍如入無人之境，順利進駐新龍華，跟法租界只隔了一座楓林橋。協同畢庶澄扼守上海的李寶章，他的一師人早就全部撤退，只留下空蕩蕩的一座「淞滬護軍使衙門」。山東開來的直魯軍軍心渙散，鬪志蕩然，同時在事實上也成了涸轍之鮒，甕中之鱉，於是共產黨利用這千載難逢的機會，散佈流言，瓦解直魯軍的士氣，他們說：畢庶澄正在和北伐軍接洽投降，第八軍即將成為俘虜，押解到南邊去整編訓練。

山東老鄉聽到這個消息，更加心慌意亂，他們就怕老死回不了家鄉，見不到爹娘。當夜便有一批批的士兵棄械逃亡，軍官們彈壓不住繼之以哀求，請他們莫要把隊伍拉散，可是士兵們相應不理，照舊堂而皇之開小差。

因此，從三月廿一日起，共產黨煽動上海工人，號稱八十萬，開始進行他們自稱為「上海工人階級的政治鬪爭走入最正確之路線」——暴動，將上海華區分為南市、虹口、浦泉、吳淞、滬東、滬西與閘北七區。聚集群眾，攻擊第八軍和警察廳，他們企圖火中取栗，實現其全面佔領上海的美夢。

首先發動的是虹口區，電力、絲織和機器工人集合好了，等到號令一下，便成千上萬的蜂擁猛衝警察署，使署裡的警察大出意外，呆若木雞，只好睜眼望著他們將全署加以佔據，並且奪走了大部的子彈槍械。

大隊警察因為事出倉卒，毫無準備，竟被徒手暴徒解除武裝，「掃地出門」，由他們鳩巢鵲佔，發號施令。警察們被趕到街上，驚魂甫定，仔細一想，方始憬覺這場混亂實在很不簡單，於是有人打電話向鄰區警署和上級機關求援，然而電話搖不通，上級機關和鄰近警署都在暴徒們的襲擊之中。

虹口地區的白相人頭腦，和杜月笙關係密切，此人姓孫名介福，綽號鐵胳膊，天生膂力無窮，性格毛焦火躁，他在清幫屬悟字輩，是杜月笙的同參兄弟。常時路見不平，拔刀相助，頗為地方人士所敬重。虹口警署裡面，便有不少他的徒子徒孫，因此鐵肐膊和虹口警署一向聲應氣求，合作無間。虹口老百姓也欣然贊可這兩大勢力的合流，而使當地市面匕鬯不驚，安然如堵。

那一日虹口警署突遭襲擊，全部易手，就有一些人十萬火急的找到鐵肐膊，訴說如此這般。他們紛紛要求鐵肐膊仗義勇為，救救警署此次大災大難。

鐵肐膊聞訊勃然大怒，立即奮袂而起，在他的家中一聲令下，已有一二百人荷槍執械，大聲鼓噪，緊緊跟在鐵肐膊的身後，揚言要替警察報仇，打垮暴動者，收復虹口警察署。鐵肐膊一面在大街上拔足飛奔，一面恨恨的破口大罵，——使他惱怒的是暴動者事先不曾和他打過招呼：「觸那！伊拉也不想想，虹口是啥人的地界？」在他的心目之中管他什麼革命、造反、暴動、罷工，甚至於兩軍對仗，只要事體是在虹口發生，就必需事先得到他的同意。共產黨在虹口鬧出這麼大的亂子，居然連鐵肐膊都一無所聞，僅此一點，天王老子也攔不住他去跟共產黨拚命。

一兩百人的隊伍走上北四川路，大呼小叫，手兒連招，於是黃包車伕放下車槓，混堂茶房丟開毛巾，扦腳匠，剃頭司務，汽車司機，搬運苦力，賭場的保鑣，妓院的烏龜，三教九流，萬眾一心，一個個暫時放下自己的營生，加入他們老頭子鐵肐膊率領的隊伍，一兩百人化為成千上萬。虹口居民看看苗頭不對，紛紛的關門打烊，準備避亂。

這時候，有人打電話到華格臬路，將虹口大戰，迫在眉睫的消息，通知了杜月笙。

連杜月笙也是大吃一驚，猶如丈二金剛，摸不著頭腦，那批暴動者究竟是什麼來路？虹口暴亂不曾知會鐵肐膊，全上海七處暴亂，杜月笙不是同樣的事先毫無所聞嗎？不過他的聯想力比鐵肐膊豐富，遇事尤能沉得住氣，他打電話請教鈕永建，鈕惕老不在，機關部的職員，答話的時候含含糊糊，令人不得要領。然而杜月笙從他的語氣中聽得出來，國民黨與這場暴亂可能有所關連，那麼，鐵肐膊怎麼能去擾亂「革命大業」呢？

杜月笙心中著急，兼以他深切了解老把弟鐵肐膊的脾氣，他當機立斷，帶了貼身保鑣，邁步便向門外走，一上汽車，他便急急下令：

「快點！虹口警署！」

離開警署不及百丈之遙，杜月笙性急的搖落玻璃窗，探首車外，他已經聽到人聲鼎沸，打呀衝呀的吼叫此起彼落，不絕於耳。兩虎相鬭，必有一傷，何況根據他的初步瞭解，雙方都是國民黨的同路人，也就是他自家的好兄弟，一想起那火拼械鬭的場面與結局，他心中更急，坐在後座，直在頓足催促：

「開快點！快一點！」

虹口警署前面，那一片混亂紊雜的場景，業已攝入杜月笙的眼簾。就在這時，連珠響的槍聲，砰砰砰的傳來。

「糟了！」杜月笙失口驚呼，重重的一跺腳。

從虹口警署的各個門窗，共黨暴徒槍彈橫飛，濫殺無辜，直薄警署大門的清幫子弟，早已有人身受槍傷，躺在血泊之中呻吟哀號。

清幫子弟兵也不是好惹的，一上陣便吃了虧，鐵胳膊氣沖牛斗，暴跳如雷，「槍子兒是不認人的」，他無可奈何，喝令全隊後退，再命懷槍的人各自尋好掩體，拔出槍來，頻頻的向警署暴徒回擊。置身前線的弟兄這才得到機會，抱起抬起抗起背起受傷的伙伴，如潮水般向回頭路上逃跑。

雙方正在相持，槍彈嗤嗤的飛，杜月笙在三名保鑣的簇擁之下，親履最危險的地帶，他找到了面色鐵青，兩眼佈滿紅絲的鐵胳膊。

「你這是在做啥？」他先發制人，劈頭便是一聲質問，然後，他語語進逼，迫使鐵胳膊收回成命，撤退大隊人馬：「這真叫『大水沖了龍王廟，自家人不識自家人』了，你曉得嗎？佔警署的朋友，正是響應北伐軍的朋友呀！」

眾目睽睽下，鐵胳膊吃了杜月笙的排頭，江山易改，本性難移，他不免有點兒惱羞成怒，因此他憤憤然的大嚷大喊：

「管他是那一路的朋友！管他有多緊急的軍國大事？既然要在我的地界發動，為啥狗眼看人低？事先連招呼都不打一個。」

注意鐵肐膊的神情反應，杜月笙深知他已因激怒而喪失理智，於是他回嗔作笑，伸手攬住鐵肐膊的肩膀，十分親媠的對他說：

「你總歸是這麼直心直肚腸，你也不想一想，人家既然是在辦軍國大事，當然就要保持機密。」

說完，也不等待鐵肐膊的答覆，杜月笙自作主張，開始代替他的同參弟兄，指揮大眾，他命令全體解散，各自回家。至於那些受傷的人，則趕緊送往附近醫院，妥予診治。

直到這時，鐵肐膊方始服服貼貼，遵從杜月笙的指揮，他和杜月笙一字並肩，低聲的告訴他說：

「我方才還撥了一路人馬，叫他們去攻打湖州會館裡面的總工會。」

「打不得！」杜月笙驚喊起來，鑒於情況緊急，事態嚴重，他拖鐵肐膊上了汽車，風馳電掣，又趕到湖州會館，果然，那邊的情形和虹口警署差不多，雙方正在進行槍戰，遠遠的有大批群眾吶喊助威。杜月笙和鐵肐膊手拉著手，跑到最前面去高聲喝令停火，然後指揮子弟兵平安撤退，子弟兵浪濤滾動急向後湧，剎時間，湖州會館面前，便靜闃闃的不見人影。共產黨指使下的工人，這下以為他們業已確保勝利，歡呼雀躍，耀武揚威，他們穿著短打或工人服，斜揹步槍，腰匝子彈，三五成群的跑到街上遊行。當時，虹口已成死墟，家家戶戶，關門上閂，按照共產黨的「歷史」記載，這一幕戲則被歪曲為：「以武裝管理全區域，撲滅反動派。」

10
七路暴動六路得手

包括上海縣城在內的南市，共產黨所領導的暴動，進行最為順利，被他們掮動的工人，來自南市和英法兩租界。廿一日中午，即已陸續麕集街頭，下午一點半，群眾中有人連續鳴槍，警察廳、警廳第一署第三所；及第一分所，還有上海電話局，因而槍聲不絕，鐵彈橫飛，警察毫不抵抗，任由暴徒逐一佔領。大街小巷正在巡邏的警察也無一倖免，統統被暴民繳了槍去。

下午四時，奪得槍械的暴民自警察廳一湧而出，列隊進發，攻佔機器物料早已搬運一空的製造局，接下來他們又控制了南火車站，由鐵路工人往返不停的駕駛車輛，運送暴徒免費乘車，五點鐘在華商電車公司集合。

共產黨誇稱發動十萬工人攻打吳淞，實際上在吳淞根本就沒有打什麼仗。吳淞是砲台區，市面小，駐軍多，但是當時早已紛紛離散，只有一批第八軍的山東老鄉，湊巧趕上。他們從上海逃往吳淞口，希望能夠奪得船隻，駛回山東，他們方下火車，便遇見共黨煽動的暴徒，正在圍毆零星駐軍，收繳槍械。山東老鄉無心戀戰，重上火車回頭就跑，那裡想到正好碰上暴徒拆斷路軌，兵車開到天通菴車站，突然出軌傾覆，把車上的官兵，摔得鼻腫眼青，滿地亂滾。這下激怒了山東老鄉們，拉起機關槍和步槍，向麕集吶喊的暴徒群，迎頭便是一陣痛剿，於是彈如雨下，血肉橫飛，暴徒們嚐到了衛生丸的滋味，死傷狼藉，秩序大亂，雖然也有零星的回擊槍聲，可是絕大部分的人，全都腳底抹油，逃了個一乾二淨。

這時候，正有大隊暴徒，武裝實彈，從滬東馬玉山路附近，沿途號叫鼓噪而來，人數約有兩三萬之多。原來他們是在滬東發動暴亂的大股，都是楊樹浦和引翔區的工人。他們當日圍攻虹橋警察署，奪得武裝並予佔領，下午一時半在馬玉山路公開亮相，召開群眾大會，會後整隊前往閘北，走到天通菴附近，恰與抱頭鼠竄的暴徒劈面相逢。

由於他們沿途砸碎警察崗亭，火焚香煙橋警署，打死了一位巡官，三名警察，搶到手很多武器，這一批暴徒正在瘋狂囂張得很。他們一見「同志們」被直魯軍猛烈反擊，一敗塗地，於是他們平舉起槍便向前打衝鋒，雙方以排槍互轟，打得天通菴一帶天昏地黯，日月無光。暴徒從四面八方越聚越多，他們利用附近的建築物作掩護，卻是不敢再來冒死前衝，散兵們被他們團團圍住，也是急切間難於打開一條出路。這一仗從下午打到夜晚，夜晚打到天明，拂曉時分，散兵們方始鼓勇突圍，朝正北方衝出一個缺口，踐踏著暴徒們的屍骸和血跡，全部撤向吳淞。那時候，吳淞的暴動者已經糾合了當地的保衛團，成立所謂「區民代表會」，是為上海第一個共黨偽政權。「區民代表會」不想打仗了，他們故作視而不見，讓這批直魯軍奪船逃離。

城門失火，殃及池魚，倒楣的是天通菴車站附近一帶的居民與小販，吳淞口和滬東的戰火移到了閘北來，使他們受了無妄之災，死了不少的人，混亂中還有暴徒趁火打刼，財物損失，相當可觀。

和閘北相接壤的滬西，暴動工人衝進曹家渡第六警署，搶奪槍械和警服，然後化裝警察，渡河到閘北，會合小沙渡的暴徒，企圖混進第四區警署。四區警署立刻便識破了他們的詭計，據署死守，於是發生了激烈的槍戰，雙方各有死傷，暴動的總指揮，當場被擊斃，暴徒仗著人眾槍多，終將第四警署加以佔領。與此同時，警署二分所和游巡隊署也被另兩批暴徒奪佔，他們得到了大批的槍械，先將各警署封閉，然後一窩蜂的擁到北火車站，站裡的軍隊警察奮力抵抗，相持了半天一夜，暴民始終不能越雷池一步。

暴動者狐假虎威，利用機會，以排山倒海的人潮攻勢，和中俄共黨首領的週密計劃，乘畢庶澄部與孫傳芳轄下的軍隊警察之危，七路倡亂，幾乎可以說是全部成功。唯有一處例外，那便是工廠林立，住戶密集，黃浦江東岸的浦東。

11 杜月笙槍那個敢搶

即使杜月笙的故里是在高橋鎮，距沿江設置的浦東市廛，還有十幾里的路程，但是高橋也隸屬浦東區，而所有浦東人，個個都因為家鄉有一個杜月笙，引以為榮，因此在這一帶地方，無論是誰要做什麼事，倘若未經杜月笙點過了頭，那就絕難行得通。

暴動者掛著「北伐軍先鋒」的幌子，他們在浦東掀起暴亂，事前當然不曾去徵求杜月笙的「同意」。三月二十一日正午，浦東各工廠的工人，按照預定計劃，開始集中。一點整，他們聚起了黑壓壓的人潮，向爛泥渡第三區警署猛撲。第三警署裡面，有一百五十名警察，他們被暴動者推推擠擠，揪揪拉拉，身手無法施展得開，於是，一百幾十條槍和大批的刺刀子彈，統統落入暴動者的手裡。

得到了這一批槍械，暴徒們如虎添翼，火上加油，他們一路呼嘯，專找李寶章殺人不眨眼的巡查隊出氣，而巡查隊不過八個人一小組，遇到了成千上萬，聲勢洶洶的大隊人馬，自忖敵眾我寡，不是對手，唯有趕緊解除武裝，把軍帽抛掉，軍衣脫了，雜在看熱鬧的人叢中悄悄逃跑。這樣，使暴動者沿途又攫取不少的槍支。

高呼口號，縱聲歡笑，暴動者來到浦東商人保衛團的附近，剛剛有一批從前線潰敗下來的直魯軍，正在包圍攻打保衛團，他們的目的是要繳保衛團的械，然後放手開搶，這在他們的說法叫做「打起發」。保衛團拒絕繳槍，決心抵抗，雙方箭在弦上，一觸即發，大隊暴動者衝了上來，直魯軍前後受敵，他們只好順從的把槍械留下，四散落荒而逃。

解了浦東保衛團的圍，暴動者高聲的喊：「保衛團繳槍！」可是浦東保衛團照樣拒絕，雖然他們只有百多個人，幾十條槍，可是他們決心抵抗，因為——「槍是杜先生買給我們的，啥人可以繳了去？」

雙方又形成對峙局面，領頭的暴動者一面朝保衛團裡開槍，一面高喊：「同志們，衝呀！」然而，緊接下來他們便發現情形不大對，這一次，「同志們」彷彿銳氣受挫，軍心已隳，他們大都是浦東人，大都敬重杜先生。商人保衛團是杜先生一手建立的民間自衛組織，方才裡面又亮出了杜先生的招牌，因而他們遲疑了，徬徨了，怎麼好跟杜先生的人對陣打仗呢？

共黨頭目指揮不動暴動的群眾，驚惶失措，汗流浹背，他們在人群前面交頭接耳，緊急商議。——杜月笙勢力之不可侮，是他們早已認清的事實。他們解決了浦東區全部的軍警，卻剩下小小的保衛團，峻拒他們於千里之外，越雷池一步而不可得。在萬萬千千的群眾之前，他們實在坍不起這個台。時不我予，迫不得已，他們想出了一條瞞天過海之計，仍然向保衛團裡高喊，不過，他們換了親親熱熱的口號：

「歡迎保衛團的同志參加我們！」

「歡迎保衛團的同志，跟我們一道做革命軍的先鋒！」

「歡迎保衛團的同志，和我們共同管理浦東！」

保衛團裡，答覆是一片令人難堪的緘默。群眾中開始發出嗡嗡的議論之聲。

共產黨首領作了最大的讓步，他們寧願和「反動勢力」如浦東商人保衛團者，共同管理浦東全區，並且，聯合組成「浦東區各業人民代表會」，他們已經吐出了一半的「勝利果實」，但是，保衛團屹然不為所動，根本不予置理。共黨首領惱怒萬分，他們開始集合忠於共黨的「敢死隊」，企圖奮力一擊，打垮這一股最頑固的「敵人」。

激烈的戰事一觸即發，而浦東方面的情況，隨時隨刻都有人撥電話到華格臬路，請杜月笙身旁的人予以轉告。於是，杜月笙權衡輕重，覺得任何大小接觸，都難免傷及人命，損害地方，為了保護桑梓，他直接打電話到浦東保衛團，請那邊的朋友儘量避免衝突，如果他們一定要繳槍，那也只好暫時由著他們。

對方很有把握的說：

「杜先生，請你放心，我們不會跟他們打，同時也不會任由他們這樣猖狂！」

劍及履及，這個承諾是充分做到了的，保衛團開始和共黨領袖談判，雙方獲得協議，暴動群眾全部撤走，保衛團方面，則保證不與共方為敵。

保衛團獲得了勝利，槍不繳，組織照舊，面子爭到，浦東人歡欣雀躍，共產黨更加洩了氣，從此以後，他們口口聲聲與保衛團聯合成立「區民政權」，而保衛團也老實不客氣的，派人武裝實彈，前往接收大小公共機關。他們曾和共黨人員發生過許多小糾紛，無論如何絕不退讓，共產黨拿他們毫無辦法，唯有處處「委曲求全」。因此，一直到四月十二日上海發動全面清黨，浦東是唯一不被共黨全面控制的地方。

12

北火車站死傷枕籍

當天下午四點鐘，七區暴動獲致初步的成功，共產黨將持有槍械的工人盡量集中起來，再加上搖旗吶喊，以壯聲勢的徒手者，為數總在十萬人上下，他們宣稱：「再接再厲，消滅北火車站和商務印書館俱樂部的頑強敵人。」

這兩處地方，是畢庶澄的直魯軍，在上海市區的最後兩個據點，扼守北站的，正是第八軍精銳中之精銳，他們之中有慓悍善戰的俄部隊，配備得有鐵甲車和大砲，第八軍的步兵，則在車站前面疊起砂包，作為防禦工事。商務印書館俱樂部是一幢鋼筋水泥的四層樓，直魯軍居高臨下，憑著門窗不斷向外射擊。暴動者缺乏重武器，當然很難攻打得下來。

這時候持有武器的暴動者，都美其名為「工人糾察隊」了，攻打北站和商務印書館的工人糾察隊，以商務印書館的工人為主體。他們身穿一色的藍布短打，手臂上繞一匝紅布，有人持刀，有人握槍，狂呼大叫，跡近瘋狂。第一次打衝鋒，由寶山路直線猛撲，有一隊行將撤退的直魯軍且戰且走，雙方刀槍齊施，一場混戰，死傷慘重，北站前那一片廣袤里許的廣場上，倒下了一兩百具屍首，——其中也有無法移動的重傷者，躺在血泊之中，聲聲呻吟，徐徐赴死。

北站裡面的直魯軍發砲轟擊，白俄軍則用鐵甲車上的機槍快砲掃射，熾烈的火力壓住了陣腳。

暴動者一個向後轉，拚命逃跑，他們把遠遠跟在後面吶喊助威的徒手暴徒，衝得七零八落，不知去向。

隔著那一座屍骸遍地，血流成渠，而且不時傳來鬼哭神嚎，悲呼慘叫的北火車站廣場，兩軍遙遙相峙，雙方距離恰好是槍炮射程所不可及。直魯軍焦灼徬徨，心亂如麻，匿身成疊的砂包後頭；工人糾察隊心驚膽戰，混身簌簌發抖，他們躲在屋角牆後。不時有人毫無目標的放幾聲冷槍，槍彈在半空中飛來飛去。

最可憐的是北站，和商務印書館附近的居民，他們和她們陷於無助、無望、無邊無際的黑暗恐怖，不曉得砲彈什麼時候會飛來，不知道暴徒幾時幾刻撤退去。他們緊閉門窗，往往一家大小躲在八仙桌底，桌面舖砌一層層浸水的棉胎，他們以為這樣可以擋住槍彈砲彈。

缺乏食物，飲水不足，大人餓得發昏，乾渴似熊熊似火，小孩子則哭得聲嘶力竭，哭倦了時才能安睡片刻。

共黨首領無法驅使工人糾察隊進攻，因為他們自己也不敢領頭衝鋒，除了放幾響冷槍，打仗總該有打仗的樣兒，於是他們下令縱火，不恤一幢幢的房屋裡存有多少人命？

二十一日深夜，他們點燃了第一批火種，希望趁著火勢，把一場大火一路燒到上海北站。這一把火燒去了三五百間民房，燒出來三五百戶扶老攜幼，狼奔豖突的居民，他們衝過工人糾察隊無法連貫的防線，一直衝到青雲路上那一塊塊的空地，反倒給工人糾察隊造成一場虛驚。

商務印書館俱樂部方面，鋼筋水泥高樓大廈中的直魯軍，以高屋建瓴之勢，在有效射程之內，構成了嚴密而猛烈的火網，他們的武器，除了步槍手槍駁殼槍，還有機關槍與手榴彈，因此工人糾察隊完成了最遙遠的包圍圈，躲在射程難及的遠處，拉開嗓門，高聲招降。直魯軍聽了不予理會，他們都在窗口門口伺窺，對方有人挪過來些，他們便機槍、步槍、手槍與炸彈齊放。

僵持到下午四點鐘光景，工人糾察隊的陣地裡，突然衝出來一個大呼小叫，拔步飛跑，瘋子似的藍布短打人，他畢直衝向商務俱樂部大門，一面跑時一面哀哀上告的嚷叫：

「不要開槍，不要開槍！我是來送信的！」

商務印書館四層樓這一面數不清的窗口，至少有一百支槍瞄準在他身上，祇不過，直魯軍士兵不曾開槍，他們讓那名工人跑到大樓之前，眼看他一甩手，然後便回頭沒命奔跑，一張信紙裹好一塊小石子，打破一面玻璃，投到二樓的一個房間。

直魯軍指揮官把紙條打開來一看，那上面工工整整的寫了一行字：

「請你們投降，負責保護你們的生命安全！」

指揮官一聲冷笑，拔出自來水筆，就在紙條後面空白的地方，寫上他的答覆：

「請你們停止攻擊，因為你們的攻擊毫無用處，我們決不投降。」

於是，局面又形僵持，雙方隔得遠遠的對陣如故。

苦苦撐持到三月廿二日，北站方面，工人糾察隊已經接連放了三次火，而每一次放火，徒然只造成居民生命財產的損失，據守北站的直魯軍不但堅守如故，甚且進而利用火光，前後發動了五次反攻，迫使躲躲藏藏的工人糾察隊，忙不迭的做了五次撤退。

大亂中，早就進抵新龍華的國民革命軍，深深感到雙方對峙的危險情勢，業已不容坐視。二十二日上午，國民革命軍第一軍第一師師長薛岳親率勁旅開進上海市區，據守商務印書館俱樂部的直魯軍強制突圍，衝越工人糾察隊軟弱無力的防線，逃逸無蹤。工人糾察隊近水樓台先得月，藉此機會，蜂擁衝進俱樂部，他們群魔亂舞，在這裡建立了所謂：「工人糾察隊總指揮處」，由顧順章擔任總指揮。

薛師長的先頭部隊進薄上海北站，直魯軍精銳之師水不戰自潰，白俄軍纍纍然如喪家之犬，他們無路可走，只好逃入租界，中國籍的直魯軍正想四散奔逃，薛師長以迅雷不及掩耳之勢據守四方，斷了他們的第一條去路，於是直魯軍一批批的投降。

二十一日下午六時整，日薄崦嵫，大地昏黃，上海北火車站忽然轟的一聲巨聲，遠播十里，震碎玻璃，原來這是張宗昌、畢庶澄為國民革命軍燃放的大砲仗，正好是第一師先頭部隊進駐北站的那一瞬間，直魯軍預先埋好的地雷觸及爆炸，天幸民國，居然一無死場。

在全上海空前紊亂的那兩日一夜之間，華格臬路杜公館，電話鈴聲從早到晚，一直不停的在響，黃浦灘上到處杌隉不安，衝突連連，無論那裡出了事情都要求教、求助於杜月笙。他不休不眠，殫智竭慮，著實忙碌了些時，可是他目送飛鴻，手揮五絃，彷佛如有神助，終將大大小小的火爆局面，安排處置得妥妥貼貼。自此，杜月笙益更增加了自信，他確有臨機應變、運籌帷幄的才能。

當時，共產黨自知拿出他們的政見和主張，在這東亞第一商埠，舉國政經中心的大上海，可能站不住腳，植不了根，因此，他們始終不敢亮出自己的身份，工人糾察隊手臂上匝的紅布臂章，大街小巷，連同他們手中揮舞的旗幟，卻依然是國民黨總理孫中山先生，和革命先烈陸皓東創訂的青天白日滿地紅。

共產黨掌握了大部分工人，在一日之間同時發動七區暴亂，他們自以為業已有組織、有計劃的控制了整個上海，欣然得意的喊出了「暴動之功，至是完成」的口號，於是一心一意想以上海的統治者自居。同時，當時的國民黨中下級幹部黨員和上海一般市民，也誤以為共產黨一連串發動的罷工、暴動、血戰、收繳直魯軍和孫傳芳的槍械，種種作為，都是響應北伐，為國民革命軍打先鋒的慷慨義烈舉動。他們何曾想到這是俄帝侵華，共產黨第三國際的最大陰謀，共產黨的目的在於奪取政權，擁兵自重，他們何嘗有一絲半點國家民族思想！

13

八軍解甲司令別「窯」

張宗昌、畢庶澄一手編練的直魯軍精銳之師第八軍，加上舉國聞名，慓悍善戰的白俄部隊，包括他們的大鐵甲車，竟於一日之間，被一群手無寸鐵的工人暴民打得落花流水，風流雲散。在騷動不已，情況危迫時，畢庶澄還在富春樓老六的香閨中追歡作樂，等候東路軍的委令，俄而副官馬弁，接踵而來，報告大事不好。畢庶澄起先還不予置信，及至他聽到了槍聲，這才匆匆忙忙，穿好衣裳，他望一眼千姣百媚的富春樓老六，英雄末路，化為喟然一聲長嘆。柔情萬丈，難捨難分，叵耐近代化的戰爭，兵敗如山倒，軍情似火急，連一幕「虞兮虞兮」的霸王別姬，都來不及演呢。

畢庶澄黯然神傷，離別金粉世界，他驅軍飛馳，趕赴車站，當時北火車站還掌握在直魯軍手裡，登車升火待發，急於逃亡。有一位記者，在千軍萬馬中找到了他，上車晉見，畢副總司令還算客氣，對那位記者先生慇懃接待，略談數語。當記者問起，外面風傳畢副總司令已經和北伐軍……時，畢庶澄不等他說完，便搶著回答：

「上有青天，下有黃泉，外面的謠言，日後自會有事實證明。」

然而，事實證明了……畢庶澄撤向江北，趦趄不前，一直不敢回山東去，張宗昌因為他違抗軍令，貽誤戎機，在當年四月五日，命人把他誘到濟南，執行槍決。

民國十六年（一九二七）三月廿二日，是上海重光，國民革命軍正式進入市區的一天，距離民國元年（一九一二）三月袁世凱在北京就任臨時大總統，革命軍滬軍都督府撤銷，上海市民淪於軍閥的淫威之下，水深火熱，暗無天日，為時已歷十五年之久。

如果不是共產黨藉國民黨為掩護，陰謀奪取政權，成為俄共第三國際的工具，攫取蔣總司令統率之下，國民革命軍全體將士，整整十個月浴血奮戰所獲的豐碩戰果。醞釀分裂，製造事端，排斥純正國民黨員，利用工人，將上海市區全面控制。為上海四百萬市民帶來腥風血雨，恐怖緊張；那麼，三月廿二上海重光之日，這四百萬人真不知道要歡勝雀躍，興奮熱烈到何種程度？

當東路軍前敵總指揮白崇禧進駐龍華，第一軍第一師師長薛岳率領先頭部隊開抵北站，直魯潰軍大半繳械投降，其中一支企圖衝入租界，被外國兵開機關槍掃斃了好幾百人，餘眾二千，棄槍以後為租界所收容，另有一團人則受到日本兵的庇護，上海華區，全無敵蹤，國民革命軍完全克服上海。——當時的上海依然籠罩著恐怖的陰影，唯恐又將淪於共產黨式的統治。那一天下午在南市召開歡迎北伐軍大會，到場五萬餘人，幾乎清一色是赤色工會分子，真正的上海人，都成了傷弓之鳥，聞絃心驚，他們被一連兩天的暴亂，嚇得不敢出門。

從三月二十二日起，上海成了共黨暴徒的天下，東路軍一方面由於南京未克，大江以北殘敵猶待肅清，本身兵力並不充分，另一方面不論共黨或左傾分子，仍還打著國民黨的旗幟，敵乎友乎，尚未到達圖窮匕見的階段。再加上投鼠忌器，唯恐在市區衝突，良莠難分，徒然貽禍地方，驚擾民眾。因此，部隊始終駐紮在龍華一帶，少數進入市區的，對於赤色工人的囂張跋扈，仍舊採取觀望態度。

但是，穿草鞋打綁腿，身經百戰，紀律嚴明的革命軍，早已成為上海市民朝夕盼望，以解倒懸的救星，自二十二日下午到二十三日晨間，白總指揮接到大批投訴和籲求的函電，放說散兵游勇的騷擾，工人糾察隊的橫蠻，他們迫切要求革命軍出面維持治安，整頓秩序。當時，上海英法兩租界所有的通道，一律由外國兵武裝駐守，佈好防禦工事，任何人不得擅自出人。陷於絕境、走投無路的上海市民，革命軍是他們唯一的希望。

所以，白崇禧在三月廿三日下令，取締散兵游勇，勸止工人糾察隊迫害居民，上海人以為自此得救，奔相走告，歡天喜地；當天下午再舉行一次歡迎北伐軍大會，自動出席者人數就二十餘萬之多。

也就在這一天，全部由共黨操縱的「上海市臨時市政府」，召開第一次「執行委員」常務會義，發出了一道命令，叫全市工人一律復工。

第二天，三月廿四日，租界繼續戒嚴，夜間十時以後，禁止平民在街上行走。南京方面，蔣總司令親自督戰，直魯軍節節敗退，業已撤出城區，正當程潛的第六軍、魯滌平的第二軍紛紛人城；轟動世界，引起嚴重國際糾紛的南京事件，突然爆發。共產黨藉由第六軍政治部主任林祖涵，第二軍政治部主任李富春，指使若干士兵，侵入英、美、日使館，和教堂、學校、醫院，殺害外交人員與傳教士，並且，姦淫燒殺，無所不為，於是英美軍艦開炮轟擊，造成南京軍民重大死傷。結果由魯滌平和程潛入城彈壓，槍決肇事搶犯，護送外國人登上軍艦，事態方始不曾擴大。然而消息傳到上海，又引起了上海市民更深切的憂慮。

果然，三月廿五日，外國兵揚言自衛，源源開入上海，租界裡已經駐兵兩萬餘人，兵船還在不斷的駛來。共產黨這麼樣胡作非為，會不會使上海成為中外大戰的戰場？上海華界租界市民相驚伯有，同時，馬路新聞不脛而走，謠言滿天飛。駐上海的各國領事，和東路軍前敵總指揮白崇禧接觸頻繁。白崇禧為了安定人心，免致事端，發表嚴正聲明，力斥共產黨分子散播的讕言，他說：

「國民革命軍遵從國民政府的既定方針，收回租界，和取銷不平等條約，絕對避免使用武力，而須經過外交手續完成。」

外國人吃了定心丸，中國老百姓卻仍風聲鶴唳，惶惶不可終日，共產黨利用此一弱點，變本加厲，擺出武裝備戰的姿態，擾亂秩序，破壞安寧，他們想牽著上海人的鼻子，跟他們乖乖的走。

萬木無聲待雨來，於是，到了三月二十六日這一天。

蔣總司令在三月廿四日南京克服寧案發生時，當機立斷，迅予妥善處理，二十五日他驅車直入南京城，匆匆巡視一週，派東路軍總指揮何應欽，新任國民軍第四十軍軍長賀耀祖，會同魯滌平與程潛，負責鎮懾南京，恢復秩序。然後，他便親率總司令部侍從人員，登楚同艦，鼓輪疾駛，趕赴正處於事態嚴重，軍情緊急中的上海。

正由於蔣總司令此一毅然決然的行動，於勢若纍卵，千鈞一髮之際，化險為夷，扭轉乾坤，使國民革命軍北伐大業終底於成，中華民國宣告統一，中華民族的命脈得以存續。否則的話，再晚幾天，共產黨一手建立的上海偽政權開始發生作用，全面控制上海市區，那麼，往後接踵而來的寧漢分裂，各地清共，江西剿赤，共黨二萬五千里流竄，……一概不會發生。共產黨徒和左傾份子佔據了上海，和武漢偽政權遙相呼應，長江以南，俱將紅流氾濫，大地沉淪，而西方東方強國如英美法日，為了阻遏俄帝的侵略力量擴張，確保他們的在華利益，藉以謀求國際勢力的均衡，他們必然會支持直奉兩系軍閥，跟第三國際操縱下的中國赤色政權作殊死戰。到那個時候，無異第二次世界大戰提前爆發，中國人夾在兩大之間，唯有當砲灰，充肥田粉的份兒。

萬里轉戰，軍書旁午，蔣總司令鼓輪東來，旅途勞頓，抵達上海已是二十六日的深夜，設行轅於楓林橋淞滬交涉使署，隨從人員中較重要者有機要處長陳立夫，特務處長楊虎。總司令準備就寢的時候，楊虎睡在樓下衣帽間的一張行軍床上。

14

巨星蒞臨顯露曙光

儘管此行係屬最高機密，可是上海新聞界觸角敏銳，還是得到了消息。當夜十一時，有上海申報記者金華亭，時事新報記者葉如音，和時報記者金雄白，連袂乘車趕往謁見。蔣總司令在樓上客廳會見這三位上海記者，當他答覆記者所詢：「工人糾察隊是否可與軍警同樣持有武器」的問題時，蔣總司令保特審慎態度說：

「在進行革命的軍政時期，如果工人糾察隊能夠完全遵守法令，那麼，是可以的。」

因此，在三月二十七日，蔣總司令抵達上海的消息，即已傳遍滬上，上海市民彷彿從黑暗中看到了曙光，萬眾歡勝，如癡如狂。當日舉行上海全體市民歡迎蔣總司令及北伐軍大會，一大清早，全市飄揚著青天白日滿地紅國旗，家家戶戶，打開局閉多日的門扉，大街上車水馬龍，又恢復了太平盛世的熱鬧風光。

黃金榮、杜月笙和張嘯林，老早已有準備，他們將率領大隊人馬，前往會場參加歡迎盛會。但是，正當他們開始分頭出發，捕房裡忽然打來電話，說是外面又有謠言：工人武裝糾察隊，今天要利用機會攻打租界，英法兩界已經採取行動，宣佈全面戒嚴，外國兵和巡捕把守每一條通往華界的通路，任何人不得隨意出入。

他們非常失望，參加盛會的計劃因而取銷，同時，杜月笙更擔心這個消息如果是真的，一場驚天動地的血戰即將來臨，以外國人犀利的槍砲，和週密的防備，又不知道會造成多重大的傷亡。

事實上，所謂武裝工人襲擊租界，僅只是共產黨故意散佈的謠言，用意即在製造恐怖氣氛，並且阻止租界裡成千上萬的人歡迎蔣總司令。

那一天，歡迎會場高揭「歡迎蔣總司令」的巨幅橫招，縣以「革命尚未成功，同志仍須努力」的國父遺命，上海市各界情緒之熱烈，並不因共黨所製造的恐怖而減色。蔣總司令向上海市民致詞，親切叮嚀，語重心長，當時，誰都不知道這位舉國希望興信心所寄的革命偉人，他的心情是何等沉重，處境是怎麼樣的危險。

以汪精衛等為傀儡，由鮑羅廷、魯易等第三國際要員所操縱指揮的「武漢政權」，一直在後方擾亂安寧，在前線滋生事件，截扣械彈軍餉，用盡一切方法，阻撓蔣總司令勝利進軍。他們的奸謀，無非要排斥蔣總司令，根本剷除國民黨，而由他們盜竊北伐軍浴血光復的廣大地盤，使中國成為俄共的附庸，蔣總司令單輪駛滬的那一天，南京瘡痍未復，局勢混亂，共產黨導演劫殺洋人的寧案業已引起嚴重國際糾紛，而上海的工人在共黨指揮之下，眼看著便要獲取整個上海，他不能不趕來作緊急的部署。就在他接受歡迎的同時，武漢政權採取了一連串的緊急行動，將共黨份子鄧演達領導的總政治部，從總司令部改隸於中央軍事委員會，任命程潛、唐蟒和王均，管理南京、九江、南昌三市衛戍事宜，把蔣總司令一路苦戰得來的三大據點，用偷天換日的方式予以刼收。此外，武漢派往上海主持「一切」的三大員，業已在鼓輪東下途中。

於是，有那麼一天夜晚，杜月笙和張嘯林在牌桌子上，呼盧喝雉，賭得興高采烈。萬墨林跑來低聲報告，他說鈞培里黃公館來電話，老闆請杜張二位立刻過去一趟，有緊急大事相商。

杜月笙向與賭諸友說了聲：「抱歉抱歉」，叫江肇銘來替他挑土，一把拉起張嘯林，兩個人往大門外走。萬墨林早已吩咐司機備好了汽車，春寒料峭，夜涼如水，張嘯林從熱鬧的賭局被拖到冷清清的街上，深更半夜出門，他忍不住又在喃聲咒罵，大發牢騷。

車抵鈞培里，黃公館的門房開了大門，顧掌生，馬祥生兩位老朋友，跑到門口來迎接，四個人齊步穿過天井，杜月笙一眼看到客廳裡人影幢幢，金廷蓀、徐復生也在座上，他望一眼馬祥生說：

「今朝像是在唱群英會呢。」

「差不多。」馬祥生笑笑，又感喟的接上一句：「現在大家都忙，聚一聚真不容易。」杜月笙和張嘯林相視一笑，意思彷彿是說：那有深更半夜，無緣無故，約齊了老朋友，光祇為了「聚一聚」的道理？

黃老闆笑呵呵的在喊月笙，嘯林，你們來啦！兩個人連忙上前問了老闆的好，再跟老弟兄們親熱寒暄，亂了一陣。大家在那一組紅絲絨沙發上分別落座，杜月笙的座位緊靠看正當中的黃老闆，他很高興，今天老闆像是換了一個人，或者是時光倒流了十多年，他滿面紅光，喜上眉梢，精神抖擻，說話和動作的速度，豈止倍增？

「月笙。」他笑呵呵的說：「今朝我要叫你會一位老朋友。」

杜月笙環顧四週，故作愕然說：

「老朋友不是都在這裡了嗎？」

「哎——，」黃老闆把臉一甩：「這班老朋友是經常見面的呀。我現在要叫你見的，是一位分別了多年的老朋友。」

於是杜月笙又問：

「究竟是那一位呀？」

黃金榮笑而不答，轉臉向後，高聲的一喊：

「喂，你好出來了吧？」

一語未竟，屏風後面揚起一陣聲震屋宇的朗爽笑聲，杜月笙一怔，早有一位虎腰熊臂，濃眉細目的大漢，閃了出來，他堆滿一臉歡欣的笑容；一對閃閃生光的眼睛，迅速的在杜月笙身上一轉，然後，他衷心讚賞的說：

「月笙，你現在靈了！」

杜月笙看清楚了他的臉，驚喜交集，高聲叫了出來：

「哎呀，你是嘯天哥！」

「多虧你還記得我。」楊嘯天又笑，親媠的一拍杜月笙肩膀：「來，月笙，我替你介紹。」說時他側開身子，讓他身後一位中等身材，小眉小眼，舉止端莊一臉精明相的中年紳士，走到杜月笙面前來：「這位是陳羣陳先生，大號人鶴，我在廣東最要好的朋友，陳先生行八，平時我就喊他陳老八。」

「久仰久仰。」

杜月笙上前一步，和陳羣熱烈的握手。他說「久仰」，確實是從內心中發出來的，當時，他業已瞭然跟前這兩位貴客的份量。民國初年時跟他奔走策劃過的老朋友楊虎，自從追隨孫中山先生，率領海軍艦隊南下，他曾官拜「大元帥」府參軍。陳羣，尤其是孫總理帳下的秘書，他們這十多年來為國民革命奮鬪不懈，如今北伐軍敉平東南，東路軍光復黃浦，兩位貴客來自何方，有多崇高的身價，多重大的任務，自屬不問可知。——難怪老闆今天眉開眼笑，滿面春風，依稀又是當年的英氣勃勃。

「大家坐，大家坐！」

黃老闆岔進來請大家就坐，兩位貴客和黃老闆一字並肩，當年黃門的幾員大將，以杜月笙為首，張嘯林、金廷蓀、顧掌生、馬祥生等人，分兩排雁序般坐定。老闆家的俏娘姨重新沏了茶，黃老闆拋個眼色，客廳裡的傭人悄悄退下。

「月笙。」楊虎帶笑的說：「有一位朋友，在南邊的時候經常都在提起老闆和你。」

「是那一位啊？」

「王柏齡。」

「啊。」杜月笙覺得十分榮耀，不禁沾沾自喜的說：「他還記得我呀？」

楊虎開他一個頑笑說：

「像你這樣的人，要想忘記脫，也是不大容易的啊！」

多麼得體的恭維，引起了滿座鬨堂。杜月笙很感激，他同時也在想，楊虎成了氣候，出語畢竟不凡。

15

楊虎陳羣暢訴離情

楊虎提起老友王伯齡，頗有些焦慮，由於王柏齡是日本士官學校第十期畢業生，他學養俱深，黃埔軍校成立，他擔任少將教授部主任，十三年秋，軍校成立教導團，他兼充第二團團長。北伐軍興，他榮膺第一軍副軍長，兼第一師師長，他的事業正在如日中天，很不幸的，南昌攻城之役，他以總預備隊指揮官率部應戰，孤軍深入，遇挫失蹤，一直到現在，都還沒有消息。

楊虎、陳羣當時是什麼官銜？他們兩位很巧妙的避而不談，黃老闆以次諸人也就不便探問，但是大家心中都有數目，他們今晚冒險越過租界戒嚴的重重障礙，化妝進入法租界，一定是有極機密極重大的任務。黃、杜、張和所有的老朋友，對待楊陳歡迎情緒之熱烈，言談舉止之純摯，這初次會晤已使楊虎、陳羣十分滿意。他們兩個知道，無論何時只要他們把要求提出來，這幫朋友一定會全力協助，義無反顧。

因此，頭一夜見面，他們只敘契濶，不談公事，只是再三囑咐，對他們的行蹤務請保持秘密，切勿輕易洩露，杜月笙笑了笑說：

「嘯天哥，這種事情還要你關照嗎？」

大家哈哈一笑，氣氛融洽無比。

在這幫上海亨字號人物面前，楊虎一再的恭維陳羣，他說陳羣學問好，有膽有識，做事極富魄力，總理孫中山先生，代理大元帥胡漢民先生，還有當今的蔣總司令，對他都極為器重。他尤其強調，陳羣在元月三日發生的「漢案」中，如何英勇果敢，機智深沉，遂使國民革命軍兵不血刃，順利收回佔地一一五英畝，住有外僑七一二名，華民七千二百八十八人的漢口英租界。

他把那樁轟動一時的重大事件，說得生動詳盡，有聲有色。當時，陳羣正擔任「中國國民黨中央執行委員會和國民政府委員聯席會議」的黨代表，民國十六年元月三日，武漢政權在鮑羅廷的策畫之下，舉行反英、反奉（奉系軍閥）大會，到會群眾數逾十萬。下午，中央軍事政治學校學生宣傳隊在漢口江漢關附近演說，群眾紛集，引起英國水兵上岸干涉，雙方發生衝突，各有五人受傷。徒手民眾敵不過槍桿和刺刀，於是有人跑到公安局第六署去求救，六署打電話報告公安局，公安局轉知武漢衛戍司令部和前敵總指揮部，請速派隊前往，協同維護秩序。公安局長更親臨彈壓，他勸英國水兵撤退，萬萬不可貿然開槍，激起事變，再請民眾保持冷靜，等候政府處理，他的忠告為雙方所接受，因此當日的事態不曾擴大。

就在這一天下午，外交部長陳友仁，親赴英國領事署提出抗議，他請英方撤退水兵及義勇隊，英租界解除武裝，由中國軍警接防，否則的話，他說：華方將不負任何責任。英國領事回答他：

「請你們再等二十四小時，讓我向英國駐華公使請示辦法。」

元月四日下午，漢口各界在總商會集會，決定八項對英辦法，要求政府迫令英國道歉、賠償、懲辦凶手，取銷內河航行權，並且由我國政府接管英租界。六點鐘，最高決策機構聯席會議表示接納，立即開始嚴重交涉，命令武漢衛戍司令陳銘樞派兵進入英租界維持治安。

元月五日，陳羣利用機會，攘臂一呼，他親自率領軍隊一連，開入英租界，佔領巡捕房，開始辦公，並且指使情緒熱烈的民眾紛紛到英租界遊行示威，高呼口號。群眾們勇氣倍增，動手拆毀英方所設的障礙物和防衛工事，英國水兵和巡捕不敢置問，自動撤退避讓，所有英國機構和英國人開設的商店，全部關門打烊。剎時間，整個英租界不見一個碧眼金髮兒，又復成了黃帝子孫的天下，於是英國武力悄然撤離。聯席會議決定成立「臨時英租界管理委員會」，由外交部、財政部、交通部各派委員一人，再加上武漢衛戍司令部辦事處處長，和臨時聯席會議黨代表陳羣五人合組而成。於是，漢口的英租界終於宣告收回。

聽完了楊虎這一大段繪聲繪影的敘述，黃杜張以次，在座的每一個人，全都衷心佩服陳羣的膽識俱壯，敢作敢為。他們把陳羣看做了一位了不得的大人物。都以為楊虎能讓他們和陳羣結交，是一件很看得起他們的事情。

於是由杜月笙代表大家，向陳羣說了些不勝欽敬仰慕之類的話。

「嘯天兄，」陳羣笑著說：「我這區區小事，何勞掛齒？倒是『三二三事件』，你在安慶作獅子吼，給共產黨徒當頭棒喝，那才是最精采的一幕呢，你何不說給各位老朋友聽聽？」

提起得意之事，楊虎哈哈大笑，但是，不管黃老闆、杜月笙怎樣催促，他只是不肯說。

「你不肯說，」陳羣岔嘴說道：「就讓我來代你講，好嗎？」

陳羣講，一定要比自己講更加生動精采，所以他這一建議，正中楊虎下懷。他連連點頭，和舉座中人一樣，開始凝神傾聽陳羣的敘述。

「這一次蔣總司令由九江到上海，三月十九號那天，總司令座艦到了安慶。」

才說兩句話，陳羣巧妙的把話題一轉，他談起共產黨怎樣利用國民黨作掩護，隨著革命軍旌旗北指，排斥異己，把持黨務，陰謀企圖竊奪政權，阻撓蔣總司令進軍東南。他們所到之處，利用工農暴動為手段，鬧得地方上雞犬不寧，秩序紊亂，使一般民眾誤以為這就是國民黨的作風，為之深惡痛絕，甚至有人喊出「大江南北，國人皆曰黨人可殺」的口號。

方一點題，頓使黃金榮、杜月笙以次的這幫朋友，恍然大悟，如夢方醒，他們七嘴八舌，議論紛紜，都道：「原來是這麼一回事啊！怪不得這些時來罷工暴動，冤枉犧牲了不少人命，使上海沒有一個不頭疼。我們起先也以為是國民黨，不好意思說什麼，誰曉得這裡面還有大大的內幕呢。」

黃老闆提高了聲音，把眾人的嘈雜聲浪壓下去，他問陳羣：

「蔣總司令怎麼會讓共產黨混進來的呢？」

「這些年來，蔣先生都在整軍經武，東征西討，黨政方面，他只負一部份責任，」陳羣詳加解釋：「同時『聯共』本是孫先生的主張，而蔣總司令，他也曾說過：『我並不是偏袒共產黨，是要扶助中國弱小的革命團體，來和本黨共同革命，增加國民革命的力量。』但是，共產黨今日的包藏禍心，進行叛亂，又是當初那裡料得到的呢？」

杜月笙很感概的說：

「十四年的五卅運動，前幾天的工人暴亂，拿人命做兒戲，把上海攪得昏天黑地，亂七八糟，使我們都在想，國民黨來了總歸這樣下去，恐怕不是辦法。今天聽陳先生一說，胸口裡的悶氣，算是消清爽了。」

「豈止上海，各地都是一樣。」趁此機會，陳羣把武漢、長沙、廣州、九江、南昌、安慶、南京，各地的赤禍泛濫，民不聊生的情形，約略的一談。然後，他點入正題說：

「譬如十九日蔣先生到安慶，當時在安慶的共產黨頭目，總政治部副主任郭沫若，和臨時省黨部執行委員光昇，居然定在二十一日召集全省代表大會，下令解散魯班閣反共工人的總工會。總工會派代表向蔣先生請願，蔣先生也答應了他們，立即調查處理，但是代表們一離開總司令部，共產份子馬上就製造衝突，跟反共工人打了起來。這分明是故意表示不尊敬蔣總司令，向他示威。」

黃老闆憤懣不平的說：

「真正豈有此理！」

「他們一切都是有計劃的，」楊虎插進來說：「打了人，還要惡人先告狀，那個共產黨郭沫若，也不想想蔣先生是革命軍的領袖，他自己的最高長官，氣勢洶洶，闖進蔣先生的辦公室，大呼小叫，硬講反共工人打了他們，光昇受了傷。他那種目無長官，橫蠻粗暴的態度，當時我真想跑上去一拳把他打倒。」

黃老闆很關心的問：

「蔣先生一定發脾氣了？」

「當然有點生氣，」楊虎搶著回答：「蔣先生叫他馬上去秉公調查，而且警告他說：『你以後對於民眾團體的態度，總要不偏不倚才好！』」

「廿三日上午，安慶五大團體舉行市民大會，歡迎蔣總司令，」陳羣接下去講：「會裡面有人要求撤換光昇，驅逐共產黨。於是散會的時候，共產黨又派大批暴徒來打架，當著總司令面前，實在是欺人太甚，不成體統，這一次，」陳羣望著楊虎微微而笑：「嘯天哥忍不住了，他登高一呼，領著魯班閣的工友，拳打腳踢，一路打過去，竟然把那批暴徒打得落花流水，抱頭鼠竄而逃！」

楊虎沾沾自喜的補充說：

「安慶是我的家鄉，魯班閣裡有不少朋友，都是跟過我的小兄弟，他們當然聽我的招呼。」

「打得好，打得好！」張嘯林拍手大笑：「這叫做以牙還牙，以暴易暴。對付不講道理的人，只有用拳打腳踢！」

「這一架打得痛快呢，」楊虎站起身，指手畫腳的說：「打手們給我們打跑了不是？我心想反正動了手，爽性一路打到底，也好替魯班閣的朋友出口氣，所以我們一連串的又打了共產黨盤踞的省黨部、市黨部、幾個左派工會，還有郭沫若的江右軍政治部。我們打傷了他們六個，嗨！十多年來這還是我第一次痛痛快快的動手打架呢！」

說得大家都笑了起來，陳羣在笑聲中說：

「嘯天哥這一仗打出了大功勞來。首先是郭沫若二十八號逃到南昌去了，安徽全省的共產黨勢力，元氣為之大傷。反共份子從此抬頭，這麼樣才給安徽留下了一片乾淨土。」

「後來他們又向武漢中央告狀，指名告我楊虎，」楊虎反手一指鼻頭：「說光昇是我打傷的。

其實呢，那天我恰巧不曾撞見郭沫若和光昇，如果撞上了，哼哼，豈只打傷？打得我興起了，我不把他們打死才怪！」

一座大笑，張嘯林摩拳擦掌的說：

「那一天，把上海那幫共產黨也來打他一次！」

楊虎望著他，語意深長的說：

「你放心，有你打的！」

16

黃金榮引見無大小

杜月笙是何等聰明之人，他聽陳羣說了一大段國民黨首次清黨經過的敘述，再添上楊虎意味雋永的那一句。他早已有所憬悟，這兩位朋友今夜遠道來訪，實不簡單，於是當時他便很誠懇的說：

「只要陳先生和嘯天哥有所吩咐，即使是赴湯蹈火，我們也樂於從命！」

「月笙，你真是了不得的——不得了」楊虎一拍大腿，歡然的說：「就像三國志上面說的，士別三日，刮目相看。我想不到你現在居然出口成章啦！」

杜月笙情不由己的臉一紅，他自謙同時也是自嘲的這麼說：

「真人面前不說假話，你分明曉得，這些都是我聽書聽來的。」

由黃老闆領頭，又是一陣歡聲大笑，陳羣在那一夜感觸特深，他後來向人透露說：看多了爾虞我詐，翻手為雲覆手雨的政治內幕，和這班胸無城府，卻重道義的朋友初相見，但覺他們的真誠坦白，慷慨豪爽，那一股感人至深的江湖義氣，確曾給予他極其深刻的印象。

時鐘敲了一點，黃老闆驚覺為時已宴，他遲疑不定的望望楊虎問：

「今天夜裡——？」

「我們不回去了，」楊虎逗趣的反問一句：「老闆，你可否替我們訂兩個房間？」

「何必訂什麼房間呢，」黃老闆笑著回答：「只要兩位不嫌棄，我這裡好歹也有幾間客房。」

「謝謝，」楊虎向他雙手一拱，側過臉又去問杜月笙：「你明天什麼時候有空？」

「隨便什麼時候，」杜月笙答：「嘯天哥只管陪陳先生過來好了。」

「好的，」楊虎點點頭說：「為時不早，我們今天就這麼散了。明天下午兩點鐘，我陪老八到華格臬路來。」

同為華格臬路的住戶，杜月笙和張嘯林異口同聲的說：

「歡迎歡迎。」

翌日，下午兩點整，杜張二人在華格臬路杜宅，專為接待貴賓而設的古董間裡，接待楊虎、陳羣。賓主略一寒暄，各自落座，楊虎說完了開場白，陳羣便滔滔不絕，條分縷析，向杜月笙和張嘯林，細說共產黨在上海掛羊頭，賣狗肉，勾串外敵，出賣國家的種種經過。

「這些事情我們昨天就已經有點懂了，」杜月笙深沉的笑著，接續陳羣的敘述往下說：「就是不曉得問題會有這麼嚴重。現在我們只希望國民黨有用得著我們的地方，我們一定盡心盡力！」

「好極了！」楊虎興奮的大叫：「月笙，我們就只要聽到你這一句話。」

「我想，」杜月笙望一眼張大帥說：「嘯林哥的意思，一定和我一樣。」

「那當然了。」張嘯林趕緊慨然的允諾。

陳羣微微而笑，他補充一句話：

「我們的任務十分重大，除了杜先生、張先生自告奮勇，拔刀相助，還要聯合上海各方面的朋友。」

楊虎嫌陳羣說這句話有點不知輕重，他怕杜月笙聽了不樂意，正要向陳羣施眼色；詎料杜月笙竟絲毫不以為忤，他一拍胸膊說：

「當然，各方面的朋友，我們都會盡量的為兩位聯絡。」

楊虎聽了，衷心欽佩，他向杜月笙一伸大拇指說：

「月笙，我們十年不見。這十年裡，你的長進真是了不起，黃浦灘上杜月笙這個響噹噹的字號，果然名不虛傳。」

這一下午整整商議了兩個鐘頭，迎接國民革命軍底定東南，配合國民黨中央的全面清共，他們初步議定了幾項步驟。

一、杜月笙他們既已了解共產黨的陰謀，從此不但要拒絕汪壽華的種種支援要求，而且，即將施展鐵腕，以組織對付組織，以群眾對付群眾，喚醒工人對共產黨的迷夢，把汪壽華所掌握的工會和工人儘量爭取過來，叫他們辨清敵友，反過來打擊共產黨。

二、杜月笙決定儘速建立一支民間武力，這支民間武力負有雙重的任務：一方面要協助北伐軍，維持秩序，確保上海的安寧，一方面尚須監視共產黨掌握的武裝工人，在適當時機，一舉加以解決。

至於步驟，他們決定先自爭取上海市上一切有力量的人士著手。於是，就在那一天晚上，杜月笙啣命去和黃老闆密談，他在金榮哥面前，代表楊虎、陳羣提出一個要求。

「楊、陳二位想拜張鏡湖張老太爺的門。」

「只怕，我還沒有這個資格引見他們吧？」黃老闆頗為躊躇的說。

「金榮哥。」杜月笙笑笑說：「大概你還不曉得，清幫裡有這麼兩句切口：『引見無大小，傳教分高低。』」

「這件事體——」黃老闆終於坦然的說：「月笙，你是曉得的，他們一定要我引見，我的確很尷尬。」

是的，黃老闆處理這件事是有點兒尷尬，因為，即使黃老闆送過張老太爺兩萬元的贄敬，遞過了門生帖子，他已經算是張門的學生子。不過，由於張老太爺一味謙虛，他始終不讓黃金榮在他面前磕頭行大禮，如今他要去引見楊陳二人，這二位磕頭的時候，回首前塵，撫今追昔，黃金榮是補磕如儀呢，還是裝癡裝呆？

杜月笙說：老闆的為難他曉得，不過，楊陳二位的拜門，事情極其微妙而複雜，還得絕對保持機密。張老太爺見多識廣，目光如炬，他一定會了然二人拜門的原因和目的，如果他想超然事外，避免麻煩，百分之九十九他會推辭。眼跟前的人，唯有黃老闆有這麼大的面子，可以使張老太爺答應收錄。——這不但由於黃老闆本身的身價高，而且，黃老闆是從來不曾當面要求過老太爺什麼事情的。

杜月笙又說：楊虎、陳羣以這麼高的地位和身價，在上海做工作，他們為了工作的推展，不惜在此時此地入幫拜門，說來說去，無非為國為民，這種精神是極其可敬的。他希望金榮哥能夠看在他們一片誠心的份上，勉為其難一番。

黃老闆被他說得滿腔熱血，衝激澎湃，他拋下煙槍，矍然而起說：

「好！大家都在說我老了！我倒偏偏在要臨老之前，為國家做點事情給大家看！」

「金榮哥。」杜月笙十分歡喜的說：「我們這一幫人，成龍修鳳，得道昇天，就在這件事上。莫說金榮哥並不曾老，即使你老脫了牙齒，你也要領著我們辦好了這樁大事。」

「對極！」黃金榮眉飛色舞的說：「我們說辦就辦。」

杜月笙先去拜訪吳崑山，備述楊虎、陳羣拜門的誠意，吳崑山一聽，點頭微微而笑，他試探的說了一句：

「杜先生，這件事情沒有這麼簡單吧。」

早就知道，吳崑山是革命先進，他曾幫著陳英士，攻打製造局，光復大上海。在他面前不必隱瞞，他把自己和楊、陳商議的種種，一五一十，全部講給吳崑山聽。

「很好。」吳崑山深表讚許。他又說：張老太爺最近少問外務，不大肯開香堂收徒弟，然而事關國家大計，又有黃金榮的推轂，他想，也許老太爺會為之破一次例。——萬一老太爺執意不肯，吳崑山豪爽的拍胸脯說：「你放心，杜先生，即使我人微言輕，我也一定會盡力促成。」

三天後，杜月笙代楊虎、陳羣，把門生帖和贄敬先送進海格路範園，又過了兩天，吳崑山派人來知會，請黃老闆陪同楊虎、陳羣見張老太爺。當日，三個人在鈞培里黃家聚齊，一式換了新製的長袍馬褂。他們到張公館盤桓了半日才回來，張老太爺為了客氣，兼且保密，他開的是小香堂，儀式簡單而隆重，楊虎、陳羣都磕了頭，他們成為「清幫」的通字輩。

在幫會中取得了進身之階，走遍上海，到處都有自家人，楊虎和陳羣，配合上海三大亨黃、杜、張的全力支持，迎接光復勝利的各項工作，乃得以迅速而順利的展開。

汪壽華多年來想入清幫而不得，他得了解幫會組織是直接掌握廣大群眾力量的，他無限的憾恨，正反映楊虎、陳羣此刻的後來居上，先聲奪人。他們乾乾脆脆，因杜門、黃門之助，借步登高，拜了當時清幫勢力最大、聲譽最隆的張老太爺。

17

小八股黨舊夢重溫

另一方面，杜月笙在楊虎、陳羣的策劃之下，積極著手組織願為國民革命軍効死的工人同志，一面組織，一面訓練。與此同時，杜月笙不惜毀家紓難；他委託幾位與他有關的洋行買辦，平時，他們都是專做軍火買賣的，只要有好價錢，他們隨時找得到合適的各式槍械彈藥，現在，杜月笙對他們下了一道命令：自即日起，不惜一切代價，要以最快的速度，大量收購長短槍枝，炸彈彈藥，以及輕重各型的機關槍。至於價款，他說：「不必擔心，有貨色我就照付銅鈿。」

黃老闆聽說杜月笙在大量收購軍火，他又有點躭心，打電話把杜月笙請到鈞培里。

杜月笙向老闆說明了，收購軍火，準備武裝衝突，如今已是箭在弦上，不得不發，而且因為戰火迫在眉睫，爭取時間，第一要緊。他只怕軍火買得不多，收得不快，屆時反而誤了大事。至於那一筆數目鉅大的價款，他慨然的說：

「既然我們曉得頂要緊的是軍火，那麼，除了我投下全部家當。那怕叫我去借，去偷，去搶，我也願意。」

慷慨激昂，義形於色，使黃老闆深受感動，他從此不但不再勸阻，反而這麼樣說：

「貨色買來以後，存放的地方最要緊，外國頭腦是頂怕私藏軍火的，你們那邊要是地方不夠放，不妨叫他們送到鈞培里來。我想，捕房裡的朋友，總不好意思來抄我的家吧。」

杜月笙十分感激，他一時說不出話，向金榮哥連連的點頭。

告辭以後，杜月笙剛剛走到房門口，黃老闆又在他身後喊：

「喂，月笙，你銅鈿不夠，隨時到我這邊來拿。」

華格臬路杜公館和張公館，成為忙碌緊張，發號施令的指揮部了。杜月笙為關防嚴密，跟「嘯林哥」商量定了，兩邊都暫時停止接見客人。

每天，從早到晚，都是那幾張熟面孔，在華格臬路杜公館，進進出出，小八股黨的頭腦，是杜月笙的八員大將，這一次，借重他們的地方很多。顧嘉棠、芮慶榮、高鑫寶、葉焯山……雖然人人腰纏萬金，或多或少辦了些事業，如今已有「大老闆」的身家，但是只要杜月笙一聲吩咐，他們會立刻丟開一切，日以繼夜，守在杜公館裡聽候差遣，水裡去火裡進，斷乎不會皺一皺眉。楊虎、陳羣眼見杜月笙指揮他的部下，從容不迫，得心應手，往往三言兩語，底下人便能心領神會，妥善辦理；效率之高，無與倫比。兩位國民黨人衷心佩服，杜月笙不但氣候已成，而且羽翼早豐，他和手底下人的聯絡默契，決非一朝一夕之功。

於是他們秘密呈報上級，對於黃杜張三人，下了公正允當的考評：「黃金榮忠黨愛國、老成持重，惟以法租界巡捕房職司關係，不便對外公開露面，渠聲勢雖大，僅可暗中加以助力。張嘯林輒喜結交軍閥，崇慕權勢，雖亦能深明大義，復以性情剛烈，易於樹敵。杜月笙則出身寒微，時刻不忘奮發向上，謙沖自抑，且時值年富力強，頗具國家民族思想」。——從此，國民黨中樞遂決定了一個方針，重用杜月笙。

葉焯山奉杜月笙之召，到華格臬路杜公館來，杜月笙第一次介紹楊虎、陳羣和他見面，約略說了些當前形勢，和他們所將從事的任務，杜月笙說：

「焯山，我們買的第一批軍火已經到了，我想交一批人給你，教他們打槍。」

葉焯山綽號「火老鴉」、「阿虎郎」，又稱「小阿雲」，他性如烈火，嫉惡如仇，有水滸傳上的「霹靂火秦明」之風，生平最喜衝鋒陷陣，親冒鏑石，他和芮慶榮兩個一搭一擋，向為杜月笙的左右先鋒。

火老鴉身懷絕技，他的槍法獨步滬上，一生不曾遇見敵手。某年，陳炯明部下的軍長林虎，叛亂失敗逃到上海，擁有「嶺南神槍手」的尊號。杜月笙帶一幫朋友在「一枝香」西菜館設宴招待，席間葉焯山向他請教，他那一手「名聞遐邇」的槍法，是怎麼樣練出來的，林軍長呵呵大笑說：

「無非常玩而已噯。我們帶兵的，隊伍上子彈多的是，閒來無事，我便打靶。老弟台，不瞞你說，我這大半輩子，少算點，最少也打了兩萬發子彈。」

葉焯山嚇得吐了吐舌頭，杜月笙一時好奇，請林軍長即席表演，林軍長說大菜館裡不方便吧，立刻便有人去跟老闆打過了招呼。林軍長笑吟吟地從懷中掏出手槍，平放在桌上，命人拿一隻磁盤，拋向半空，磁盤自半空中急速落下，他不慌不忙，抄起槍來砰的一響，一隻磁盤立被擊為兩半，舉座正在歡呼，第二次槍聲又響，飛墜的兩片磁盤之一，又中了一彈，齊齊的又斷成兩爿。

原來，正當林虎面露驕矜之色，將手槍仍舊放回桌上，就在這間不容髮的分際，站在他身後的葉焯山，彎下腰來，輕輕說一聲：「得罪。」他迅如鷹隼，一把抄起林軍長的手槍，於是又聽見砰然一響，舉座佳賓為之目瞪口呆，原來在另一半磁盤即將墜地的那一刹那，葉焯山又一槍命中，一隻盤被兩槍擊為三塊，跌落在紫紅色的地毯上，一大兩小，如刀切豆腐般整齊。

林軍長連忙離座起立，肅容相向，他跟葉焯山親熱的握手。杜月笙等一幫生人，個個喜形於色，不約而同的乾了一杯酒。

這一天葉焯山在華格臬路奉到「月笙哥」的將令，他正連聲應「是」，陳羣在一旁叮嚀：

「葉先生，這件事是很機密的，練習的時間和地點，恐怕都要加以特別安排。」

葉焯山輕聲的回答：

「我曉得，陳先生，我保險不露風聲。」

楊虎放聲大笑，他在笑陳羣的外行：

「老八，黃浦灘不是營房裡，他們平時練槍，向來都是極機密的。」

於是大家笑了一陣，葉焯山粗中有細，他曉得共產黨勢力很大，總工會的工人糾察隊，也有三山五岳的好漢，飛簷走壁的能人。於是他頭一個想起杜公館的安全問題，他提醒杜月笙說：

「月笙哥，你這裡的槍支，也該拿出來分發一下了。」

杜月笙漫不經心的回答：

「不要緊，保鑣他們都是槍不離身的。」

「那還不夠，」葉焯山瞟一眼楊虎、陳羣：「家裡還有兩位貴客哩。月笙哥，你不妨將你那些槍都拿出來，上下各人，大家分配使用，這是防備萬一的意思。」

「你說得對，」杜月笙霍然憬悟的說：「這是蠻要緊的。」

18 組共進會擁阿水徒

葉焯山不愧為「保鑣業」的老前輩，他請杜月笙取出從前使用的鋼絲馬甲（防彈背心），建議楊虎、陳羣，出門的時候最好穿著一下。他又要杜月笙打電話給黃老闆，從明天起，楊虎、陳羣來往往，請老闆從捕房裡派人保駕。——這樣非但可以確保安全，而且辦事也比較方便。

黃老闆在電話裡回答說：他將指派他的副手，華捕第一位頭腦沈德復，充任楊虎、陳羣的保鑣，同時幫忙楊陳二位辦事。

杜月笙家裡的五六十桿槍支，包括有輕重機關槍，都是精品，上乘之選，一小部份是他自家買來備用的，多一半則為各方朋友的贈與。有當時最犀利，連發二十響的匣子砲，也有可以藏在掌心的小巧勃朗林。

吃過晚飯，正下大雨，杜月笙請大家到客廳裡坐，他聽見葉焯山低聲的喊「墨林」，萬墨林來了，他附耳關照他說：

「墨林哥，幫幫忙，派人去關照我的司機，叫他回去講一聲，這幾天我要住在月笙哥這裡，喊我家裡把要用的東西帶來。」

杜月笙不覺愕然的插嘴問：

「這是做啥?」

「就像從前一樣嘜，我明朝再約芮慶榮也搬過來。」

「就像從前一樣嘜，就像從前一樣嘜!……」杜月笙一面走，一面喃喃的嘮叨，他顯然很受感動，葉焯山的一片友情，使他回想當年，同甘苦，共患難，出生入死，休戚與共。

三月孟春，杜公館備得有早熟的桃杏，一群人坐在沙發上享用。葉焯山頻頻在做怪動作，他彷彿是下意識的，將一顆顆的桃核杏核，丟在距他兩丈多遠的窗臺上，丟了十顆，他吩咐傭人把窗戶統統打開。

勁風催著驟雨，越過廊簷，灑濕了一截地板，風吹桃杏核，顫顫搖搖，隱約可見。葉焯山笑了笑，自脇下掏出他的十響連發勃朗林，看一眼楊虎、陳羣說：

「風雨聲大，院子又深，外面聽不見的。」

一言未完，他已右手揚槍，砰砰砰砰，接連十響，十顆小如拇指的桃核杏核，一粒子彈中一顆，逐一的飛到窗戶外頭。

十槍打完，窗臺上的桃杏核蕩然無存。楊虎、陳羣舌撟不下，把葉焯山佩服得五體投地，他倆竟然領先鼓起掌來，劈劈啪啪，拍得好響。葉焯山臉孔脹得紅紅的，他怪忸怩的說：

「不要拍了吧，這麼樣響法，外面就會聽到了啊!」

翌日，由葉焯山相約，芮慶榮果然興沖沖的搬來。再過幾天，由於事情忙，形勢越見緊張，顧嘉棠、高鑫寶、楊啟棠、黃家豐、姚志生、侯泉根暫時拋下了華屋嬌妻，搬到杜公館來隨時待命。

華格臬路小八股黨會齊，雖然憑添不少火藥氣味，但是杜月笙確是特別高興，要不是幫忙楊虎、陳羣奔走軍國大事，那來這種老朋友日夕盤桓的好機會呢。

洪門清幫，都是以「反清復明」為職志，一脈相承，淵源久達三百餘年，後來由於革命工作的需要，自洪門中分出清幫這一支。因此兩幫中人聲息相通，安危互仗，遇有重大事件，必須雙方協力同心，共底於成，於是便以「共進會」的名義，團結兩幫人士，集合在「共進」大纛之下，通力合作，達成任務。

民國十六年春，共產黨在上海勢力已甚雄厚，他們控制工會，配備武裝，號稱擁有八十萬眾。黃、杜、張、楊、陳幾度密議籌商，似乎應該有一個公開對外的團體組織，以資與共產黨的「總工會」對抗。

張嘯林是黃杜張三人之中，對於幫會種種最熟悉的一個，他追述歷史，引經據典，認為應該援用「共進會」的名義，方始可以兼容並蓄，號召全滬幫會中人。

他的意見獲得一致通過，接下來便討論主持人選的問題。楊虎、陳羣心中屬意杜月笙，卻是不便出口；杜月笙一心一意要推「金榮哥」，黃金榮說這樣不好，楊虎、陳羣有身分，我們三弟兄推誰當會長都是一樣的。他主張為了爭取洪門弟兄出力，這個共進會長最好請一位洪幫的大哥來做。

張嘯林心直口快，他笑了笑說：

「不不不，金榮哥這個意思好是好，就是做不通。上海是水陸碼頭，漕運的中心，自古以來，清幫要比洪門多很多。人多勢大，不會有那位洪門大哥，肯做上海共進會的會長。」

那麼究竟請誰出來好呢?三個人想了半天，最後還是杜月笙想起一個合適的人選，——「阿水哥」浦金榮。

浦金榮，上海人，綽號「阿水徒」，成名以後，人人尊稱「阿水哥」。阿水徒是清幫通字輩，金廷蓀、高鑫寶都和他是同參兄弟。他們的老頭子則為上海大字輩前人王德齡。

「阿水哥」力大無窮，練過武功，老上海說他雙手舉得起千斤石擔。他一生一世輕財仗義，喜歡結交朋友，路見不平，拔刀相助，只要正義伸張，他不惜格殺奸宄，那怕自己因而吃官司，賠鈿，也當伊嘸介事。他在法租界打抱不平幾十年，徒子徒孫，人滿為患。論人緣人望，發動打相打，衝鋒陷陣的朋友，請他當共進會的會長，確實是相當理想。

果然，杜月笙提名阿水徒，大家都覺得這個人選很不錯。阿水哥自家常年在大公司吃份俸祿，他的兒子浦賢元，又是杜月笙的學生子，加上金廷蓀和高鑫寶，雙方的關係，無疑是相當密切。於是當天下午，由金廷蓀出馬，到浦金榮家裡去勸駕，三言兩語，阿水徒很爽快的一口答應。他並且先出個主張說。

「要辦共進會，總要有幾間寫字間啥!如果你們還不曾找到地方，爽性就設在我的家裡好了。」

金廷蓀歡歡喜喜的回去覆命，一場輕而易舉的交涉，會長既已產生，會址也有了。浦金榮的公館在法租界西門路紫祥里，建築華麗，地址恢宏，很有點大寫字間的氣派。

跟楊虎、陳羣天天在一起，楊虎粗魯無文，英雄本色，倒還沒有什麼。唯獨陳羣風流儒雅，出口成章，下筆草檄，文采斐然。杜月笙心裡十分羨慕。同時，由於自家業已參與國家大事，為國民黨中樞寄予重望，他感恩知己，益發想百尺竿頭，更進一步，多求點學問，多了解些國內外情勢。基於此，在他宵旰憂勞，不眠不休的當兒，他反倒定得下心來努力學習，從這時候開始他每天要「聽」報，他不能自己閱報，因為報上的生字，生詞，生事物太多，他還不盡認得，識得，懂得。他必須請人讀報給他聽，他把這位讀報的先生敬之如師，他請的是尚慕姜，法租界受人尊敬的中國紳士。尚先生學養俱深，只要杜月笙提得出問題，他就能講解得出道理。尚慕姜先生萬一有事體，杜月笙報紙不可一日不聽，他又尋訪一位替代尚先生的金立人，或尚或金，總歸可以幫他把一日間的國內外大事了然心胸。

除了聽報，他還要聽書，從前杜月笙聽起書來，不是列國志，便是三國、水滸，他是喊說書先生到公館裡來連彈帶唱，作為消遣的。如今呢，三民主義，五權憲法，政治經濟軍事與社會，基於他的求知心切，他每天請專家來為他講解，他想把治國平天下的大學問，以囫圇吞棗之勢，一骨碌嚥下肚皮去。

百忙之中，每天還要練字，將三字經與百家姓，一日一張，一筆一劃的統統勾勒出來。於是，革命、北伐、清共、聽書、聽報、寫字，忙得杜月笙氣都透不過來。

19

王柏齡千里來滬上

一般花天酒地的豪賭客，失去了最佳東道主，接連好多天見不到杜月笙，大家都覺得懨懨悶悶，無精打采。一日，盛五娘娘偶然邂逅杜月笙的大弟子江肇銘，她喊住了他問：

「杜先生這一晌到那裡去了？」

「還不是在上海。」江肇銘苦笑回答。

「他在忙些什麼？怎麼連人都見不到了呢？」

伶俐剔透的江肇銘忽有所感，他一聳肩膀笑著說：

「我們老頭子除了賭，還有什麼可忙的事情？」

盛五娘娘吃驚了，她一疊聲的問：「這麼說，杜先生這一晌仍舊還在賭銅鈿？」

「賭得大啊！」江肇銘平白無辜的嘆口氣：「他在乾坤一擲呢！」

盛五娘娘聽不大懂，正想再問，江肇銘匆匆道聲再會，飄然遁去。五娘娘不能不信他的話，四處一說：杜月笙豪賭的場面，於焉不知加了幾多倍。

一幫人為軍國大事，幹得起勁，一日，華格臬路杜公館，忽有故人來訪，門房阻擋，故人勃然大怒，萬墨林跑出去看，他一見來人長身玉立，氣宇軒昂，連忙上前請教尊姓大名。

來客輕輕的吐出三個字。

「王柏齡。」

萬墨林立刻聲聲的請進，他把王柏齡請到古董間，坐定，奉茶，然後三步併做兩步，衝到二樓上去，他高聲的通報：

「爺叔，王柏齡先生到了。」

「王——」在座的楊虎、陳羣，同時一怔，臉上的表情，驚喜交併。杜月笙則聞報大為興奮，他急急的問：

「王先生人呢？」

「在樓下古董間。」萬墨林一面回答，一面側身讓路。

於是，杜月笙領頭，張嘯林，楊虎，陳羣，顧嘉棠和葉焯山，還有好幾位參與機密的朋友，魚貫下樓，陪伴杜月笙去見老把兄。

「柏齡哥！」

「月笙！」

此時相見，份外親熱，老兄弟倆緊緊的握住手，杜月笙看王柏齡，眉宇間英氣勃勃，不減當年，但是自南昌而上海，輾轉千里，艱辛備嘗，難免有風塵之色，因而杜月笙很關切的問：

「什麼時候到的？」

「將才。」揚州籍的王柏齡鄉音無改，他望一眼杜月笙身畔的楊虎、陳羣，牽動脣角笑了笑，寒暄的說：「嘯天兄，人鶴兄，我將才一到上海，就曉得你們二位住在這裡。」

楊虎、陳羣，必恭必敬的向他行過了禮。

「坐坐坐，」杜月笙招呼眾人，「大家坐好，才好談話。」

古董間裡的傢俱，絲絨沙發和太師椅，中西合璧，遙遙相對，杜月笙將他的老把兄延到上座，自己打橫奉陪，楊虎、陳羣端端正正，坐在杜月笙的對面，其餘杜門中人，很整齊的站成一排，由杜月笙一一唱名，並且作簡單的介紹，介紹他們和王柏齡相見。

「這位，」杜月笙眉飛色舞，喜不自勝的告訴他手下聽：「便是我常時向你們提起的王柏齡王先生了。王先生是日本士官學校出身，辛亥年參加上海光復的老革命黨，黃埔軍校成立，王先生先後擔任教育長和教授部主任，是名聞中外的黃埔四傑之一。在國民革命軍裡，王先生是第一軍的副軍長，兼第二師師長，一路從廣州打到南昌，跟軍閥打仗，王先生是威風八面的大將軍。」

「算了算了，月笙，」王柏齡莞爾的笑，搖搖手說：「你儘給我背履歷幹嚒？」

「從廣州一路苦戰，然後到了這裡，又能會到這麼些位好朋友，真是最近幾個月來，我最痛快的事！」說著說著，王柏齡的神情益發興奮：「月笙，我將才從金榮哥那邊來，曉得你們不日將有大舉，真是八方風雨會滬瀆啊！」

「柏齡哥這個時候來到上海，」杜月笙歡天喜地的說：「真是天從人願，彷彿為我們添了十萬雄兵！柏齡哥，依我說，從今天起，頂好是你多偏勞一點，請你來指揮我們，驅策我們，當我們這班人的頭腦。」

「不不不不！」王柏齡連忙壓下與坐諸人的鼓掌贊成，他微笑著說：「俗話說得好：『強龍不壓地頭蛇。』月笙，即使行兵佈陣，兩軍對仗，我比你要懂得多些。但是此時此地，我只想跟你討一個差使，你大責當前，重任在肩，讓我來當你的私人顧問、參謀，你說好不好？」

「不好不好。」杜月笙方在搖手堅辭。「好呀！好呀！」顧喜榮、葉焯山等一班小弟兄，早已熱烈鼓掌，表示贊成起來。

杜月笙謙讓，王柏齡堅持，爾來我往，久久委決不下，在一旁被冷落的張大帥蹩不住了，他大為光火的說：

「觸那！又不是真的做官，你們儘在推來推去做啥？」

唯恐王柏齡受不了張大帥的江湖獷悍之風，節外生枝，冒犯了他的柏齡哥，反而誤了大事。於是杜月笙打著哈哈，把張嘯林的話攔斷了說：

「好了好了，這樁大事我們留到以後再商量。」接著，他側臉過去問王柏齡說：「柏齡哥，你要不嫌簡慢，最好就住在我這裡，一方面藉此機會多談心，另一方面，有什麼事情我也好隨時請教。」

「抱歉抱歉，」王柏齡不安的笑笑：「將才我到你這塊來以前，已經答應過金榮哥了，我暫時住在鈞培里。」

「橫豎近來兮，」杜月笙立刻收篷下帆：「我這裡也好，鈞培里也好，反正我們天天都要見面的。」

「對噻！」王柏齡很高興的搓搓手說：「將才金榮哥也是這麼說的。」

問題解決，王柏齡和杜月笙開始暢訴離情，陳羣看看錶，向楊虎拋了個眼色，杜月笙頓時會意，他主動的問：

「嘯天哥和人鶴兄阿是要回去了？」

「談得高興便忘了，」陳羣笑笑說：「一看錶，才知道時候不早。」

20

蔣總司令扭轉乾坤

萬墨林連忙關照外面備車，沈德復站起來便往外走，他要護送楊虎、陳羣過楓林橋，直抵華界的龍華。王柏齡今晚到杜公館一轉，欣見故人志業，一日千里，又認識了許多黃浦灘上的準大亨，滿腔熱望，順利達成。他很歡喜，卻又有點亢奮之餘的倦意，於是他也推托旅途困頓，需要早早休息，他想跟楊虎、陳羣一道離去，回鈞培里黃公館安歇。

殷殷挽留不獲允許，約好了明朝及早見面，杜月笙怏怏的指派他那一部座車，命葉焯山和高鑫寶雙雙護衛，送王柏齡回黃公館。

在汽車上，王柏齡感慨頗多，他向杜月笙的哼哈二將說：十五年前他早已認定杜月笙來日決非池中之物，今天他不但欣然於自已的預言靈驗，而且，杜月笙多方面的成就，還要比他預料中的更勝一層。

「但是我明白，」王柏齡撫今追昔，感慨欷歔的說：「月笙今天的體面風光，各種排場，都是他空手赤拳，血淋嗒滴，堆雪人一樣堆起來的。就像走路，別人儘管可以慢騰騰的散步，月笙一定要跑，而且要跑得連喘口氣的工夫都沒有。」

第二天一早，王柏齡的話便傳到杜月笙耳中，他環視左右，搖頭苦笑，接下來便喃喃自語的說：

「要跑，要跑，要跑！」

王柏齡住在鈞培里黃公館，賓主相歡，如魚得水，因為在此以前，始終一帆風順，欣幸得意的金榮哥與柏齡哥，一個是情場蹭蹬，一個是仕途頓挫，老弟兄倆都曾經過大風大浪。如今傷心人對傷心人，流淚眼對流淚眼，一榻橫陳，互訴心境，彼此都得到莫大的安慰。

在老朋友面前，黃老闆並不諱言，他之熱戀露蘭春，輕離桂生姐，這臨老入花叢的一著錯，實已導致他這一局人生之棋的滿盤輸。「夕陽無限好，只是近黃昏。」並非形容他的馬齒日增，老態龍鍾，而卻是在描繪他心境之落寞，與乎壯志之消沉，使他對於人世一切都少了爭競攫取之心，他喟然長歎的說：

「我時刻都在懊悔，我實在是對不起桂生，我越是這樣想，越加覺得月笙平時照顧桂生，冷落了我是對的。不過有時候我也焦躁，月笙為啥不曉得，我心裡也跟黃連一樣的苦。」

從三月二十七日到四月九日，中華民國未來的歷史，以及中華民族面臨的命運，都取決於那兩星期的每一分秒，蔣總司令一個人的身上。

南京還在黑與赤的雙重威脅之下，廿七日蔣總司令電召程潛來滬，兩度長談，詎料程潛離滬以後立即趕赴武漢「告密」，開始遵奉武漢當局的命令。北洋軍閥的敗軍和援軍，正在江北集結，蔣總司令電令駐南京的第二軍和第六軍全部渡江，迎擊由津浦路南下之敵，程潛竟然從武漢拍急電到南京，指使他的部隊不聽調遣，公然抗命。

廿八日，留滬中央監察委員蔡元培、吳敬恆、張靜江、古應芬、李煜瀛等首次集會，全體通過

「取銷共產黨人的國民黨黨籍」，「發起護黨救國運動」兩大要案。四月二日，該會提出「中國共產黨陰謀破壞國民黨之罪證」，及「浙江共產黨破壞本黨之事實」，備文咨送三十一位中央執行委員。就在這一天，武漢中央常務委員會決義三點：一、訓令蔣總司令剋日離滬赴寧，專任軍事。二、第一軍第二師師長劉峙免職查辦。三、上海交涉員郭泰祺永遠開除黨籍，明令查辦。同時，飭詞誣蔑蔣總司令違反中央決議。東路軍政治部主任江董琴是個共產黨，至此，他公然煽動士兵，反對蔣總司令和何應欽總指揮，發表宣言，準備叛亂。事為蔣總司令獲知，他用快刀斬亂蔴的手段，將江董琴調職，解散共黨份子盤踞的第一師、第二師政治部，派曾任廣東大元帥府秘書的陳羣為東路軍政治部主任。四月六日，更查封總政治部上海辦事處，將共黨在東路軍中潛伏的勢力，全部清除。

在此前一日，國民政府主席，中央執行委員汪兆銘由法國繞經蘇俄返抵上海，蔣總司令立即通電國民革命軍各級將領，申明一致擁戴之忱，並且勸汪不可到武漢去，以免被共黨利用，為其工具。

武漢委任的上海市臨時市政府委員，三月廿九日舉行就職典禮，其中大部份是共黨份子，少數列名作為陪襯的國民黨員和上海士紳，如白崇禧、鈕永建、虞洽卿、王曉籟等，當日便表明態度堅決否認，蔣總司令給「上海市府」寫了一封信，請他們暫緩辦公。於是共產黨指揮的工人糾察隊益形囂張，當蔣總司令查悉他們正密謀舉事，準備進攻租界，繼「漢案」、「寧案」之後，造成第三次國際嚴重糾紛「滬案」，迫使有關各國與東路軍正面衝突，因此他機立斷，宣佈上海水陸戒嚴。

四月五日，畢庶澄被張宗昌誘到濟南，以「暗通赤黨、貽誤大局」的罪名槍斃。同一天，汪兆銘和共黨領袖陳獨秀發表聯合宣言，弦外之音，主張容許共產黨共治中國。於是吳敬恆在淞滬交涉使公署舉行的國民黨商討挽救危機談話會上，當面質問汪兆銘。——汪兆銘被吳敬恆問得無詞以對，吳敬恆十分沉痛的說：

「我相信你終有一天會來和我們相對痛哭，所以我不希望你立即加入我們這一邊來！」

當夜，汪兆銘便悄悄的去了武漢。

四月八日，遵照二月廿一日南昌中央政治會義第六十二次會議任命的上海政治委員會成立，委員吳敬恆，蔡元培、鈕永建、楊樹莊、蔣尊簋、陳其采、何應欽、陳果夫、郭泰祺、葉楚傖、楊銓、林煥廷、楊賢江等十三人就職，由吳敬恆代理主席。

九日，張宗昌和孫傳芳獲得支援，整頓敗軍，又匯合成一股強大的力量，趁國民黨寧漢分裂，蔣總司令在上海腹背受敵，乃沿津浦路大舉南下，猛撲南京。蔣總司令迫不獲已，親率國民革命軍第一軍第一、二兩師，迅速馳援。

程潛早就倒向武漢政權的懷抱，南京先已成立了共黨操縱的「江蘇省政務委員會」，共黨首領李富春、侯紹裘、張曙時、李隆建、江董琴、顧順章、林祖涵等正雲集南京，聲勢極壯。四月九日共黨人員獲知汪兆銘即將抵達，都在興高采烈的籌備歡迎大會。會場設在公共體育場，一切佈置就緒，到處貼滿歡迎汪主席的標語。他們以為汪兆銘必將在南京停留，事實上可能也會如此，因為前兩天（四月七日）下午，鮑羅廷在漢口他的家裡．召開臨時緊急會議，武漢政權決定「中央黨部及國民政府遷到南京」，並且下令武漢軍事委員會，準備「以南京為中心之作戰計劃」。

歡迎大會預定下午二時舉行，共黨份子萬萬沒有想到，九日上午抵達的不是汪兆銘，而是蔣總司令，他親率第一軍第一、二師以俱來，使歡天喜地的共黨份子手足無措，狼狽萬分，他們火速更改招貼和標語——「歡迎蔣總司令！」。

千鈞一髮，剝極而復，這是中華民國革命史上最重要，也是最富於戲劇化的一頁。

蔣總司令從天而降，使南京市民和在京國民黨員振奮鼓舞，奔走相告，額手稱慶。當天下午他們便展開了洩憤和報復的行動，包圍共黨機構，在街頭和共黨機構裏毆打共產黨徒，把他們抓起來押送到公安局。

九日夜間，共黨份子召集緊急會議，翌日便舉行「南京市民肅清反革命派大會」，驅使群眾到總司令部示威，要求切實保護，查辦公安局，並且由他們出來組織武裝自衛隊。聲言：「不達到所要求之目的，誓死不離開總司令部。」

局面僵持到下午五時，共黨份子和軍警，以及國民黨勞工會的工人發生衝突，又一次釀成了流血的慘劇。示威群眾被驅散後，共黨頭目立即開始轉入地下。

四月十日之夜，軍警當局偵悉共黨重要幹部在紗帽巷十號王宅開會，商討：「如何用民眾力量解決這個反動局面」，於是派隊前往搜捕。當場逮獲了侯紹裘、文化震、謝先進等十幾個人，並且搜到犯罪證據，——會議紀錄與赤色標語。到了四月十二日，南京漸漸的恢復正常秩序。

但是上海方面，第一師第二師開到南京去以後，國民黨就祇剩下毫無實力的上海政治委員會，以及周鳳岐的二十六軍，東路軍總指揮部的少數警衛兵力，他們面對著共產黨所控制的擁有三千餘支槍的工人糾察隊，以及中了共黨蠱惑的廣大工人群。

21

李立三單騎搦陳群

四月十一晚上，共產黨首領李立三，下貼子請陳羣吃飯，地點在四馬路會樂里口的大西洋飯店，天蟾舞台的對面，帖子上寫明只有主客二人。在當時那種密鑼緊鼓，劍拔弩張的氣氛中，李立三突如其來的單搦陳羣會面，誰都猜不透他葫蘆裡賣的是什麼藥？許多人主張陳羣不如推托了不去，以免發生危險，但是陳羣一身是膽，他說：他正想找共產黨的頭腦談談，目前這個爆炸性的局面可否緩和？雙方能不能夠化干戈為玉帛？

陳羣執意單刀赴會，大家都為他的安全耽心，黃老闆親自調兵遣將，派出他手下的狠角色：老天宮徐福生和喬松生等四個人，一律穿上鋼絲馬甲，帶好手槍，化裝為黃包車伕，各拉一部車，停在大西洋飯店門前，暗中加以保護。

赴宴的時間一到，人馬老早佈置好了，陳羣輕裝簡從，驅車抵達大西洋，自車窗外望，他看見馬路兩邊埋伏好的朋友。下車時，他卻故意裝做視而不見，他大踏步進了大西洋飯店。

由於雙方壁壘分明，勢同水火，陳羣和李立三在大西洋飯店的一夕長談，當然無法獲致協議。不過李立三倒也沒有暗算陳羣的意思，一齣黃灘上的黃鶴樓，居然也是有驚無險，喬松生、徐福生等人，一直到李立三送陳羣出來，陳羣安然無恙，上了汽車，風馳電掣而去，這才定了心，分頭散開，然後迅速趕到嵩山路十八號新設的總部集中。

黃杜張三大亨以下，重要人物都在總部裡等候消息，八點半鐘陳羣先到，他為了避免共產黨徒跟蹤，特意命司機兜了幾個圈子，方始遶路回總部來。因此他到達不久，喬松生等人也不分先後的抵達。

陳羣報告談判經過，他的神情顯得很興奮，因為他從李立三的態度倨傲，措詞凌厲，可以想見這邊的保密工作做得很好，共進會招兵買馬，訓練從眾，共產黨雖然得到些風聲，但是他們所知不多。如果李立三已經曉得共進會建立了一支堅強的武力，完成了攻擊的準備，一聲號令，即將兩路進軍，徹底粉碎殘民以逞，跋扈囂張的赤色工人糾察隊，那麼，他決不會擺出一副公事面孔，盡作些配合協調之類的空談。

這杜月笙說他的分析很對，起先大家所擔心的也正是這一點，共產黨倘若偵知了這邊的底細，他們勢必會向陳羣攤牌。他們極可能將陳羣挾持以去，當做人質，然後脅迫這邊能手，到那時候，他淡淡的笑著說：

「二馬路上恐怕要發生一場血戰呢。」

在座的人都很欣悅，揚聲大笑，歷久不歇。並排坐著的三大亨，黃老闆穿一襲夾衫，杜月笙一身小褂褲，張嘯林著上寬寬大大的東洋和服。這頭的楊虎、陳羣都穿著畢挺的西服，其餘如金廷蓀、顧嘉棠、葉焯山、徐福生，馬祥生等則長衫短打，還有黃包車夫的破褂褲舊軍裝。以服色來說，真是形形色色，無奇不有，這一個掌握著強大力量的行動總部，包羅之廣，規模之大，與其所表現的親愛精誠，情意純摯，一看就知道是個革命性的組合。

在共進會總機關部裡，少長咸集，人影幢幢，內進樓上，每天都舉行「軍事」會議，參與的首要份子，除了黃金榮、杜月笙、張嘯林、金廷蓀、顧掌生、馬祥生、浦金榮、顧竹軒和小八股黨諸人以外，還有革命的元勳，黨軍的精英，諸如自寧波砲台司令卸任下來的張伯岐，參與北伐軍遠自廣東抵達的王柏齡，楊虎與陳羣，妙不可階的是還有一位洪幫大哥，任過淞滬鎮守使署秘書長的江幹廷，他也風雲際會，自告奮勇參加了這個革命的陣營。

江幹廷自袁世凱新華宮羞憤致卒以後，老袁垮台，群魔星散，他悄悄的回到上海，住在法租界。由於他和黃杜張都是幫會人物，氣味相投，樂於接近，於是他十餘年如一日，每天必定跑一趟華格臬路，或杜宅或張家，談天說地，吃喝玩樂。杜月笙見他開銷大，坐吃山空，特地撥一份俸祿，貼補貼補，江幹廷對杜月笙十分感激，因此，這一次他自動投効清黨，多一半是因為私人友誼，他想藉此報答杜月笙。

高階層會議開了兩三天，終於決定了人員的調度，和作戰的方針。他們的預定計劃，是召集一萬五千人馬，編為第一第二兩彪軍，一南一北，兩面進攻。

第一彪軍兵分三路。第一路負責攻打赤色糾察隊總指揮處，也就是商務印書館的俱樂部，一幢鋼筋水泥建造的四層樓房。第二路進攻閘北總工會會所，這一處共產黨徒的主要巢穴，設立在湖州會館裡面。第三路往取商務印刷廠，就在商務俱樂部的對門，其中大概駐有一百多名赤色糾察隊。第二彪軍則向南，進攻工人糾察隊的另一處巢穴——華商電車公司。

各路弟兄在法租界集合，整隊出發，掃蕩閘北的第一彪軍，路上必須通過公共租界。於是杜月笙先掣一支令箭，他請蔡福堂去見英公共租界工部局總董費信惇，代表他杜某人辦個交涉，四月十二日凌晨，杜某人有一隊人馬要通過大英地界，請費信惇准許假道。

費信惇問清楚了詳情，他大吃一驚，兩隻眼睛都睜圓了，他定定的望著蔡福堂問：

「杜先生發瘋了呀？工人糾察隊是一支有訓練，有組織的武力。我們公共租界現在集合了有兩萬多名士兵，黃浦江裡還有兵艦和砲艇，我們有這麼雄厚的兵力，都還不敢貿然的出動，攻打那批共產黨徒。杜先生僅只糾合一些烏合之眾，難道他真想憑股血氣之勇，去跟長槍火砲拚嗎？」

蔡福堂莞爾笑道：

「你跟杜先生是老朋友了，應該知道，杜先生向來不做沒有把握的事情。」

費信惇連連搖頭的說：

「但是，無論如何這是瘋狂的。」

蔡福堂很堅定的說：

「杜先生只是請你准予假道而已。」

費信惇不答話，他背負雙手，在大辦公室裡踱來踱去，蔡福堂耐心的等候，久久，他站定了，轉過身來，目光柔和，望著蔡福堂說：

「我明白你的意思。不過，方才你也說過了的，杜先生是我的好朋友，我一向很敬重他的為人。當我聽說他要去做這麼一件瘋狂大膽的事情，我不得不向他表示我深切的關懷。」

蔡福堂代表杜月笙道了謝。

費信惇神情嚴肅的再問他一句：

「你可否請杜先生親自來跟我商議？」

「這個——，」蔡福堂煞費躊躇，因為他明明曉得，費信惇是一片好心，他要當面勸阻杜月笙。可是事實上杜月笙已經萬事皆備，只欠東風，他怎能接受費信惇的勸阻呢。無可奈何，他只好推托的說：「杜先生現在正是最忙的時候。」

費信惇柔聲的再堅持一句：

「試一試，好嗎？」

22 杜氏外交言話一句

於是蔡福堂飛車急駛，趕回總部，一五一十，把方才辦交涉的經過，詳詳細細的告訴杜月笙。杜月笙正和張嘯林、張伯歧、顧嘉棠他們商議各路弟兄如何調配，怎樣集中？聽了蔡福堂的報告，他眉頭一皺，霍的立起身來，轉臉向張嘯林說：

「嘯林哥，你先跟他們各位商議下去，我去打一轉就回。」

說罷，他伸手一招蔡福堂，兩個人一前一後，大踏步的往門外走。

「你們看這些時的月笙哥，」顧嘉棠笑著搖著頭：「簡直就跟生龍活虎一樣！」

「他媽的！你們曉得吧？」張大帥立予置評：「一個人就是要做事情，一做起事情來，年紀自然就會輕。」

杜月笙和蔡福堂，汽車開得像射箭，步子邁起來飛也似的快。兩個人走進工部局總董辦公室門口，秘書小姐一疊聲的在說請進請進。

往費信惇的大寫字枱前面一站，和站起相迎的費信惇握一握手，杜月笙來不及寒暄，板起面孔大聲的說：

「我今天來只有一句話，四月十二我的人要過英租界，向你借路！這個仗我們打不打得贏？不勞你操心，頂好，你等我的人通過以後，立刻拉上鐵絲網，架好機關槍，倘若有人退回來，你儘管下令開槍掃射！」

蔡福堂曉得杜月笙的脾氣，他在外國人面前語氣越硬，翻譯越加要翻得真，他連忙把杜月笙的話，一字不漏，譯給費信惇聽。

費信惇隔張子枱望著杜月笙，一臉苦笑，歇了三兩秒鐘，他長長嘆了口氣說：

「好吧，就照你的意思辦。」

道聲謝，杜月笙一拉蔡福堂，回頭就走。

回到總部，蔡福堂得意萬分，把杜先生「言話一句」辦外交的經過，著意描寫，說給大家聽。說完，他猶仍讚羨不置的說：

「假使世界各國，都像月笙哥這樣辦外交，那真是痛快已極！」

杜月笙也有點沾沾自喜，他笑著說：

「這樣辦外交有啥個不好？大家節省些時間，多做點事體。」

張伯岐在一旁插進了嘴：

「真是看你不出啊，月笙，居然還懂得兵法呢。」

杜月笙一怔，茫然的問：

「我怎麼會懂得兵法？」

「咦，你剛才不是喊費信惇等隊伍一過，立刻關鐵絲網，架機關槍嗎？」張伯岐條分縷析的說：

「這在兵法上就叫」『陷之死地而後生，置之亡地而後存』，等於是韓信大戰井陘口的背水陣。」

杜月笙很有興趣，但是他坦坦白白的說：

「我還是不懂。」

「這個道理很簡單，」張伯岐提高聲音，像是要講給大家聽：「我們的隊伍一開過，公共租界立刻封網架槍，隊伍斷掉了退路，唯有拼命衝鋒，一力向前。像這麼樣的打法，還會有打不贏的仗嗎？」

眾人一聽，果然很有道理，顧嘉棠頭一個拉開嗓子來喊：

「月笙哥懂兵法，我們推他當總司令！」

「瞎三話四！」杜月笙笑斥一句：「總司令在南京呢。」

芮慶榮也湊興的喊：

「那麼，你就當總指揮！」

一句話，引起了杜月笙的心事，趁大家興高采烈，他把在心理的一個想頭，侃侃然的說了出來：

「有一樁事體，我想不妨趁此機會先提一提，也好讓各位有個準備。不是我杜某人貪生怕死，推托責任，事情發動，我自會跟各位去打衝鋒。費信惇說得不錯，工人糾察隊有組織，有訓練，四月十二號這一仗，非比尋常，一定要有一位懂軍事的朋友，策劃調度，擔任指揮！」

提到了這個要緊問題，眾人面面相覷，默然無語，這班朋友當中，誰是懂軍事的呢？

杜月笙望一眼張伯岐，大聲的說：

「張伯岐先生是我的老把兄，他這些時在此地幫忙，恐怕有些小兄弟，還不曉得他的身份，現在讓我來鄭重介紹一下：……」

「月笙！」張伯岐喊一聲，意思是攔住他往下說，但是杜月笙不理，他繼續高聲說道：

「辛亥年杭州起義，三路敢死隊攻打撫台衙門，三隊之中的兩隊，就是由張先生率領的，所以他是老革命黨，大英雄！」

眾人聽了，驚喜交集，肅然起敬，不由得齊齊的「啊」了一聲。他們想不到杜月笙的老把兄是這樣一位大好佬，老革命黨，英雄人物。其中唯有張大帥是久已聞名的，他即刻補充說明：

「張先生在浙江軍界地位很高，這一次他也是為了響應北伐，沒有成功，才從寧波砲台司令任上，辭職下來。」

杜月笙又緊接著張嘯林的話說：

「共進會這一次出發打仗，一共有三位朋友可以擔任總指揮，譬如說王柏齡兄是黃埔軍校的教授部主任，北伐軍第一軍的副軍長，兼第二師師長，江幹廷江幹老更是何豐林護軍使的秘書長，再末就是張先生。不過依我看來，張先生資格最老，地方又熟，反正我們都是自家弟兄，一心想為國家出力，用不著分什麼彼此；所以我想還是推張先生出來擔任！」

張伯岐正待推辭，張大帥領頭鼓掌叫好，於是眾人一致高呼：「絕對擁護！」一片亂哄哄裡，掌聲采聲夾著胡哨，簡直不讓張伯岐有開口的機會，他唯有苦笑，這一次的總指揮，他想推也推不掉了。

「喂喂喂！」顧嘉棠興奮得跳到一張凳子上去，尖聲怪叫，把嘈雜的聲浪都壓下去了，然後他大聲疾呼：「眾家弟兄，今天在這裡商議的是軍國大事，非同兒戲，你們怎可以這樣又吵又鬧！依我說，」他亦莊亦諧的用上了平劇道白：「張先生今日登台拜將，有道是：『一朝印在手，便把令來行。』眾家弟兄萬萬不可懈怠大意，軍令如山，不容違抗，不論那個違了張先生的將令，定斬人頭——呀不留情！」

「去去去！」杜月笙搶在舉座鬨堂之前說：「打棚（開頑笑）的是你，你不怕總指揮先拿你開刀！」

一片笑聲中，張「總指揮」宣告就職。

紅塵四合，霹靂一聲，國民黨中央宣告清黨。

民國十六年三月廿八日，國民黨留滬監察委員集會，吳敬恆(稚暉)檢舉共產黨禍國殃民罪狀，蔡元培(孑民)斷然主張：「開除共產黨人在國民黨黨籍」，吳敬恆再提議，將此一措施名為「護黨救國運動」，兩項議案，獲得一致通過。

四月二日，國民黨的中央監察委員全體會議，吳敬恆提出他「用生命寫的」舉發共黨謀叛，提請查辦共黨一文。一週後，中央監察委員會發表佳電，痛斥武漢政權之不當決議，乖謬措施，開護黨救國之先聲。於是，全國各地的正義之士，感會風雲，奮其智力，舉國一致，撲滅彼獠！

23

開刀祭旗宰汪壽華

上海，華格臬路，杜月笙的家裡。

四月九日下午，萬墨林被喊進大煙間，他發現大煙間裡的氣氛，跟往日大不相同。眼睛向兩邊睃望：楊虎、陳群、張嘯林、張伯岐居左，顧嘉棠、芮慶榮、葉焯山、高鑫寶居右，杜月笙坐在正當中，人人胸挺腰直，板起面孔，尤有杜月笙，雙眉緊鎖，一臉愁容。——萬墨林大為驚異，阿是出了什麼事體？否則的話，為什麼一個個的神情這麼嚴重？

「墨林你來！」杜月笙招招手，把萬墨林喊到跟前，目不轉睛的盯住他問：「限定要在今朝，你尋得著汪壽華嗎？」

「尋得著。」

「那末，你親自跑一趟，送這份帖子給他。」

「帖子在這裡，墨林。」張嘯林一伸手，遞了份請帖給他：「你要關照那個赤佬，媽特個x！有機密大事相商，叫他一定要來！」

「好的。」

一直到他轉身出門，大煙間裡沒有第二個人開口，但是萬墨林彷彿覺得，九個人十八隻眼睛，隻隻都盯牢在他背脊骨上。

「觸那！」萬墨林一邊走，一邊在心中暗罵：「汪壽華是什麼東西！杜先生請他吃飯，還要備份請帖，喊我親自送去。」

汪壽華在上海，前後共歷三個階段：窮極無聊、陰謀活動、和飛揚跋扈。當時的萬墨林祇知其二，不知有三，因此在他的心目之中，汪壽華要求接濟，哀哀上告，簡直像在討飯；他跑來請杜先生幫忙掩護救援，更是逢迎巴結，拍足馬屁。而杜先生給他必要的協助，無非因為他一向冒充國民黨。國民黨的大好佬、小朋友，萬墨林看得多了，他就是瞧不起一點沒有身價的汪壽華，當然，他還不曉得他那個國民黨工作人員身份是假的。

在從前，汪壽華和杜月笙並不曾見過幾面，照萬墨林的說法：汪壽華還不夠資格，到杜公館來作客，和杜先生平起平坐，面對面談。因此他對於若干年前，報章雜誌捕風捉影，道聽途說，說是汪壽華受知於杜月笙，已有多年歷史，兩人之間的交往頗為密切種種，他忍不住要嗤之以鼻。

騰傳滬上的傳聞之一，汪壽華自小就大膽機智，愍不畏死，他十三四歲的時候，手執雙槍，闖進了杜公館，要索一大筆錢。杜月笙保鑣正待加以「解決」，杜月笙卻欣賞他人小鬼大，一身是膽，送了他一筆鈔票，笑令保鑣縱之使去。從此以後，汪壽華便名滿滬上，成了敢捋虎鬚的少年英雄。

萬墨林說這個傳聞如非好事者向壁虛構，便是汪壽華自己為了拉攏工人在吹牛皮，因為工農大眾對於這種宣傳是很能聽得進的。萬墨林指出此一傳聞的破綻，很簡單，汪壽華十三四，杜月笙還不到二十歲，他不但沒有公館、沒有保鑣，而且他自己還往在同孚里黃老闆的家裡。

又有一說，頗富傳奇，有謂汪壽華為搜括刮共產黨的活動經費，不惜鋌而走險。一日，杜月笙忽然接到一封匿名信，信中向他「告借」兩萬大洋，繳款的方式，請他在某日下午三至四時，把錢放在杜公館左鄰牆角落的那只大垃圾箱裡，「借錢的人將會親自來取。這一封信使小八股黨、杜門中人和親友家人一致為之震動，就是普通人家，強盜土匪也不能如此大膽，公然勒索，指定時間白晝取錢。於是，大家摄促杜月笙就放兩萬大洋進垃圾箱去，且看那賊怎樣來拿？

屆時，華格臬路杜公館的附近，八方巡哨，十面埋伏，杜門中人唯恐錢拿走了坍台，在那個垃圾箱的周圍，把守得如同金湯鐵池一般，百把個人一絲不懈守足一個鐘頭，莫說強盜賊骨頭，便連一個閑人也不曾撞進。四點五分大家一道去檢視垃圾箱，蓋子一掀，驚嚇得人人目瞪口呆，那兩萬塊錢一大包，神不知鬼不覺的不見了。

杜門中人惱羞成怒，於是偵騎四出，明查暗訪，一定要將這狡賊抓來懲處，卻有杜月笙愛惜這個人的「賊才」，兼以天大的謎團無法揭開，因此他傳知水陸各路弟兄，請這位高手挺身出來；杜先生不但不見責見怪，而且誠心誠意，要跟他做個朋友。

於是有一天這人飄然來臨，登門拜訪，真人面前不說假話，他自家通名報姓，說是他叫汪壽華。杜月笙慇勤接待，饗以洒食，席間杜月笙虛心求救，問他那日是怎樣把兩萬塊錢取去的？汪壽華笑了笑說：容易得很，杜公館左隔壁的房子上個月不是空出來了嗎？那天杜公館的朋友只顧了牆外的垃圾箱口，忽略牆內的裡箱門，而在汪壽華便躲在空屋院中，順順當當，把錢拿了就走。

顧嘉棠等人聽他說得如此輕鬆簡單，反而襯出他們這一幫子無能無用，捺不住心頭怒火，又要取汪壽華的一條性命。杜月笙忙於攔阻；汪壽華卻不慌不忙的笑著說：

「對不起，不勞各位費神，兄弟來時身上縛好兩只炸彈，無論我怎樣摜下去，炸彈都會爆炸。」結果是這一幫人徒呼負負，坐看他起身離座，揚長而去。

萬墨林聽說此一傳聞便要笑個不停，他說：

「編故事的人也不打聽打聽，杜月笙的左隔壁便是張嘯林張大帥的住宅，一道中門相通，兩家的人經常往來走動。汪壽華要是躲在張公館偷杜公館的錢，被張大帥一看見，惹他性起，大帥不要『媽特個X』的把他給剝了皮去呀！」

實際上，從前汪壽華一直不曾上過杜公館，憑他「汪壽華」那三個字，更見不到杜月笙，他有事相求，走的是萬墨林的門路，他曾冒充浦東人，跟杜月笙、萬墨林攀鄉誼，套交情。「君子可欺以方」，他的騙術只到萬墨林為止，他曉得萬墨林跟杜月笙是親眷，又是杜月笙如影隨身的總管，他那點小事情，找找萬墨林也就儘夠了，因此，他一晌對萬墨林討好巴結，無微不至。難怪那天杜月笙要請汪壽華吃飯，差萬墨林親送請帖，使萬墨林嘴裡說不出，心上卻是交關不舒服。

24

萬墨林當勾魂使者

到了汪壽華在上海的第三個階段，「夕陽無限好，只是近黃昏」，自從發動工人暴亂，劫奪直魯潰軍槍械，成立了武裝工人糾察隊，汪壽華一下子從陰黯角落裡鑽了出來，大權在握，神氣十足。他登上上海「總工會委員長」的寶座，顧順章、周恩來是他的哼哈二將，李立三、陳獨秀更對他另眼相看，言聽計從。民國十六年三月廿一日以後的汪壽華，前呼後擁，僕眾如雲，這是驅車湖州會館送請帖的萬墨林，再也不會想到的。

湖州會館高高懸起「上海總工會」的招牌，赤佬糾察隊荷槍實彈，往返逡巡，簡直是在把工會當做「護軍使」衙門了。萬墨林搖搖頭，心裡在想：「真是從來不會聽說過。」

聞報老朋友萬墨林駕到，汪壽華派一名職員代表歡迎，連聲請進。萬墨林跟他步入高大寬敞，陳設豪華的「委員長」室，汪壽華的一顆頭，從大辦公桌上堆如山積的公文後面冒出來，遠遠的望過去，也看得出他一臉的喜色。

「墨林哥！」親熱的大叫：「長遠不見！」

「汪委員長，」萬墨林覺得在這裡處處令人拘束，他不想多逗留，走過去開門見山的說：「我是專誠送請帖來的。」

「啊?」汪壽華眉毛一掀，接過帖子也不拆開來看，先問一聲:「那一個請客?」

「當然是杜先生了。」

「不敢當不敢當，」這才抽出請柬細看，一面在問:「還有些什麼人?」

「不曉得，」萬墨林含含混混的說:「彷彿只請你一位吧，杜先生說有機密大事和你商議。」望一瞥姓汪的，他正煞有介事，眉飛色舞，真正是「早上沒飯吃，夜快有馬騎」也難怪他如此得意忘形，替他想想，二十天前，汪壽華想見見萬墨林，也得轉彎抹角，費好多手腳。而此刻他在黃浦灘上打出了「江山」，連杜月笙下帖子請他，還要派親信總管雙手呈遞呢。越想越有點不甘心，萬墨林又用從前那樣的語氣，叮嚀一句:「杜先生請客，你一定要到啊!」

「一定，一定。」汪壽華還是沒有站起來，不過他卻在假慇勤的說:「墨林哥，你請坐，辦公室裡沒有好招待。等一歇，我陪你各處參觀參觀。」

「不必，」萬墨林向他雙手一拱:「我要趕緊回去，恐怕杜先生還有事情交代。」

汪壽華這才邁過大辦公桌，親自送客到門口，萬墨林禮貌的請「汪委員長留步」，也說是「不敢當」。臨別時再交代一聲:「後日請早。」

回程中，萬墨林但覺得心裡懊惱，堂堂杜先生，連汪壽華這種小赤佬，也要傾心結交?往後他成了杜公館的常客，自己反轉來倒要去服侍他，未免太不成話說。——實際上卻是他還不曾知道，方才他扮的是勾魂使者，催命判官角色。

十一日晚間七點鐘，華格臬路杜公館氣氛嚴肅緊張，首腦人物都在客廳裡，電話鈴聲忽響，萬墨林跑去接，他一聽聲音，就曉得是汪壽華打來的。於是他嘴裡應聲：「啊，汪先生！」同時向杜月笙以目示意，問他要不要接這隻電話。

張嘯林機警，伸手奪過電話筒，大聲的問：「是壽華兄嗎？」

「是是。您一定是——嗯，張先生。」

「我是張嘯林，今天晚上老杜請客，你要準時來啊。」

「要來的，要來的，」汪壽華急急的說，又是一陣乾笑：「我正是打電話來問問，杜先生怎麼這麼客氣，是不是公館裡有什麼喜慶？」

「沒有，沒有，只不過老杜和我，有點事情要跟你商議，請壽華兄過來噻，比較方便一點。一小時以後，就只有你、我、老杜三個人。」

「好好，八點鐘，我準時到。」

張嘯林接電話的時候，在場的杜月笙、馬祥生、芮慶榮、顧嘉棠等人，統統跑了過來，團團的把他圍在當中。於是張嘯林一等汪壽華那頭說話，便把聽筒平舉在面前，讓大家湊攏來聽。一直聽到對方咔嗒一聲，將電話掛斷了；人人臉上顯露寬慰的笑容，長長吁了一口氣。

打完這個電話，萬墨林方始曉得，今晚將有一件驚天動地的大事，要在杜公館發生。共進會弟兄舉事在即，「擒賊先擒王，射人先射馬」，共進會決定在這一晚的八九點鐘，開刀祭旗，討個吉利，先送汪壽華的終。此賊一除，將使赤色糾察隊和總工會驟失重心，不知何適何從？在這種情形之下，打騰仗便多了三五分的把握。但是，要想在湖州會館解決汪壽華，可能要動用千軍萬馬，賠上無數條性命，而輕飄飄送一份帖子過去，叫他移「頭」就教，自投羅網，當然要便捷得多。

25

不要「做」在我家裡噢！

那夜，杜公館裡裡外外，人影憧憧，埋伏重重，小八股黨八位頭領是主力。大門之內，由顧嘉棠、芮慶棠、葉焯山、高鑫寶四大金剛負責，再加上老一輩的狠角色，馬祥生和謝葆生助陣。大門外頭又有一支機動部隊，包括兩部汽車，一部車上除了司機還坐好兩名彪形大漢，停在華格臬路通往李梅路的轉角。另一部車則在杜公館大門口，後座車黑黝黝的，車墊下掖好一只蔴袋，一根繩索，鐵鍬鐵鎚一應俱全，車子裡卻連個人影都沒見。

七點三刻，顧嘉棠親自到外面去巡視一週，回到客廳報告杜月笙，一切按照預定計劃部署，妥善週密，保險萬無一失。如今諸事齊備，只等汪壽華的人頭送來。

卻是杜月笙還不放心，再問一聲：

「外面有沒有什麼動靜？有沒有形跡可疑的人？」

「沒有，」顧嘉棠搖搖頭：「馬路上空蕩蕩的，只有黑角落裡埋伏好的自家人。」

萬墨林注意到杜月笙始終面有重憂，神情不寧，他的臉色帶點蒼白，說話的聲音也低瘖些。於是，他輕聲的在他耳邊建議：

「爺叔，沒有你的事情了，你還是早點上樓休息吧。」

「這個——」杜月笙遲疑了一下，不曾再往下說。

萬墨林的耳語被張嘯林聽到，關切的望望杜月笙，他也附和的說：

「對的，你在這裡，行事反而不便。你還是上樓休息的好。」

「那麼，」杜月笙環望各人一眼：「我先上去，你們各位要小心啊。」

「放心好了，月笙哥。」有好幾個人，不約而同的回應他說。

杜月笙步上樓梯，一眼發現從小住在他家的外甥徐忠霖，正躲在樓梯口向下面張望，他快步走過去，拉住他的小手，柔聲的說：

「快回你的房間去，不管外面有什麼事情，絕對不許出來。曉得嗎？」

當時還不到十歲的徐忠霖，畏縮縮的看著他，點點頭，一溜煙的跑回自己的房間。其餘如各樓的太太、少爺、小姐，早已奉到嚴厲的命令；今夜七點鐘進房間，關好門，從此不許出來一步。

自己走到前樓鴉片煙間裡，歪倒下來，抽幾筒鴉片來振作一下；萬墨林寸步不離，陪待在側。偌大的房間靜悄悄的，榻後，牆壁上懸一幅「鷹瞵」巨畫，蒼鷹屹立，氣象雄傑。榻上，杜月笙的蒼白面容，在煙霧迷漫中若隱若現。萬墨林閑得無聊，望著那幅「鷹瞵」出神，在杜月笙的收藏中，這幅畫要算是歷史最久的，他還記得，是在同孚里，杜月笙雄姿英發，叱詫萬人，有一天黃老闆得了這幅畫，杜月笙說他喜歡，老闆立刻送給他。曾幾何時，杜月笙雖在鼎盛中年，但卻由於百務蝟集，食少事繁，鬧得非靠阿芙蓉來提精神不可了。

驀地，遠遠傳來汽車馬達到聲響，杜月笙神情緊張，放下了煙槍，他欠身坐起，側耳傾聽。萬墨林望望牆上的自鳴鐘，八點差兩分，果然是汪壽華如約來到。

26

四大金剛楓林送終

汪壽華坐來的車子，剛剛在杜公館門口停下，預先等好在華格臬路、李梅路轉角的那部小包車，開始徐徐滑動。汪壽華人到門口，門燈一亮，鐵扉移開，杜公館司閽笑容可掬的喊：「汪先生！」汪壽華向來動作快，腳步洒得急，他一面跟司閽打招呼，一面大踏步進入鐵門，迅即沒於黑暗之中。

鐵門在他身後重重關上，徐徐滑行的神秘車輛，恰好駛近汪壽華座車的左邊，兩部車齊頭並進，——因為汪壽華的司機又在起步，想駛往前面找一處停車的地方。於是，神秘車輛右側的兩扇門同時打開，跳下來兩條彪形大漢。

汪壽華汽車的前座只有司機，後座坐一位保鑣，兩條大漢身手矯捷，力大無窮，正好一人服侍一個，梗梆梆、冷冰冰的槍口抵住他們太陽穴，然後低聲喝令：

「喊一聲，動一動，你們就此沒命。」

司機踩定煞車，車停了，兩條大漢開車門，擠上來，挾持保鑣，指揮司機，命令他盡快把車子開走。汪壽華的司機又一次發動馬達，這回是驅車疾駛，拋開了並排停著的那部空車。

汪壽華的車子和司機，自此查如黃鶴，不知下落。

與車子加速飛馳的同時，汪壽華正穿過杜公館寬敞遼闊的庭院，一步步邁向燈火輝煌的大廳。

他走進中門，大客廳燈火輝煌，燦然在望，汪壽華偶一抬眼，嚇得他急忙倒退一步。

客廳簷前，一盞頂燈散放著熠熠強光，恰巧罩在張嘯林的頭上，他穿一襲東洋和服，雙手抱胸，昂然直立，豹眼怒睜，薄唇緊抿，臉孔上顯得殺氣騰騰。在他的身後，一左一右，站定的是黃浦灘上兩顆煞星，怒目橫眉，躍躍欲試，汪壽華久聞他們的大名，一個是馬祥生，一個是謝葆生。

汪壽華看看苗頭不對，當下大吃一驚，一個急轉身，抽身便往回走。他心摧膽裂，魂飛魄散；因此腳步踉蹌，跌跌撞撞的逃回中門。然而中門裡外早已埋伏得有四大金剛，裡二外二，靜靜的在守候。只是方才汪壽華進來赴宴走得匆忙，不及發覺。這會兒汪壽華吃了張大帥的一嚇，掉首逃跑，四大金剛就再也不能放他過門。

於是，當汪壽華一腳跨過門檻，匿身在左的葉焯山，便以蠻牛挑虎之勢，斜抗右肩膀，用盡全身之力，猛的向汪壽華左胸一撞。由於這一撞由暗裡來，汪壽華冷不提防，但覺痛澈心肺，一陣搖恍，險險乎被撞倒在地，他不由自主，發出一聲哀呼：

「哎唷呀！」

然後顧嘉棠應聲閃出，一把捉牢汪壽華的胳臂，在前的芮慶榮又猛伸出手，捂住汪壽華的口與鼻。汪壽華嗯嗯啊啊，無法求救，瘦小的身軀，被四大金剛捉小雞似的拎著。這時杜月笙在前樓聽到他那一聲「哎唷呀！」的慘叫，他額頭泌汗，臉色大變，從鴉片煙榻上一躍而起，搶出門外，登登登的跑到扶梯口。萬墨林則急起直追，亦步亦趨，緊緊跟在他身後。——杜月笙一直跑到樓梯口，高聲一喊：「不要『做』在我家裡噢！」

「曉得了，月笙，」張嘯林回過頭來寬慰他說：「媽特個X！他們就要把他架出去啦。」

杜月笙右手撐著扶梯欄杆，左手鬆馳的垂著，萬墨林搶過去扶好他，輕輕的喊：

「爺叔，爺叔！」

杜月笙彷彿不曾聽見，他一面轉身回房，一面喃喃自語：

「不能做在我家裡，否則，以後就沒有客人敢上門了。」

躺回煙榻，又休息了二三十分鐘，杜月笙坐立不安，焦灼煩躁，萬墨林不敢問他緣故，只是不時暗暗的望他一眼。不久，樓下有人上來通報，黃老闆來了，杜月笙正待欠身離榻，準備迎迓；緊接著，下面報告楊先生、陳先生到，又是王先生汽車停在前門，杜月笙只好振作精神，下樓接待絡繹而來的客人。

27

血債血還橋上下手

那一部黑夜飛車，由高鑫寶把定凡而盤，連車燈都不開，出華格臬路，絕塵疾駛。

車中的四大金剛，任務早經分配，高鑫寶擔任駕駛，顧嘉棠坐在前座，負責眺望把風。後座裡，芮慶榮和葉焯山四條鐵臂，把混身動彈不得的汪壽華，緊緊箍住，尤其芮慶榮那只蒲扇大的右手，五指揸開，彷彿五根鋼條，他始終緊握汪壽華的口鼻，使汪壽華既透不過氣，又喊不出聲。他只有竭力扭動全身的肌肉，在作無效的掙扎。

前座的顧嘉棠暗中取景，視線落得很遠，當中分法華兩界的楓林橋遙遙在望，他頭也不回，低聲提醒後座的人：

「到楓林橋嘞。」

芮慶榮望一眼掌握中的汪壽華，恨意陡生，他從鼻孔裡迸出聲音，咬牙切齒的說：

「姓汪的，你造的孽也夠了。北火車站前面，被你送到枉死城裡的人，血跡未乾！今朝是上海人跟你討還這筆血債！你好生記住，楓林橋是你的歸陰的地方！」

說時，他怒從心中起，惡向膽邊生，運足全身氣力，集中在他的右手五指，那五根鋼條自汪壽華的口鼻移向咽喉。動作快得不容汪壽華發一聲喊，車中各人只聽見他喉間咯咯有聲，葉焯山和汪壽華的身子貼得很緊，事後他說，他能覺察汪壽華垂死剎那混身的痙攣，和肌肉的顫慄。然後，突的他身體一挫，极力向前抓爬的那只左手，鬆散的墜落下來，恰好落在葉焯山的膝蓋，葉焯山一陣噁心，把那只死手拎起來甩開。——死手軟綿綿的，彷彿有些兒微溫。

芮慶榮從牙縫裡噓出一口長氣，鬆開右手，收回手時便去揩臉上的汗，於是，汪壽華重心不穩，先是頭一歪，然後身體往下溜，看上去他已斷氣。

「怎麼樣？」顧嘉棠在前座急切的問。

「解決了。」芮慶榮大聲回答，側臉關照葉焯山：「推他下去，用腳踏牢」。

兩弟兄合力把汪壽華的屍首，從後座沙發推向地面，認真說來，那不是推，而是硬塞。前後座之間的空隙太小，汪壽華像一團爛棉絮被塞下去，由芮慶榮和葉焯山伸腳把他踩住。葉焯山後來追憶的說，——「就像踏在一團爛泥，一堆牛糞上面。」

車子駛到滬西，每一分每一秒都可能發生意外危險；共產黨糾察隊不時在這一帶出沒，碰上了他們或都是遭遇軍警檢查，其後果之嚴重難以想像。四大金剛並非吃了老虎心豹子膽，他們只不過置生死於度外，殺一個汪壽華，大上海的四百萬人，也許可以因而得救。

有一道稀疏的樹林，四週罕見人跡，汽車停在馬路邊，再往下走二三十步，這是他們預定的汪壽華埋骨之所。

高鑫寶把車子停好，打開後座車門，芮慶榮反躬著身子下車，他跟葉焯山一前一後，抬著汪壽華的屍體。

顧嘉棠很快的掀開後座椅墊，取出蔴袋與工具，四個人七手八腳，把汪壽華像只龍蝦似的，塞進了大蔴袋裡。於是分執鐵鏟鐵鍬，仍由芮、葉二人搬運蔴袋，一陣小跑，進了樹林。

相度了一下地勢，顧嘉棠伸手一指說：

「好，就是這裡罷。」

芮慶榮和葉焯山聽他這麼說，四只手同時一鬆，把蔴袋抛下，他們兩個也來參加掘坑掩埋的工作；四大金剛各據一方，用最快的速度，在樹林裡揮土如雨。

時近九點。

28

白光一道活活埋掉

那隻盛裝汪壽華屍首的蔴袋，放在距離他們不遠的地面，四個人全神貫注的在掘土，除了鐵鍬插地，擦擦有聲，靜悄悄的不聞半點音響。坑掘好了一半，顧嘉棠伸手揩汗，突然之間，聽到有沉悶的呻吟，一陣毛骨悚然，手裡的鐵鍬，噹啷一聲跌在地上。

「這個赤佬還沒有死？」

「瞎說，」芮慶榮左手一甩：「這隻小猢猻，我只消兩隻指頭，就可以取他的性命。」

「嗯——」蔴袋裡的汪壽華果然又出了聲，這一回大家都聽見了，齊同呆了一呆。然後，月色下，芮慶榮瞪大了眼睛，他牙齒咬得格格的響，他右手抄起鐵鏟，大踏步往蔴袋那邊走。

「你要做啥？」顧嘉棠高聲的一問。

「噓——」葉焯山立刻叫他噤聲。

汪壽華果然不曾被掐死，芮慶榮老羞成怒，火冒三千丈，他衝過去，將鐵鏟高高舉起，正想一連幾鏟剁碎了汪壽華。顧嘉棠一個箭步，躥到他跟前，一伸手接住了他那條鐵臂，低聲的叱喝：「不可以！」

「為什麼？」芮慶榮氣息咻咻的反問：「難道你想放他的生？」

「用不著你多費這個氣力，」顧嘉棠語氣緩和了些：「管他死呢活呢，快點把坑掘好，埋掉算了。」

芮慶榮還不肯依，於是高鑫寶、葉焯山一齊跑過來，說好說歹，硬把盛怒中的芮慶榮拖開。

四大金剛加快速度，轉眼之間，掘成了一個高可半人的大坑，高鑫寶、葉焯山合力把蔴袋抬來，蓬的一聲，抛入坑底。顧嘉棠口口聲聲在催快呀快呀，四個人產起泥土把坑填平。然而，就在封穴的那一剎那，一團漆黑的東方天際，驀地亮起一片白光，像閃電，時間卻又久了些，像大量的火藥爆炸，偏是聽不見任何聲響。四個人面面相覷，雖說是久闖江湖，見慣陣仗，這時候也不免有點疑神疑鬼，心驚膽戰，顧嘉棠望一眼三位弟兄，輕聲的說：

「好了，可以回去覆命了。」

那神情，彷彿凛然有所畏懼，越加增添當時的恐怖氣氛，於是，高鑫寶，葉焯山回頭就跑，顧嘉棠跟在他們身後。唯有芮慶榮，性烈人膽大，他毫不在乎，又把那一坯浮土，重重的蹬了幾腳，方始離開。

汪壽華之死，對於賣國求榮的共產黨，無異當頭棒喝，一項致命的打擊。當年共產黨在上海，羽翼已豐，勢正囂張，他們握有的力量，與其所處的地位，比較武漢政權還要穩固堅強。其所以在一日之間，被軍民合作的巨大反共浪潮，沖得落花流水，消逝無蹤，和汪壽華的惡貫滿盈，首先就戮，實有重大的關聯。

事隔二十二載，到了民國三十八年，共產黨趁大戰終結，人心貪安，掀起了漫天烽火，迅即席捲整個大陸。五月二十四日上海淪陷，馬祥生和葉焯山已經是六十歲以上的老翁，他們因為在上海有事業，捨不得放棄，安土重遷，決定不走，誰知道新一代的共產黨頭目，仍還忘不掉汪壽華被秘密處死，以及共進會消滅赤佬糾察隊的「血海深仇」，於是馬祥生和葉焯山雙雙就逮，他們被押到滬西舉行公審。共產黨發動了成千上萬的「人民」，前往參觀。光天化日，眾目睽睽，馬祥生年紀大了，英氣無復當年，他猶在刺刺不休的申辯，葉焯山則自始至終傲然屹立，不屑一語。當主「審」的共產黨頭目高聲一問：

「當年暗殺汪壽華，你們倆個有份嗎？」

至此，馬祥生也無話可說了，老兄弟倆同被牽下公審台，當眾執行槍決，夕陽落照，紅遍大地，兩顆白頭，相鄰相並，他倆在二十二年後，仍然逃不過共產黨的魔掌，作了犧牲。

民國三十九年，杜維藩為了中匯銀行無人負責，諸多事務亟待清理，自香港冒險化裝北上，潛入滬濱，前後逗留年餘，安然無恙回返香江。他在上海的時候，曾經親眼看見東方大飯店，被改成了工人文化宮，當時，便在舉行「汪壽華的血衣展覽」，據說那套血衣是汪壽華「被害」時所穿的，上面染滿了血跡。杜維藩看了情不自禁，暗笑不已。他後來回香港，杜月笙、顧嘉棠猶仍健在，聽了杜維藩的報告，兩位當年的主角哈哈大笑，杜月笙搖搖頭：

「共產黨總歸免不了要騙人。」

顧嘉棠回首前塵往事，不勝感慨，到那時候，他才說出芮慶榮不曾掐死汪壽華，因而汪壽華實際上是活埋致死的這樁秘密。他又說，不論掐死或活埋窒息，汪壽華穿的衣服絕對不會有血迹，——

顧嘉棠歉然的望望杜月笙，繼續說道：

「當時我和葉焯山、高鑫寶約好，大家不提這一段，為的是怕芮慶榮不開心。他那一陣手勁，力道不曾用足，其實是稀鬆平常的事。偏偏芮慶榮把它當做奇恥大辱。」頓一頓，他再追憶的說：「如果那一天我不去攔住芮慶榮，讓他請汪壽華吃一頓鐵鐽，那麼，共產黨現在展覽的那套血衣，可能就是真的了。」

秘密處決了汪壽華，四大金剛火速撤離，小包車飛快的駛向法租界。唯恐引人注意，特地遶了幾圈，方始回到華格臬路杜公館。進門以後，遠遠望見大廳裡燈火燦燦，人來人往，顧嘉棠用肘部輕撞芮慶榮，告訴他說：

「今天真是熱鬧，剛在滬西解決了汪壽華，此地大本營又要歃血為盟了。」

芮慶榮不解的問：

「歃血為盟？」

「老闆、月笙哥、張大帥、楊虎、陣群和王柏齡，今夜金蘭結義誓共生死，」顧嘉棠詳加說明：「因為共進會弟兄天不亮就要出動，衝鋒陷陣，危險得很。所以大家事先約好歃血為盟，吃血酒，表示從今以後有福共享，有難同當。這是給大家打打氣的意思。」

芮慶榮一面走，一面凝神傾聽，他的眉頭又皺起來了，聲音悶悶的問：

「吃血酒不是洪幫的規矩嗎？怎麼我們安清道友，也來作興這一套呢？」

顧嘉棠笑笑，他說：「管他那一幫的規距哩，只要大家表示誠心就好。」

29

六傑結義歃血為盟

邊走邊談，到了大廳，四個人齊步進去。四面一看，場面大得很咧。除了黃、杜、張、楊、陳、王六位主角，黃、杜、張三大亨手下的大將，共進會的弟兄，還有許多朋友，密密層層，或坐或立，把跳舞廳般大小的一座客廳，擠得全場爆滿。

大廳正當中，高高懸起一幅「劉關張桃園結義」的繡圖，一對巨燭，粗如兒臂，三支線香，輕煙繚繞。八仙桌上擺好豬頭三牲，香花鮮果，使一片喜氣洋溢中，添幾分莊嚴肅穆的意味。

六位結義弟兄，今天一例換了黑馬褂、藍綢衫、黑貢緞鞋，他們正忙著和到賀的客人寒暄、談天。杜月笙、楊虎和陳群站在一處，楊、杜二位個子高，出人頭地，一眼瞥見四小兄弟從外面進來，臉上的笑容一收，四隻眼睛，十分焦急而緊張的，想從他們面部的神情，尋求答案——汪壽華是否順順當當的解決了？

顧嘉棠、葉焯山會意，向他們深深的一點頭，莞爾一笑。於是，杜月笙和楊虎，立刻恢復滿面歡容，繼續跟賓客週旋。表情變化，只在一轉眼間，彷彿什麼事都沒有發生。

就是這麼眉目交語，心照不宣，「無線電」播出了好消息，人叢中，凡是參與機密的人都知道，四大金剛勝利歸來，上海之癌，有史以來最大的禍害，「汪壽華之為惡，一以貫之，惡貫滿盈，天畢其命。」於是人心大快，共進會士氣更高。往後風聲傳出，老上海津津樂道這一幕，繪影繪聲，他們說是活埋汪壽華時突然現白光，那是天老爺在收惡星宿。

六大亨通譜結義，是黃浦灘上的一件大事，同時也是杜月笙一生的轉捩點，誼同手足的六位好朋友，以年齒為序，老大黃金榮，老二張嘯林、老三王柏齡、老四楊虎、老五杜月笙、老六陳群。五位弟兄之中，只有陳群是新近結交，一見如故，其餘如黃、張、王、楊，則是早已換過蘭帖了的。

這五個人和杜月笙的一生，都有莫大的關聯，黃金榮，張嘯林和杜月笙，是赤手空拳打天下，而以煙與賭起家，同生死共患難的老弟兄。在民國十六年，杜月笙四十歲以前，黃、杜、張三位一體，迹不可分。楊虎、王柏齡和杜月笙結交甚早，但是由於彼此南轅北轍，各行其是，自來很少見面，雙方的交往，也只是革命事業上的偶然合作。楊、王的出發點是為了國家民族，杜月笙則純粹基於一片仰慕之忱，以及個人的好勝心切，爭取表現。正因為杜月笙前此對於政治立場，革命事業，既無宗旨主張，亦未能建立明確的觀念，因此，他雖曾對革命大業有所貢獻，但卻是以私人友誼為出發點，於是他和楊、王的締交，便無法解釋為政治上的結合，同時還不能據而說他忠黨愛國，是一位獻替良多的革命人物。

這一次和楊、王重定蘭譜，結拜兄弟，便和十餘年前大不相同，因為其間多了一位陳群。經過半個多月的朝夕聚晤，陳群的學識淵博，風骨嶙峋，處事的明快，與其忠黨愛國的熱忱，在在都使杜月笙衷心感佩。那種為一份信仰，一個目標，一項事業而拋頭顱、灑鮮血，從容赴義，冒險犯難的革命精神，配合著舉國大局動蕩，全民覺醒與北伐軍興，共黨禍亂的壯闊背景，遂使杜月笙四十年來拳拳服膺的江湖義氣，英雄本色，在轉瞬之間突然昇華，躋登另一個更高的境界。此所以杜月笙和楊、陳一見面，兩度接談，天大的一樁事情就此片言獲決。他應允楊、陳的囑託，不惜毀家紓難，發動義師，必要時犧牲生命也在所不計，他這時候的慷慨義烈，純粹出於自發自動。他終於拿定了宗旨，抱定了主張，奮力競先，義無反顧，連他和王柏齡、楊虎、陳群再結拜，都是基於公誼，而非重在私交。

從另一個角度，以楊虎、陳群及其以次的國民黨人，他們跟杜月笙交往，也在對他的豪爽明快的作風，頗為欣賞。楊虎、陳群都是追隨國父和蔣總司令在艱危困苦之中開府廣州，支撐危局，十多年來和軍閥勢力苦纏惡鬪，誠所謂篳路藍縷，焦頭爛額，環伺在他們四週的，都是鷹瞵虎視，詭譎狡詐，翻手為雲覆手雨的政客與車頭，長期置身險惡鬪爭中的志士，一旦見到慷慨尚義，一諾千金，而虛懷若谷，彬彬有禮的滬上聞人如杜月笙，難免格外感到他這個人可以傾心吐膽，交個朋友，越發認為應該和他推心置腹，衷誠合作。

易經：「君子豹變，小人革面。」其注曰：「居變之終，變道已成；君子處之，能成其文。」由此可見，杜月笙在民國十六年搖身一變，成為反共的先鋒，革命的鬪士，其實並非他的福至心靈，機遇偶然，他是因為居變之終，於焉唯有順理成章，水到渠成，換一句話說，如杜月笙者，「聖之時者也。」

30
走哇走哇殺光赤佬

四月十一日深夜，黃、張、杜、王、楊、陳六位，在親友弟子，群賢慶賀聲中，祭告天地，喝了血酒，誓願共患難，同生死，結為異姓弟兄。當時觀禮者鼓掌歡呼，情緒極為熱烈。黃金榮滿臉堆笑，站在大廳中間，向大家頻頻的拱手，一面高聲的說：

「謝謝，謝謝！只是今夜朋友到得多，招待容有不週，還請各位原諒！」

他這是在以大阿哥的身份，代表六兄弟稱謝，但是大家一見黃老闆開了口，以為一定會發表長篇大論，那曉得他祇不過寥寥數語，客套幾句，因此，人叢裡有人不依，大聲的喊：

「我們馬上就要出動了，老闆跟我們講講話，打打氣！」

「好哇好哇！」大眾起而附和，還有人在清脆響亮的拍手。

黃老闆窘了，脹紅著那張紫膛臉說：

「各位曉得我一向不會講話，要打氣——」他一眼在人群裡發現了張大帥，如逢大赦，連連的向他招手：「嘯林，來來來！你替我說幾句！」

張嘯林微微笑著，有人把他推向客廳中央，他就站在黃老闆的旁邊，未曾開言，先學叫天兒譚鑫培咳兩聲嗽，吐一口痰，於是整個大廳鴉雀無聲。

「各位朋友，今天我們六弟兄結拜，承蒙各位光臨捧場，道謝的話，老闆方才已經說過了，打氣的話呢，觸那！我看各位勁道足得狠，那裡還要我再來說！」

引得大家全笑了，張大帥卻又伸手一指牆上的自鳴鐘說：

「現在已經一點鐘了，夜裡來不及辦酒席，而且只怕各位也沒有這麼好的胃口。我跟月笙備了一些粗點心，請各位賞光，算是宵夜。如果那位有興趣喝幾杯老酒，擋擋寒氣，那更是歡迎之至，儘請自便。」

他這幾句話一說完，大廳四面八方的門，閃出來一批批杜公館的男聽差、俏娘姨，手上捧隻托盤，大肉麵、蟹殼黃，各色各樣的中西美點，一應俱全。愛喝酒的朋友，儘可從香檳酒到洋河高粱間任意挑選，主人備得有下酒的滷菜，乃至花生核桃之類的乾果。

於是大廳裡著實亂了一陣，眾家弟兄端酒端麵，呼朋嘯侶，找一塊地方，成一個小組，興高采烈，吃喝起來。一則杜公館這種首創的自助餐方式，使大家覺得新鮮，二來夜已深沉，這份豐盛的酒食來得個恰到好處，令人陡然精神一震。

黃老闆和張大帥並肩而立，不時齊同一致的徐徐轉身，注視男女傭人有否招待不周，等到大家專心吃喝，嗡嗡的人語笑聲漸歇，張大帥這才提高嗓門，大聲疾呼了：

「兩點半鐘，等我們邁出公館的大門一步，我們就要應了『死生有命』那句老話！碰碰看到底是誰的額頭骨高？媽特個X，赤佬糾察隊搞得黃浦灘上天下大亂，雞犬不寧，閘北寶山路、南市電車公司一帶的老百姓，有的一連十多天不敢開大門，再鬧下去，黃浦灘上真要活活餓死人了。你叫他們怎麼敢出門呢？赤佬強横霸道，胡作非為，叫伙計搶老闆的錢米，喊兒子打爺娘的耳光，如果讓他們霸佔了上海，我敢保險沒有一個好人活得下去！我們喝春申江的水，吃黃浦灘的飯，上海老百姓怎麼樣看待我們，我們不管。但是老話說得好，『瞎子吃湯糰，肚皮裡有數』，我們平時討人嫌、遭人怨、挨人罵，無非都是我們自家的不好，上無片瓦，下無尺土，偏偏要著緞著綢，喝酒吃肉，今朝！」他猛的一聲吼：「上海人大難臨頭，赤佬把他們逼得無路可走，我們倒要講講江湖的道義，使使俠林的威風，那怕拼了這條性命，我們也得幫上海老百姓出口氣，解決解決問題，把那班赤佬打他一個落花流水，替黃浦灘除大害，開太平！這就是我們今朝華格臬路英雄聚義的目的！」

張大帥這一番話，說得慷慨激昂，盪氣迴腸，使在場的每一個人，全都怒髮衝冠，血脈僨張。顧嘉棠把一碗大肉麵重重的往桌上一放，興奮的一拍大腿，伸手把葉焯山手裡的一杯白蘭地奪來，一仰脖子，一飲而盡。然後他猛力一甩酒杯，乒零乓啷，打得粉碎，矮胖子就地跳了起來，大喊大叫：

「張大帥說得痛快！出動的時間快到，就請各位滿飲一杯，我們分頭出動，拼了這條性命，消滅那班禍害地方的赤佬！」

大廳裡，群情激憤，情緒到達最高潮，「走哇走哇！」「殺光赤佬！」的喊聲此起彼落，有人乾杯，有人放下麵碗，一屋子亂鬨鬨的，個個都在爭先恐後，搶在頭裡出發。一片紊亂中，杜月笙突如其來的叫了一聲：

「請眾家兄弟聽我杜某人的一句話！」

斯言一出，宛如上演魔術，一廳的紊亂，迅速秩序井然，人人站在原位，肅靜無嘩，但聽杜月笙在聲清氣朗的往下說道：

「今天的事，不管成功失敗，我們唯有盡心盡力。盡心盡力以後，失敗了不怕難為情，成功了我們也大可不必居功！我只奉請各位一句，千做萬做，小吊碼子不做！」

楊虎、陳群忻忻然的互望一眼，陳群笑容滿面，深深點頭，他彷彿是在向楊虎表示：杜月笙四兩撥千斤，一語中的，他心胸和見識，要比張大帥還略勝一籌。

眾家弟兄恭敬的應了聲是，自鳴鐘噹的一響，兩點半鐘，於是人潮再向外湧，共進會弟兄開始出動。

31

把兄壯事細說從頭

大客廳裡這一兩百位客人，都是共進會大軍各路人馬的頭腦，他們必須提前到達集合地點，等候弟兄們自動前來會齊。杜月笙送他們一潑潑的離去，望一眼精神抖擻、磨拳擦掌的張伯岐，他驀地想起一件大事，趁著正式出發的時間還早，他折身走進古董間，開了電燈，吩咐萬墨林去把顧、芮、高、葉，他的四名心腹大將請來。

顧嘉棠、芮慶榮、高鑫寶、葉焯山魚貫而入，杜月笙滿臉堆笑，站起相迎，他連聲的道辛苦，請他們坐下，剛燃著一支煙，芮慶榮便搶先報告處決汪壽華的經過。杜月笙凝神傾聽，不時插一兩句，誇讚一聲，等芮慶榮報告完了，他仍有不盡的感慨，喟然太息的說：

「不知道為什麼緣故，我近來覺得膽氣跟精神不比從前，譬如說做個汪壽華，也可以說是替天行道，是他作惡太多，自尋死路。但是我總覺得見過兩面的人，真是難以下手。老實不客氣說，這樁事體叫我親手去做，恐怕我還做不來呢。」

「不會的，不會的，」顧嘉棠連忙安慰他：說「本來這種事體就用不著你下手麼。」

杜月笙聊以解嘲的一笑，然後他談到正題，他看了看手錶說：

「還有一個來鐘頭，你們四位又要出動了，我曉得你們是去打商務印書館的。打那邊的萬把人全是你們手下的弟兄，張伯岐先生當總指揮，你們對他的過去都不大曉得，我想趁此機會，說幾樁張先生的事體給你們聽聽。」

於是，他開始滔滔不絕的往下說：

張伯岐是杜月笙的老把兄弟，他們結義，遠在民國初年，杜月笙剛剛脫穎而出，嶄露頭角，正在揚名出道的時候。張伯岐則光復杭州，功成不居，一逕在家鄉浙江四明一帶，服務桑梓，衛戍地方，不時也到上海來白相相。

這一位浙江嵊縣籍的老革命，是浙江平洋黨首領竺紹康的好朋友，精通武藝，槍法極準，早年即有「神槍手」的美稱。竺紹康是嵊縣東鄉富戶，中過秀才，生性慷慨豪爽，扶危濟困，是一位俠骨仁心，胸懷大志的人物。他憤於庚子之役，八國聯軍攻入北京，殺戮同胞，遍地災黎，因而邀集大批志士，組織平洋黨，招兵買馬，從事革命行動。他們利用四明山為基地，糾聚了好幾百人，朝夕訓練，準備大舉。張伯岐便是平洋黨的第一員大將，他曾手擒嵊縣悍匪頭目官朝文。宣統元年夏天，尤在上海四馬路懷械謀刺清朝的兩江總督端方。不料當時革命人中，有一個劉光漢受了他妻子何震的唆使，將黨人的行刺計劃向端方告密，於是端方臨時改變路線，讓張伯岐白白守候了一天。事後端方大興黨獄，逮捕黨人張恭，遣凶手暗殺竺紹康，幸而被他機警走脫。當時很少有人知道，這轟動京滬的一件大事，其真正主角，還是一身皆膽，槍法百發百中的張伯岐。由於張恭被逮，黨人發現劉光漢當了奸細，群情激憤，都要將他處死。劉光漢苦苦哀求，應允設法保全張恭的性命，辛亥年營救張恭運動，陳英士和現在蔣總司令都曾盡了很大的力量。

徐錫麟和秋瑾回國，竺紹康、張伯岐和他們時相連絡，合組光復軍，計劃共同舉事於安慶、紹興與四明山區，從此山中的訓練更加積極。光緒卅四年三月，山上的糧食吃光了，張伯岐率領幾位同志，赴嵊西採辦食米，途中被嵊縣的差役發現，報請駐軍派一排人去逮捕，當夜把他們包圍在一家小客棧裡。那張伯岐卻不待清軍進棧，揚手一槍，便將把總李逢春打死，然後他率眾突圍，轉瞬之間擊斃擊傷官兵十餘人，本隊則全體出險，一無傷亡。

突圍後張伯岐唯恐官兵一路追捕，發覺了山區的秘密，只好落荒而走，直奔蕭山杭州。當時浙中官吏，聽到這個消息，大為震動，偵騎四出，到處密佈巡查關卡。張伯岐一行方到杭州車站，正要搭車逃往上海，就被杭州警局盤出破綻，全部被捕。他在杭縣衙門，直承認自己是革命黨人，臨時趕來會審的嵊縣秦知縣，便向浙江常備軍李統領借了一隊官兵，把這一批革命黨人打入囚車，押回嵊縣聽候巡撫的批示，再行處置。

這時候，竺紹康得到了密報，他派平洋黨頭目黃愛世和張景星，率領五十名同志，化裝為各色人等，預先埋伏在清風嶺曹娥廟。等囚車經過，一湧而上，驅散清軍，救出了張伯岐等，回到四明山上匿居。後為因為風聲太緊，張伯岐便和黃愛世化妝為工人，潛赴上海，住在英租界二馬路外國墳山附近的天寶客棧，暫避風頭。這家天寶客棧，就是竺紹康斥資開設，專供黨人住宿連絡之用的。

辛亥年九月十二日，張伯岐和蔣總司令、董夢蛟、王金發、孫貫生等，奉上海都督陳英士之命，率領敢死隊一百餘人，由上海分批抵達杭州。杭州革命同志莊子盤奉命招待，把他們分別安置於奉化試館跟仁和火腿棧。次日，通過方鴻聲的介紹，在五奎街李絅裳的家裡，設立臨時機關部。

九月十四日夜十時，浙軍八十一標、八十二標，發動革命，分別佔領杭州各軍政機關，銀行銀號。張伯岐他們所率領的敢死隊，每隊只有十五個人，其中五人執手槍，五人攢炸彈，負責進攻浙江最高軍政機關巡撫衙門。第一隊中有兩位女革命志士，尹銳志和尹維俊兩姊妹，她們自告奮勇，擔任炸彈手，而身先士卒，由尹維俊擲出第一枚彈。俄頃之間，一連八枚炸彈轟開了撫署的頭門，張伯岐一馬當先，帶了全隊人馬奮勇衝入，再由炸彈手將二門轟開，這時，正當革命軍高聲喊殺，二堂上的機關槍，突然噴出火花，一時硝煙四飛，彈下如雨。敢死隊中有一位王常身受數傷，猶仍勇往直前，不肯退後，敢死隊的英勇壯烈，使撫署守衛大為感動，他們自動的制止開槍，將槍門奪去，至此，撫署全無抵抗。浙江巡撫增韞由後牆洞逃走，由八十二標的兵士生擒，一場夜戰，杭州乃於九月十五日宣告光復。

將張伯岐的英雄事蹟說完，顧、芮、高、葉四條猛漢，一個個眉飛色舞，興奮萬狀，但卻靜悄悄的不聞一點聲響。歇了半晌，顧嘉棠方始一拍大腿，快人快語：

「月笙哥，你的意思我們懂。今天這一次陣仗，我們由張先生這樣的大英雄、大人物來指揮，那是我們一生一世的榮耀。你放心，月笙哥，我們一定絕對服從，而且向你保證，就由我們兄弟四個，負責總指揮的安全！」

杜月笙很高興，一路笑著送他們出門。小八股黨四大金剛除了杜月笙的言話一句，向來不聽任何人的差遣，和到顧嘉棠這麼明白的表示，他盡可以放心了。

32 還沒開火嚇殺一個

四月十一日下午，敏感的上海市民，已經嗅到濃烈的火藥氣味，二十六軍第二師的武裝官兵，一隊一隊的從龍華開往南市閘北。他們在四點鐘左右分批抵達，立即開始巡邏、佈崗，使華界的氣氛份外緊張，於是許多商家又在提早打烊。日落西山，暮色溶溶，大街小巷，行人漸漸的寥落，入夜，華界宛如一座死城。

共產黨工人糾察隊的總指揮處，早就得到了情報，說是當夜將有「流氓」聯合軍隊，向糾察隊的據點進攻。總指揮顧順章下令，八處據點一律嚴密防範，但是赤佬糾察隊並不恐慌，反應冷淡。——自從三月二十一日他們掀起大暴動，獲得了「輝煌」的勝利，二十多天來工人們橫行滬上，睥睨群雄，氣燄高得令人難以想像，二十六軍第二師那一點點兵力，全不看在他們眼裡，至於說「流氓」，他們一談起來就脅肩冷笑，上海能有幾千幾百個白相人？而且，白相人也敢來跟械足兵精的糾察隊拼命嗎？

然而，夜漸深沉，浮雲遮月，春寒料峭中，法租界的幾處預定集合地點，一隊隊的共進會員紛紛到來。他們身穿玄色或藍色的短打，腰上束一條寬板帶，一個個面容嚴肅，行動敏捷，別看他們是烏合之眾，在集合場上集攏了黑壓壓的一大片人，排列整齊，秩序井然，用不著大呼小叫，發號施令，他們很迅速的找到自己的隊伍。每一小隊十八二十名隊員，隊長發槍枝子彈，副隊長替他們繫上符號臂章，一匹白布，上面用墨筆寫個大「工」字，沒有一個人告假缺席，沒有一個人遲到早退，隊長副隊長向上面拍胸脯說過要領來幾位弟兄，符號和槍械發完，剛剛正好，一個不少。

全上海戲館、旅社、餐廳、酒店、混堂，妓院裡的案目、茶房、待役、保鑣、擦背匠、扦腳匠、小販、伙計，全是黃老闆的基層群眾，人數不下五六千。杜月笙身邊的小八股黨，每一股自二三千至萬把人不等，張嘯林自有他那一系列的群眾力量，再加上浦金榮、金廷蓀、傅阿發、馬祥生、顧掌生、徐福生、嚴老九等人的徒子徒孫，獨樹一幟如顧竹三、顧竹軒兩兄弟的「江北幫」，光是黃包車伕便有三千名之眾，倘若事實需要，槍械充份，就是組織三兩萬大軍也不為難。但是杜月笙只買到手一萬二千多支槍，總指揮張伯岐調兵遣將，那一夜他們出動一萬六七千人左右。

法租界絕大部份的機動車輛，無條件的任由共進會徵用，進攻地區路程遠的，一律汽車接送。弟兄們排好隊伍，魚貫登車，馬達怒吼，劃破了寂靜的夜空。一部部大小不一，型式各別的汽車開出去，全都關熄了車燈。

進攻南市華商電車公司的一隊，出發最早，全部乘車。其餘進攻閘北總工會和閘北商務印書館圖書館、印刷所的一路，先出發的整隊而行，跟上來的搭汽車去。

總指揮張伯岐，老當益壯，雄姿不減辛亥年，他親自指揮第一路，往攻商務印書館的東方圖書館和印刷所。這兩幢堅固的建築，都駐有赤佬糾察隊的重兵，而且兩幢樓房遙遙相對，互為犄角。

尤其是東方圖書館，四層樓的大廈，全部鋼筋水泥，在當年宛如一座城堡，以高瓴建甌之勢，俯視整個閘北。那邊是赤佬糾察總指揮處，裡面有六千條槍，而每一個窗口，都是掩護良好的射擊工事。

出發之前，杜月笙特地和總指揮張伯岐站在一起，他眼見自己手下四員大將，顧嘉棠、葉焯山、高鑫寶、芮慶榮，四條大漢四支槍，齊齊保定總指揮，同進同退，寸步不離。於是他一直都在歡慰的笑著。

人銜枚，馬卸鈴，上萬的共進會弟兄自法租界出發，一路靜悄悄的，穿過大英地界。分批由外白渡橋、乍浦路橋、四川路橋、自來水橋、天后宮橋渡過蘇州河。沿北四川路，北江西路和北河南路齊頭並進，直撲寶山路上的攻擊目標。費信惇果然守信，每一條通往華界的道路豁然敞開，各路全無阻礙。可是交界的地方洋兵麕集，枕戈待旦，鐵絲網機關槍準備齊全，數以萬計的大軍方始通過，機關槍也架好，鐵絲網也關牢。

靜悄悄的，完全按照預定的部署，上萬人馬分成三層，把寶山路上兩幢高大的建築，圖書館與印刷所，團團的圍住。打前鋒的人各就各位，各自尋好開槍攻擊的地點，同時找到必要的掩護。

總指揮一身都是膽，他站在第一層包圍圈的第一線，手執勃郎林手槍，巍然指向天空，顧嘉棠、葉焯山、芮慶榮、高鑫寶站成四方形，位置在總指揮的前後左右，在他們的後面，預先挑選的一百二十名敢死隊，分列三排，準備拔步衝鋒。

赤佬總指揮處裡，燈光明亮，人影幢幢，分明他們也是徹夜不眠，嚴密守衛，曉得今天夜裡可能要打仗開火。

張伯岐徐徐的抬起左手，就著天光，兩隻眼睛定定的在看錶，一萬多人鴉雀無聲，心跳怦怦，連大氣都不敢透。一萬人個個都破題兒弟第一遭，親身經歷這種大陣仗。

一個年紀輕輕的小夥子，他是芮慶榮新近收的學生，憋不住了，悄聲向他旁邊的人耳語：

「我便急，要去撒泡尿。」

他剛走到一處牆腳，拉開褲頭小解；張總指揮眼看時間到了五點二十分，他高高舉起的右手，砰的開了一槍，與此同時，他厲聲一喝：

「散開！」

其實，散開便是衝鋒的暗號，未後一個開字還在餘音嫋嫋，緊接著，一萬多人齊齊的拚命吼叫：

「繳槍！繳槍！」

如晴天霹靂，似澎湃怒潮，闃靜如死的週際，頓時天地變色，地動屋搖，四條猛漢擁著張伯岐一馬當先，一百二十名敢死隊手槍齊轟，鼓噪猛衝，在他們後面尤有一萬多條嗓子齊吼：「繳槍！繳槍！」槍聲、吼聲、步聲，像平地起了陣陣焦雷！

「哎呀！姆媽呀！」

怒潮巨響中，忽然有人尖聲怪叫，在週圍的人趕緊去找，原來是正在小便的那位年輕朋友。他全神貫注，因而猛吃一嚇，如今他已直挺挺的躺在地上，嘴角流出綠澄澄的膽水，出征未打身先死，他嚇得一命歸陰。

33 團長調停赤佬不聽

敢死隊一路順利無阻，將要衝到鐵門口，門裡閃出一個人，褲腰帶上插一支盒子砲。他歪戴鴨舌帽，身著工人裝，大模大樣，跑過來質問：

「喂，喂，喂，你們在這裡吵點啥？」

火老鴉芮慶榮跟他劈面相逢，也不答話，左手把他懷裡的槍一抄、右手的勃郎林，抵住了他的眉心，砰的一響，來人一個觔頭往後栽倒。

事後方知，芮慶榮建的頭功，著實不小，他一槍打死了赤佬糾察隊副隊長楊鳳山。

趁著鐵門開了縫，敢死隊一股作氣往裡衝，這時候鐵門裡的警衛，已經由他們的楊副隊長之死，發現果然真的打起了仗來。他們急忙臥倒，用輕機關槍和盒子砲，連連的向外面轟擊。正因為他們閉起眼睛放槍，漫無目標，槍彈四飛，密如連珠，在黑夜裡織起幅射式的火網與彈道，幾乎要把整個門框都封住了。

張伯岐一看情形不對，當機立斷，下令撤退，他高聲的喊：

「分開來往兩邊跑，千萬記住，一定要緊挨牆角！」

敢死隊一體遵照，牆腳是大樓上射擊的死角，赤佬糾察隊不管怎樣從窗口往下開槍，也無法傷及下面的人一分一毫。

沿著兩面高牆，敢死隊兵分兩路，遶到了大樓後頭，在嘉慶里附近，由於這一面牆四層樓的窗口還不曾開槍，張伯岐喊聲：「快！」一百廿名敢死隊沒有一個人帶傷，安然無恙，統統退到包圍圈的第一線。

喘息定了，張伯岐再下命令，他猛一回頭，向後面的人說聲：

「往樓上打！」

於是，命令像水中的漪漣，一圈圈的往四面八方傳遞：

「往樓上打！」

「往樓上打！」

「往樓上打！」

乒乒乓乓，手槍步槍，咯咯咯咯，手提機關槍，噠噠噠噠，馬克沁機關槍，偶或來一聲更響亮驚人的「蓬——轟，」那是炸彈甩在石牆上。

就這麼乒乒乓乓，蓬蓬轟轟，轟去了曉月殘星，轟出了光芒萬丈的太陽，轟走了雲蒸霞蔚的夕陽餘暉，轟得黃浦灘上人人心驚，個個膽顫。

樓下在傳喊：「往樓上打！」樓上也在叱喝：「朝下頭開槍！」槍聲持久不歇，槍彈如密集的雨點，撲撲的在牆頭和地面跳躍，一時但見泥灰紛飛，塵土四濺，足足的轟了好半天，雙方死傷人數都在一百以上。照說共進會是仰攻，糾察隊在俯射，進攻者要比防守者吃虧，張總指揮成竹在胸，部署週密，他深信「保持距離，以策安全」，把一萬多人的大部隊，勒限在機關槍的射程之外，使得狙擊能手顧順章部下的赤佬糾察隊，一概無從施其技。所以雙方才能夠篤篤定定，寫寫意意，四層樓的每一個窗口，都堆好了麻布米袋，樓下面的共進弟兄，則利用民家房屋掩護，不時的你放幾槍來，我放幾槍去。

一直打到九點多鐘，局面轉趨沉悶，這時候，二十六軍第二師第五團開到，由一位精明能幹的邢團長率領副官衛士，拿著一份公事，擔任調停，限令在上午十一點鐘以前，以軍號為記，雙方停火。張總指揮很客氣的接持邢團長，邢團長官名震南，保定軍校二期畢業，他也很尊敬張伯岐是位革命元勛，當時，張伯岐一面和邢震南寒暄，一面施眼色命顧嘉棠去打電話，向坐鎮總部的杜月笙請示。

一根香煙還沒有抽完，顧嘉棠打好電話回來了，他直接了當的回復邢團長說：

「請你先去跟糾察隊辦交涉。」

「好的。」邢團長很爽快，把手裡的半截香煙一丟，帶領他的手下，齊步走向東方圖書館的鐵門。

猛的一排槍，在距離邢團長不及一丈之處，激起了一簇簇的泥土。

邢團長站住，雙手圈成喇叭，大聲的向樓上喊：

「我是二十六軍第二師第五團邢團長，帶得有公事，來調停你們的糾紛。第五團已經全部開到，你們應該遵守命令，全體繳械！」

「放屁！」

「不繳！」

「你們先把槍放下來！」

「…………」

邢團長所得到的回答，是一片冷諷熱嘲與破口大罵。赤佬糾察隊的狂妄，使邢團長大為光火，他頓足咆哮——

「你們想造反呀！我告訴你們，我奉到命令，調停以十一點鐘為限，倘若有那一方不肯接受，我奉令把他們全部解決！」

樓上，闃無人聲。於是，邢團長義正詞嚴，圈起喇叭來繼續喊話：

「你們趕緊推派代表出來，跟我一齊到總工會去交涉！」

靜默了一兩分鐘，三層樓上有一條粗嗓子，開始和邢團長對答——

「我們沒有代表可派！」

「那麼，你們的總指揮呢？」

「總指揮不在！」

「你們有沒有負責人？」

「有，我們有兩位大隊長！」

「那一位大隊長可以負全責？」

樓上又是不答，時間一分一秒的過去，正在僵持，突然糾察隊裡有一個人，飛也似的從鐵門裡衝出來。他一面拔步狂奔，一面聲嘶力竭的喊：

「我可以負責，我可以負責！」

「打死他！打死他！」樓上有許多人同時咆哮，「他負個屁責！」「他只想逃命！」隨著聲聲謾罵，一排又一排的槍彈追在那人的身後。逃命者不顧一切，埋頭猛衝，他衝到邢團長跟前，瘋了似的一把拉住他，聲聲的在喊：「救命！」

邢團長吩咐衛士好生把他帶下去，然後再向樓上那幫人說：

「我給你們最後逃生的機會，可是你們只逃出來這麼一個人。事到如今，你們既然執迷不悟，我唯有替你們惋惜，任何嚴重的後果，都是你們咎由自取！」

話說完，他一個轉身，又率領他的部下，掃數撤離這一處鏖戰之地。

張伯岐手執電話筒，一面嚴密注視這勸降的一幕，一面把經過詳情報告給杜月笙聽。

杜月笙毅然決然的說：

「現在我們只有往前衝，盡快把東方圖書館攻下！」

34

大亨督陣士氣一振

張伯岐遵命，立即頒發命令，一連打了三次衝鋒、機槍、步槍、手槍這一類輕武器，射不穿鋼筋水泥的牆垣，三次衝鋒三次退卻，毫無進展，不起作用。

杜月笙在電話裡發了急，他高聲的嚷叫：

「告訴前面的弟兄，我馬上來！」

放下聽筒，他振臂一呼，黃老闆、張嘯林、金廷蓀，……老一輩的弟兄全部出動，趕赴增援。因為費信惇已經如約封鎖了所有的通路，他們先坐汽車，然後跨越田塍，從北火車站左首，沒著鐵道跑過來。三大亨到了戰場，引起一萬多徒子徒孫歡呼雀躍，人人爭傳佳音——

「杜先生來啦！」

「黃老闆也來哉？」

「還有張大帥，——哇！金牙齒阿三！」

共進會總部和前敵總指揮，在戰地舉行緊急會議，會場背景，是一萬多徒子徒孫在摩拳擦掌，準備在三大亨面前奮力攘先，有所表現。

軍心士氣，無比高昂。

「血氣之勇不能成事，」張嘯林細心觀察戰場形勢，他斷然的下了結論：「要想攻擊下這幢大樓，必須拉幾門大砲來轟。」

「那裡有大砲？」黃老闆急急的問。

「要末——」張伯岐睃一眼杜月笙：「我聽說大英地界小鋼砲多得很。」

可是，費信惇肯借嗎？黃老闆心裡的話還不曾說出口，杜月笙卻已一拉高鑫寶，他不假思索的說：「走，我們去尋費信惇。」

杜月笙帶了他的高等翻譯高鑫寶，衝進費信惇的辦公室，他開門見山，命高鑫寶照翻，他要商借英租界裡所有的大砲。」

看杜月笙額頭沁汗，神情嚴肅而緊張，費信惇又羨又愛，他哈哈大笑的說：

「杜先生，你要那麼些砲做什麼呢？你在寶山路打仗的情形我都知道了，讓我借二十門小鋼跑給你，好嗎？」

「好的，謝謝。」

二十門小鋼砲運到了最前線，前任寧波砲台司令張總指揮如獲至寶，眉開眼笑，這一次，砲台司令英雄有用武之地了。二十門小鋼砲充了前兵，在商務印書館前面的空地上一字排開，張伯岐向身後眾家弟兄高聲的一問：「有沒有會開火炮的？」

像問話回聲似的往後傳，共進會的弟兄，誠所謂三教九流，各色人等齊全，總指揮需要砲手，四面八方，三三兩兩，一會兒便集合了一百多人，他們搬砲彈，上膛的上膛，拉藥線的拉藥線，根本無須指點，動作還蠻熟練。張伯岐估量好了距離，親自下達命令，正當他要喝令：「開砲！」杜月笙擠過來一拉他的肘部。

「什麼事？」張伯岐別轉臉頗不耐煩的問。

「裡面性命不少，好人壞人都有，可否先開幾砲，嚇嚇他們。只要他們肯繳槍投降，也就罷了。」

「我正是這個意思嚜！」張伯岐一皺眉說，頭也不回的大喝一聲：「開砲！」

35

發起狠來小鋼砲轟

正當中的五門砲，應聲而放，一下子宛如山崩地裂，震耳欲聾，五顆砲彈流星般射過去，又是連聲巨響，乒零砰啷，轉眼間硝煙散處，圖書館門框轟去半截，兩扇鐵門，支離破碎，無復原形，現在，只要張總指揮喊一聲：「衝鋒！」大隊人馬，即可一擁而入。

但是驚天動地喊出來的，卻是一萬多名弟兄的歡呼與喝采，他們眼見圖書館的大門被轟掉了，興高采烈，歡聲喧天。有人甚至於跳將起來，攘臂雀躍，那情景就像在跑馬廳裡，得了頭彩。

這一次，杜月笙和張伯岐，都把赤佬糾察隊估價過低，雖然他們看見運來了大砲，轟開了鐵門，但卻仍還不曾想到投降。赤佬糾察隊冥頑倔強，愍不畏死，這邊一開砲，他們便回敬幾排槍，將砲兵陣地前面的黃泥巴，打得翻了一個轉。

有一名臨時砲兵駭怕了，他氣急敗壞的跑到後面說：

「張先生，張先生，我們的位置太突出了。」

「我曉得。」張伯岐臉孔一沉，不再理他，揚著臉對杜月笙說：「要打仗，心腸軟是不行的。」

杜月笙同意的點點頭，於是張指揮又發號施令，他指派顧嘉棠、芮慶榮、葉焯山、高鑫寶，每一個人領五門砲，撥三二十個人，分為東南西北，四個方位，開始轟擊圖書館的每一面牆，同時他更悄聲的叮嚀他們說：

「你們先轟四樓，再轟三樓，然後是二樓和樓下，總之，轟平了上一層，再轟下一層。」

芮慶榮正在焦躁，他氣沖斗牛的問：

「為什麼不由下往上轟，轟坍了二樓，叫三樓四樓那批王八蛋，統統摜下來跌殺！」

「你不曾聽到杜先生說嗎？」張伯岐瞟一眼杜月笙：「我們要先開幾砲，嚇嚇他們。你要先從底下轟起，那幾千條性命，只有完結。」

杜月笙臉上一紅，打仗他是外行，不再插嘴嘵舌了。他和張嘯林兩個，離開總指揮的身邊，帶著一大群跟班和保鑣，一路路的去慰問眾家兄弟，並且為他們打氣。

化了半個多鍾頭，才把四面砲兵陣地佈好，張總指揮傳令下去，誰的砲位先定好，誰便先展開攻擊。於是轟隆轟隆，到處都是砲聲。糾察隊的武器只有步槍手槍，槍打不到砲，而一砲便可以打壞十幾條槍十幾個人，糾察隊那邊頂不住了，他們大喊：「救命！」「投降！」喊聲越來越響，越來越急，還有一些膽小怕死的，爽性把槍支從窗口往外拋。這時候，指揮若定的張伯岐，心知勝券在握，他臉上出現得意的笑容，一聲叱喝，指揮成千上萬的弟兄，潮水般的向圖書館裡湧去。砲聲止歇，槍聲也只剩下零零星星的，勝利者大呼小叫，投降的聲聲哀號，共進會方面的幾位首腦人物，也跟著進去指揮。當時但見四層樓的房子裡一片大亂，人仰馬翻，共進會弟兄恨透了這幫橫行霸道的糾察隊，拳打腳踢，槍柄掃擊，很有些人吃了大虧。

這樣混戰下去不是回事，顧、葉、芮、高四條大漢前呼後擁，為杜月笙擠開一條路，他們讓杜月笙站在樓梯轉角，高聲的喊：

「大家不要打了！先捉糾察隊的頭腦！」

36

天羅地網捉顧順章

杜先生的吩咐，從一樓傳到四樓，秩序立刻安定，各隊隊長四處搜尋。這裡雖然是糾察隊的總指揮處，可是總指揮不在，一問他到那兒去了，有人回答：

「清早四點多鐘的時候，湖州會館總工會傳來槍聲。總指揮當時便帶了四五個人，到那邊探視去了。」

這個說法令人難以置信，顧嘉棠悶聲不響，看見辦公室的電話還不曾損壞，拉起電話撥到呂班路共進會總部，一方面報告順利攻占圖書館的捷報，另一方面，請總部查詢湖州會館總工會那邊，是否捉到過赤佬糾察隊的總指揮？

赤佬總指揮會在湖州會館，對於共進會總部來說，顧嘉棠這一問倒是一項值得注意的情報，那邊答應即刻去查，隨時通知。顧嘉棠擱下電話說：

「我們先把這頭理清楚。」

糾察隊的槍械子彈到處丟棄，取之於劫奪，失之於脅繳，共進會沒有人去檢拾這些槍械，按照預定計劃，他們希望北伐軍接受他們的好意，代表國家接受這大批的戰利品。說起來這簡直是遠東的「天方奇譚」，亂定以後，共進會擄獲共產黨的槍械呈繳國民政府不算，連杜月笙私人掏腰包，所採辦的那一批支槍，和不計其數的子彈，也同樣的作為一介國民的隆重獻禮。

等不了多久，電話鈴聲急響，高鑫寶搶著去接，他每聽一句，便高聲的報告一下，於是電話一打完，大家全都曉得了總部回報來的佳音。

對湖州會館內總工會會所的攻擊，展開於清晨四時，六百多位共進會弟兄，大聲鼓噪，奮勇前進，他們遭到赤佬糾察隊的猛烈抵抗，由於兩邊都是無險可守，雙方臥倒在地，開槍射擊。

六點鐘，三位弟兄奮不顧身，把杜月笙重價購來的那挺機關槍，一路跑步搬到最前方，對準了湖州會館一陣急搖，據守在門前的糾察隊大有傷亡，剩下幾十個又忙不迭的奔回會館，於是共進會全線推展，直逼館門，裡面有人顫聲的喊：「投降啦！」七點整，共進會弟兄攻克總工會會所，當場擄獲槍械無算，還抓到了十幾名首要份子，將他們押解到第二十六軍第二師師部。

顧嘉棠打電話回總部，要求查詢赤佬糾察隊總指揮是不是在湖州會館，總部留守人員想起那十幾名俘虜，再用電話請問第二師，師部軍法官根據這條線索，把共進會的俘虜帶出來盤問清查，這一查立時便查出了結果，俘虜中有糾察隊總指揮顧順章，跟他的兩名衛士，一位軍醫和兩員書記。原來他是在商務印書館總指揮處，聽到湖州會館附近有槍聲，他很不放心，帶這一批人來巡視，當時他們不覺得有什麼異樣，可是等他們步入總工會略作休息，躭擱了二十分鐘不到，外面又是槍聲大作，共進會弟兄發動全面攻擊，起先他們也曾頑抗，後來在強大的壓力之下，唯有束手就擒。

元惡就捕，聲聲歡呼，黃、杜、張三大亨，浦金榮會長和張伯岐總指揮一商量，他們決定網開一面，放這批附從者、小嘍囉一條生路，命令小嘍囉們繳槍、舉手，讓共進會弟兄搜一搜身，只要不是共黨首腦人物，一概讓他們抱頭鼠竄而逃。

攻克，並且徹底清除解決共產黨這一處最堅強的據點，槍砲齊施，鏖戰竟日，激戰時間是從清晨五點二十分，持續到當夜九點多，前後歷時十六個小時，共進會方面和赤佬糾察隊的死傷，都在百人以上。

在商務圖書館對面的商務印刷所，是由江幹廷統率的一支人馬負責進攻。商務印刷所裡，駐有一百多名赤佬糾察隊，步槍手槍六十餘支。江幹老機智深沉，老謀深算，他在發動攻勢之先，曾經幾度改裝，跑到印刷所的前後左右，勘察地形。商務印刷所雖然座落閘北寶山路，它和公共租界的一角，等於緊相毗連。四月十二日上午五點整，江幹老忽出奇兵，派六名勇猛驃悍的壯士，一色使用連發二十響的駁殼槍，利用租界複雜地勢，趁天未大亮之前一轟而出，極精確的向耳門守衛射擊。這一陣衝鋒，迫使門外守衛返身而逃，於是糾察隊和共進會便隔著一座高牆，遙遙相對，牆垣成了雙方的掩護工事，糾察隊的防守優勢，自此喪失大半。

後面的一兩百人緊緊趕上來，跟打先鋒的六壯士據牆而攻，印刷所裡的赤佬糾察隊打不著他們，他們卻可以抬起槍口仰射二樓，於是糾察隊頗有死傷，一小時後，無可奈何的宣告投降，繳槍。

門一開，江幹老親率大隊入內繳槍，糾察隊員一個個的面如土色，舉手投降。在逐一繳槍的過程之中，突然有一個人拔足快跑，江幹老喝令開槍射擊，他竟在子彈嗤嗤聲中狼奔豕突，鼠竄而逃，然而這個共產黨小頭目運道實在不好，他瞎摸亂闖，居然闖到隔壁頭。隔壁頭正有張總指揮率領一萬多人攻打商務圖書館，他一頭裁進張伯岐佈下的天網地羅，結果是被隔壁頭的打仗朋友，不費吹灰之力，順手擒來。這個人後來被押解到第二師司令部，經過審訊，照國法予以治罪。

37

機槍一響大叫投降

共進會三路大軍順利成功有如上述，這第四路的攻勢尤其有聲有色，多采多姿。原來共進會第二彪軍的攻擊目標是南市，南市赤佬糾察隊以華商電車公司為據點，那裡面車棚廠房星羅棋佈，軌道車輛縱橫交錯，地勢相當複雜。據守在電車公司裡的赤色工人，約摸有兩百名左右。共進會方面，則出動了五百人的一支大軍，他們的配備較為齊整，步槍手槍盒子砲外，還有大批炸彈。

這一路兵出發最早，十二日凌晨兩點三刻，正是伸手不見五指的深夜，五百多人分乘十八九部大小車輛，首尾相啣，由集合地點駛往南陽橋，在一處空曠地方暫時停下，按照預定計劃，編成三個支隊，然後分頭進軍。

穿越火車軌道，直薄電車公司大門的那一隊，擁有人槍三四百。他們在悄聲通過鐵軌的時候，黑暗中突然傳出一聲喝問：

「什麼人？」

「自己人！」

「口令？」

沒有人想到糾察隊居然派了哨兵，還規定得有口令，答不出，隊伍照舊向前移動，糾察隊哨兵一看形不對，回身就跑。這邊曉得他一定是跑回電車公司告警，砰砰砰的連珠槍放，想要先打死他。可是那人跑得很快，一溜煙似的跑得無影無蹤。

另外兩路，左路由滬軍營方向進攻，右路從兵工廠經道橋深入，這兩路人馬在半途中聽到槍聲，以為正面進攻的弟兄行動得快，已經到達電車公司門外，於是指揮人員心理一急，立即下令跑步向前衝鋒。由於他們奮勇挺進，發現「敵」蹤的哨兵剛跑到大門口，還來不及向糾察隊長報告，東西兩路不約面同，提前衝到預定攻擊地點，兩面各有幾十名弟兄，一馬當先，十幾顆炸彈發出強烈的火光與巨響，電車公司裡的赤佬糾查隊，一個個嚇得從床鋪上直滾下來。

他們火速披掛，倉皇應戰，電車公司東南西北四面，俱各架起一挺水冷式機關槍。這四挺機關槍發揮了很大的威力，密集掃射，彈下如雨，迫使共進會的弟兄節節後退。

攻勢一開始便受了挫折，所幸他們撤退得快，還不曾有死傷。三路領隊打電話向總部求援，是張嘯林接的，他一聽敵方幾陣機關槍，便把弟兄們嚇得別轉頭逃跑，而且自此再也不敢向前，不禁氣得頓足大罵：

「媽特個ｘ！你們個個都是飯桶！像這樣膽小，還打什麼仗！」

他叫弟兄們匍匐前進，趴在地上摜炸彈，炸掉糾察隊的機關槍，領隊們回答祇怕不容易，因為機關槍在鋼筋水泥的工事裡面，炸彈力量小，摜上去也難以奏效。而且，三路的進攻地點都很空曠，找不到掩護，進攻者無論如何躲不過敵方的視線。

張嘯林叫那邊等等，簡單明瞭，把南市方面的情況向杜月笙一講，問杜月笙怎麼辦？杜月笙虎的起立，一拍桌子說：

「觸那，我們也抬些機關槍去，跟他們對轟！」

「我們只有手提式機關槍呀，」張嘯林皺著眉頭說：「而且都分給弟兄們帶走了。」

「不要緊，」杜月笙一拍胸脯回答：「讓我去跟二十六軍借。」

二十六軍第一團有一個機關槍連，當時駐防的地方距離南市不遠，杜月笙親自打電話過去，跟第一團團長借機關槍，碰巧那一夜機槍連奉命戍守，不曾出任務，全連官兵和槍械齊全。那位團長當時就說：

「杜先生以老百姓的身份，跟我們同樣的為國家出力，我們都很佩服。借槍，毫無問題，不過，杜先生那邊是不是有能夠使用新式機槍的人呢？」

張嘯林在旁邊聽得很清楚，他向杜月笙擠眉弄眼，杜月笙卻向他笑笑，回答那位團長說：

「放槍的人我們有，我們只要你們借槍。用掉多少子彈，三天之內我準定買齊歸還。」

「好的。」對方一口答應：「就請杜先生派人過來拿吧。」

又在電話裡說好取槍的方式，放下電話聽筒，一回頭，杜月笙招招手，把武裝待命的顧掌生和馬祥生兩位喊過來，他委婉的說：

「這樁事情因為要辦點小交涉，可否請兩位老兄辛苦一趟。」

顧、馬二人在總部裡等了一夜，始終不曾等到杜月笙派差使，兩位老弟兄嘴巴上不說，心裡直在抱怨，月笙一是看他們年紀大了，上不得陣，打不來仗，因而使他們失卻這千載難逢，報效國家的好機會。如今一聽杜月笙三言兩語，派了這麼一個要緊任務，當下不禁大喜過望，尤其是顧掌生，連聲謝謝，拉起馬祥生就往外跑。

「慢一點，慢一點！」杜月笙帶笑的喊住了他們，又說：「你們要開兩部卡車去，先到南市，就地撥三五十個人，一道到團部去接運。」

顧掌生、馬祥生歡天喜地的走了。兩兄弟才出門，張嘯林便質問杜月笙：

「方才在電話裡面，你為啥不說我們沒有人會開機關槍？你聽那位團長的口氣，他可能連人帶槍一齊借給我們。」

「這個仗是我們自家要打的，嘯林哥，」杜月笙正色的說：「向軍隊借槍，已經是萬不得已的事體，怎麼可以再向他們借人？再說，軍隊裡面凡事都要照命令，我連人帶槍一齊借，往後別人講我杜月笙曾經調動過軍隊，那還了得？」

顧、馬二人帶了三十多名弟兄，開兩部卡車，借到了四挺馬克沁機關槍，以及十二箱子彈。機關槍運到，三路進攻的共進會弟兄歡聲雷動，群策群力，槍位迅速架好。這四挺機槍都很新，射程遠，威力大，赤佬糾察隊擁有的那四挺水冷式，和它一比，必將相形失色。

四挺槍分別支援左翼和右翼，顧掌生、馬祥生接替了指揮重責，以二對一的優勢，五時十分，天色大亮，四挺機槍噴出了鮮紅的火舌。會放機關槍的共進會兄弟，彆了兩個鐘頭的悶氣，此刻都隨著火舌飛射出去。這實在是太令人興奮了，噠噠噠，噠噠噠！電車公司牆壁上磚石迸濺，子彈橫飛，連牆裡牆外的電車線，都被密集的彈雨掃得七零八落，砰然有聲，倒向地面，不久便佈起縱橫交錯的蛛網。

猛烈掃射逾時五十分鐘，糾察隊的水冷式機槍已被完全壓制，再也聽不到它們格格格的聲響。共進會弟兄歡聲震野，躍躍欲衝，馬祥生、顧掌生都在準備下命令了，電車公司裡七嘴八舌，有人高喊：「投降了呀，投降！」「不要打了，不要打啦！」

移時，電車公司正門大開，五六百個糾察隊員，自動的解除了武裝，高舉雙手，拼命的往門外奔跑。馬祥生、顧掌生一左一右，遠遠的看得很清楚，他們同時想起糾察隊只怕還有詭計，正面進攻的三百多位弟兄，可能會被他們衝壞陣腳，反而吃了大虧。於是他們攘臂高呼：「我們快點去呀！快點去捉人呀！」

兩彪人馬奔馳絕塵，會集於電車公司門前，便這樣形成了三路合圍之勢，徒手投降的糾察隊進退失據，鬼哭神嚎。馬祥生看看心中不忍，站在一塊石頭上高聲說道：

「你們既然繳械投降，我們決不會為難你們！事到如今，你們大概也曉得受了共產黨的騙，上了共產黨的當，我放你們回去，就是希望你們往後好好做人！」

躭驚受嚇，心摧膽裂，那班糾察隊員聽馬祥生這麼一說，心裡反倒添了懊惱與悔恨，有不少人很傷心的掩面大哭起來。

38

兩張佈告氣死人了

帶領進攻的弟兄，一同開進電車公司，到處是斷垣殘瓦，槍支子彈。馬祥生下令弟兄們收拾糾察隊遺留下的槍械，他自己則跟顧掌生到處巡視，見那一片凌亂破碎的景象，他苦笑笑向顧掌生說：

「陸伯鴻這趟是觸足了霉頭！」

「還不是共產黨害的，」顧掌生憤憤然的說：「要不是我們今朝打它下來，這爿電車公司，恐怕要給共產黨攪得屍骨不存呢！」

繳獲的槍械全部集中，清點過數目，馬祥生打電話去向總部報告：

「月笙，電車公司被我們拿下來了。」

「恭喜恭喜，」杜月笙顯然歡喜得很：「兩位旗開得勝，馬到成功、喂喂，弟兄們可有死傷？」

「托天之幸，只有幾位受輕傷，老早抬到附近醫院裡去了。」

「那班赤佬呢？」

「也是只有幾個受傷的，其餘全體投降，我把他們放了。」

「很好。——他們的槍呢？」

「全部繳械，」馬祥生細報數字：「一共繳下來機關槍四挺，盒子砲四支，手槍三支，各式各樣的步槍有三百多支呢！」

「好極，」杜月笙吩咐說：「祥生哥，繳來的這許多槍，還有借來的機關槍，請你統統送到第一團。你向他們說明，我們繳下糾察隊的武器，送給他們，作為借機關槍的利息！」

說罷，杜月笙很得意的笑了，於是馬祥生也在笑著說：

「好重的利息啊！」

時為十二日早晨六點鐘，南市，在四路進兵中，是最早獲得勝利的一路。共進會弟兄同心協力，衝鋒陷陣，四路進軍，全面大勝。當日，閘北天通庵路、南市三山會館、浦東與吳淞四地零零星星的糾察隊，得到總指揮部等處遭受圍攻的消息，藉口出動援助，實際上則趁火打劫，騷擾地方，所在駐軍為了維持治安，分別將他們繳械以後，立予驅散。至此，二十多天來橫行滬上，陰謀竊奪政權，鬧得天翻地覆，幾將釀成大禍的中國共產黨第一支武力，終於煙消火滅，土崩魚爛。四大據點投降後被驅散的糾察隊員，為數在三千以上，所繳獲的槍支，亦達二千五百餘桿。

四月十二日中午，北路鏖戰正殷，淞滬警備總司令白崇禧貼出了佈告：

「為佈告事：本早閘北武裝工友大肆械鬥，值此戒嚴時期，並前方用兵之際，武裝工友任意衝突，殊屬妨礙地方安寧秩序。本總指揮職責所在，不得不嚴行制止，以保公安。除派部隊將雙方肇事工友武裝一律解除外，並派員與上海總工會妥商善後辦法，以免再啟鬥爭，而維地方秩序。所有本埠各廠工友，務各照常工作，毋得輕信謠傳，自貽伊戚。為此佈告，仰各界人等一律知悉，此佈。」

馬路上正在交頭接耳，議論紛紜，摘不清楚這究竟是怎麼一回事體。共進會的弟兄們，還不曾看到這張佈告，因為他們絕大多數仍在閘北，跟赤佬糾察隊拼命，槍砲齊施，殺得難分難解。

可是，到了下午五點多鐘，上海戒嚴司令部司令，兼第二十六軍長周鳳岐，堂堂皇皇，不假辭色，也發出了一通佈告，大幅石印，遍佈上海華界通衢要道，大街小巷。

周司令佈告的原文如次：

「照得本日拂曉，本埠各處忽聞槍聲四起，即經派人調查，據報係有工人及莠民暨類似軍人持械互鬥，勢正危急等語。當以本埠地處要衝，偶有不靖，勢將影響大局，況當戒嚴之際，尤不容有此等越軌行動，危及安寧。本部職責所在，不得不力予維持，妥為消弭。當即分飭所部，趕赴各地彈壓，不論何方面有不遵約束者，即依照戒嚴條例，勒令解散繳械，以靖地方。去後，玆據報稱：所有各地持械之工人莠民等，勢甚囂張，無法制止，業經遵令一律解散，並將所持槍械，暫為收繳等情前來。似此突如其來之事變，業已平定，深恐地方人民未明真相，轉滋誤會，合亟佈告，仰爾軍民人等一體知悉，務宜各安生業，勿得驚擾，致礙治安，倘有不逞之徒，仍敢造謠生事，一經查覺，定當嚴辦不貸，切切！此佈！」

曰「莠民」，曰「類似軍人」，曰「越軌行動」，曰「影響大局」，周司令的措詞不但失於過火，而且不倫不類，因此，當這張佈告一貼出來，共進會方面有不少人憤憤不平，為之嘩然。他們向杜月笙提出抗議：明明是共進會弟兄赤膽忠心，自發自動，為國家流血汗，為革命作前驅，拼了性命去打赤佬糾察隊，然而東路軍總指揮和戒嚴司令出告示，卻將仗義勇為的共進會弟兄，和武裝叛亂的赤佬糾察隊一體並列，同時聲討，說他們「大肆械鬥」，「任意衝突」，在「戒嚴時期妨礙秩序，擾亂安寧」，這種說法怎能令人心服氣平，接受得了呢？

於是黃老闆和杜月笙，加上共進會方面參與機密的首腦人物，苦口婆心，舌敝脣焦，竭力的向這班出過氣力，建了功勞的朋友解釋。共產黨引外力為奧援，包藏禍心，為害國家，目前整個東南，都在赤色恐怖籠罩之下。四月九日，蔣總司令身入虎穴，南京的共產黨徒還在興風作浪，陰謀危害統帥。四月十二日上海清黨之役，僅為國民黨在迫不獲已時所採取的自衛行動，也可以說是國民黨瀕於危亡前夕的奮鬥掙扎，不到成功失敗，無法臆斷，而且即令「清黨」這個名詞，在當時還不曾普遍。俗諺有所謂「投石問路」之一策，共進會四路進兵的這一幕庶幾近之。杜月笙大聲疾呼的說：

「我們只問自家做得對不對？用不著管人家說我們好不好，何況各位應該可以瞭解，官方不比私人，他們辦事體總有顧忌。我們要中了共產黨的奸計，挑撥我們和軍隊的感情，鬧得互不相安，正好讓他們漁翁得利，東山再起！」

為了表示竭誠支持與擁護，杜月笙下命令，由他私人，千萬百計買來的那一批槍械，和所有的彈藥武器，統統送到二十六軍，請周鳳岐轉呈中央，表示共進會也繳了械。

39

驅盡邪惡依然故我

幫會中人有一優良傳統，他們以忠義為本，謙讓為懷，大至於參與革命，匡復國家；小及於路見不平，拔力相助；不論成功失敗，事畢依然故我，功成不居，悄然而退，打落了牙齒和血吞。這一種襟懷和精神，與國父所謂：做大事莫做大官之說，頗有些不謀而合。

因此，四月十二日共進會協助清共之役，事成以後，出力打仗，甚至有人犧牲性命的共進會員，既不見犒賞，亦未聞封官，仗打完了，縱使他們已經有了武裝，可以佔領地盤，然而卻在杜月笙一聲號令之下，立刻放下武器，恢復原來身份，跑堂的照樣跑堂，扦腳的仍舊扦腳，即使官方出了佈告，將建立大功的他們稱為莠民、流氓，蒙受不白之冤，也只要他們的領袖如杜月笙等瞭解當局處境之艱難，體諒官方措詞言不由衷。他站出來說聲：「不必提了。」言話一句，群情激憤立獲解決。

不僅如此，連杜月笙他們毀家紓難，千方百計，四處搜購來的槍械軍火，原來是屬於個人的私產，戒嚴司令部說聲繳械，他便立刻遵令繳出。有人說你何苦這麼樣做呢？莫說你大可抗命不繳，就說你把軍械往法租界一搬，戒嚴司令部又其奈你何？杜月笙聽到，搖頭笑笑說：

「我們替蔣總司令出力的時候，身家性命，等於統統掮出來了，還在乎這幾個錢嗎？再說，北伐軍需要軍火，打倒軍閥，統一中國，我們要這些軍火做什麼？難道說，叫我們也跟那班共產黨一樣的作亂造反？」

和這般胸襟磊落，不忮不求的俠林人物相比，共產黨的詭譎狡詐，陰狠險毒，無異昭然若揭，原形畢露。四月十二日一整天，八處據點被掃蕩，遭繳械。軍警當局對於罪惡滔天、罄竹難書的赤佬糾察隊首從份子，依然採取寬大政策，只需放下槍支，當場縱之使去。糾察隊的總指揮，共黨軍事首腦顧順章，已經被第二十六軍第二師的一位團長和一名營長押解到寶山路天主第二師司令部，自上午七時以迄下午三時許，顧順章俯首認罪，力求賜予改過自新的機會，第二師便本著不咎既往之旨，將他釋放。當年在大陸和毛林沆瀣一氣，紅極一時的周恩來，也曾在那一場「械鬥」中被捉將官里去，但是他極其狡獪，化名伍豪，一再表示他痛悔加入共產黨，助紂為虐，堅稱他矢志脫離，留下有用之身以為國家「効力」，軍方人員為他生動的演技所惑，當他在上海申報、新聞報上大刊啟事，——「伍豪脫離共產黨」，於是也就網開一面，輕易的把他放掉。民國四十一年底，杜月笙逝世期年，時在臺北之祝紹周，民十六年四月時正任職第二十六軍第二師參謀長，他選文紀念杜月笙，敘述二十五年前四月十二日上海清黨事件之餘，也曾這麼感慨萬分的說：

「當時周匪恩來與顧匪順章，曾同時為我一度扣留，因格於未奉明令，糾察隊繳械後，隨即釋放，當時除惡未盡，致令渠今日為虎作倀，殘害同胞，實深惋惜」

他又記述當時杜月笙躬與斯役的情形，他說：

「此役自四月十一日起，至十三日止，凡三日，杜先生朝夕參與策劃，竟無倦容，新工人糾察隊（按即杜月笙領導的共進會弟兄，亦係白崇禧與周鳳岐是日安民佈告所指之『莠民』），多其從者，出力尤大。先生在滬，僅一介平民已耳，無官守，無職責，而獨忠黨愛國如是，當亦天性忠義所使然也。」

凡此，都是紀實。中華民國十六年，杜月笙從四月十一日起，三日三夜，在驚風駭浪，刺激緊張中渡過，他不曾解過衣，也不曾闔過眼。四月十二，共進會弟兄馬到成功，大獲全勝。杜月笙在閘北商務俱樂部親自督陣，順利攻下這座共黨最堅強的堡壘以後，他督促各人，將俱樂部大樓，以及共進會自備的槍械彈藥，全部移交二十六軍第二師派來「彈壓」的部隊，向英租界借來的小鋼砲，也派人派車，運回去物歸原主。

善後事項，逐一辦理完竣，一萬多名共進會弟兄，早已按照預定計劃，分批撤退、解散。他們經過大半天的苦戰與吶喊，大家都覺得累了，勝利的喜悅，深藏在心中。把胳臂上的臂章扯下，往口袋裡一塞，乘車的乘車，步行的步行，默無一語，各自回家。

唯恐有些弟兄不明大義，興奮過度，會有什麼失態的舉止，杜月笙在各路兵馬一致告捷之餘，又再邀同浦金榮、張嘯林、張伯岐、江幹廷、馬祥生、顧、葉、芮、高等人，乘坐汽車，分頭馳往各處巡視，他們走遍了華界的大街小巷，邊遠地區，觸目所及，老百姓還是家家戶戶關門上門，路上來來往往，不是二十六軍的武裝同志，便是共進會的弟兄，一切都顯得那麼安祥寧謐，井然有序。杜月笙覺得很高興，往後他說：

「這才是貨真價實的軍民合作啊！」

同國三十七年冬季徐蚌會戰結束，京滬形勢，動盪不安，杜月笙有一天和祝紹周見面晤談，他又感慨萬分的說：

「不論做官的或者老百姓，大家一條心，就跟民國十六年一樣，軍民合作，政府絕對不會失敗。你看現在那幫『民主人士』，講時髦，談和平，我看他們終有抱頭痛哭，後悔來不及的一天！」

40 大帥不平大發雷霆

那日，七點多鐘回到共進會總部，黃老闆拉他一把，兩人走到一個角落裡，老闆低聲的告訴他說：

「嘯天和陳老八，前後來過了兩次電話。」

「他們在電話裡說什麼？」

「先是跟我報告好消息，說是各路的赤佬糾察隊，已經全部繳械。第二隻電話裡又說共產黨還不死心，正在分頭奔走聯絡，說不定還會出事情，叫我們多派些人出去打聽打聽。」

「好的，」杜月笙點點頭，又問老闆：「他們那邊呢，由他們負責的事情，是不是已經在進行了？」

黃老闆用莞爾一笑，代替回答，他同時連連輕拍杜月笙的胳臂，跟他一齊走回眾家弟兄聚集的地方。

楊虎和陳群，這一天同樣的緊張忙碌，當赤佬糾察隊已露敗徵，共進會弟兄佔了優勢，與二十六軍部隊開始出動的同時，陳群以東路軍前敵總指揮部政治部主任的身份，正式成立善後委員會。他指派了十四位善後委員，而以董福開為主席，委員中包括袁逸波、賈公俠、唐堯欽、程政、李子峯、劉公畢、王次濱、汪嘯喱、張伯尹、江華、尹鵬、彭伯威，以及稍後在濟南慘案中竟遭日軍殺害的我國交涉員蔡公時，而楊虎則坐鎮指揮，身負各方面聯絡調度指揮的重責。

顧嘉棠、葉焯山、芮慶榮、高鑫寶解散了他們的手下，乘汽車巡視了好幾個鐘頭，又聯袂到一百多位不幸陣亡的學生家中，去弔唁慰問，體面風光，為他辦理善後。他們回到共進會總部，為時將近八點。眾家弟兄都在狼吞虎嚥的吃晚飯，唯獨杜月笙，臉色發白，兩眼無神，他守候在電話機旁邊。

「怎麼樣了？」顧嘉棠領頭，跑過來關切的問：「是否身上不適意？」

杜月笙苦笑笑，搖搖頭，他有氣無力的說：

「沒有什麼，我在等消息。」

「等消息？」葉焯山忙問：「等什麼消息？」

「聽說，共產黨又在暗中聯絡，恐怕還要出事體。」

四個人不約而同一聲長嘆。這時，黃老闆放下飯碗，嘴裡叼根牙籤，走向他們的身邊，向杜月笙說：

「你身體不好，兩日兩夜不曾睡覺，又各處奔跑了一整天。現在我們的事體已了，你還是早點回去歇歇吧！」

「還有事情啊，」杜月笙無可奈何的笑笑：「我的看法跟陳老八一樣，共產黨不會就此善罷干休的。」

「他們不肯罷休，關我們屁事，」那一頭，就在飯桌子上，張嘯林不曉得從那裡來的火氣，他把飯碗重重的一放，突如其來的罵起了山門：「他媽的x！人都散了，槍也繳了，共產黨再要搗亂打相打，我們這些流氓、莠民，到時候還能派什麼用場？」

這一破口開罵，果然語驚四座，大家愣住了，一大廳的人，視線全都集中在他身上。

「嘯林哥！」杜月笙徐徐的站起來，帶點勸止意味，喊他一聲。

張嘯林睬也不睬，一回頭，手往後面一招：「我們今朝算是白忙一場，從此以後，天坍下來也不要來找我們。好啦！我們走！」

話說完，他的徒子徒孫，早已圍攏在他左右，於是，怒氣衝天的張嘯林領頭，二三十名壯漢迅速的離開了共進會總部。

「咦？」黃老闆納悶之至，右手猛的往頭頂上一擄：「嘯林這是怎麼一回事呀。」

「都怪我不好，」杜月笙愁眉苦臉，自責的說：「既不肯照他的意思辦，又不曾盡心盡力的說服他。」

黃老闆覺得事情嚴重起來了，他急切的問：

「你說給我聽，究竟是什麼事？」

「嘯林哥他們剛來不久，大家正在商議今朝這一次陣仗，」杜月笙源源本本說給黃老闆聽：「嘯林哥便和我商量，他說是千古難逢的一票好生意，人家要我們去拼命。這軍糧與軍械總是要發的，他主張先提出條件，要求發五十萬的餉，和三千支槍。」

「這是什麼話！」黃老闆果然怫然色變：「朋友出事體都應該幫忙麼，何況是國家？幫忙要講條件，試問這江湖義氣四個字，我們是要呢還是不要！」

「所以我當時就跟嘯林哥解釋，」杜月笙接下去說：「頭一樁，這是愛國之舉，不是什麼生意。第二，並不是人家要我們去拼命，而是我們自家發動，打共產黨，救上海，救國家，盡一點百姓的義務。」

黃老闆讚許的道：

「這話說得不錯。」

「當時嘯林哥也認為很對。」杜月笙笑了笑說：「所以昨天夜裡，金榮哥請他說話，他才說了那麼一篇大道理。」

顧嘉棠滿面疑雲，他岔進來問：

「那麼，大帥為什麼今朝又發脾氣呢？」

「後來他又反對一件事。」杜月笙頓了頓，想想，終於還是說出來了：「他不贊成繳槍，他說我們辛辛苦苦，花了大價錢買來的槍支，為什麼要繳出去，白白的便宜了周鳳岐？我告訴他，周鳳岐是國民革命軍的軍長，他不是軍閥部隊，他收了我們的槍，自會呈繳總司令部。即使總司令批下來槍支發給他，那麼，二十六軍和周軍長統統都是國家的，我們的槍不也就是等於繳給國家了嗎？」

「對呀。」黃老闆和葉焯山異口同聲的說：「這個道理很簡單麼。」

杜月笙嘆了口氣說：

「嘯林哥當時也是不再往下說了。方才他突然生了氣，我想來想去，莫非就為這樁事體。」

「那是一點不錯的了。」黃老闆皺起了眉頭說：「你們沒有聽見剛才他說的話嗎？」

六人小組在低聲談論，其餘的人遠遠的望著他們，很急於知道張大帥一怒而去的緣故，卻是礙於輩份尊卑關係，不敢走到這邊來。

沉默俄頃，杜月笙忽然邁步要走，黃老闆動作好快，他一伸手便拉住了他，問：

「月笙，你到那裡去？」

「我想先回去一趟，望望嘯林哥。」

「算了罷。」黃老闆立刻攔阻：「你讓他去，他那個狗熊脾氣就是這樣的，你不要睬他，停一歇他自家會來尋你。」

「這——」杜月笙還在猶移，驀的，電話鈴聲大震，他急忙回身，拿起話筒接聽。他臉上的神色，隨著口裡嗯嗯啊啊，越來越見凝重與嚴肅，廳裡的人因此知道，電話裡傳來的消息準定不好。

41

赤佬懊惱還要騷擾

放下電話，杜月笙環視一週，他提高聲浪，對黃老闆，其實也是在向廳裡的眾家弟兄說：

「果然不出陳老八所料，共產黨不肯服輸，他們的頭腦剛剛開完會，決定從明天起反攻。頭一步他們要收回槍支，第二步是舉行民眾大會，遊行示威，趁此機會再來一次暴動。」

座上各人，面面相覷，鉗口無言。黃老闆略一沉吟，忽然想了起來說：

「咦，月笙，你快點打電話去知會陳老八呀！」

一句話提醒了杜月笙，他歉然的一笑，葉焯山搶前一步，代他撥電話，直等到電話接通了，他才把聽筒遞到杜月笙的手上。

整個大廳裡，五六十人鴉雀無聲，都在凝神諦聽杜月笙向陳人鶴提供的最新情報：

「……是的，他們要發動許多機關團體，向白總指揮要求發還赤佬糾察隊的槍械。……啊，有上海特別市臨時市政府、上海特別市黨部，還有學聯會、婦女會，加上明朝才能成立的市民請願大會。啊！什麼？市政府、市黨部的代表已經見過白先生了？白先生麼講？嗯，是的是的，白先生當場拒絕，還發了通告，禁止罷工，任何人不得輕舉妄動，好極好極……對不起，方才我來不及告訴你，他們開會決定的事情還有——明天全市總罷工，利用遊行示威，搶奪軍隊的槍械。……武器嗎？

有有有，他們計劃從現在到明早，盡量收集刀子、鐵棍、斧頭傢俱，還有手槍和石灰包。啊！還有一樁要緊事體，直魯軍有一批走不脫的留在上海，人數有兩三百，共產黨已經派人去跟他們連絡，叫他們明天參加攻打天主堂，事成以後，許他們就在上海帶兵，或者是送一筆錢再買車船票讓他們回家鄉。……嗯嗯，大概就祇有這幾點了。……什麼？好的，我立刻轉知各位。」

42

累得喘咻大帥相候

又度放下聽筒，杜月笙勞累過甚，又說多了話，不覺早已滿頭大汗，聲音也有點嘶啞。這時候，四大金剛敬愛這位大阿哥，表現了無比的溫情。顧嘉棠遞一方雪白的手帕給他，葉焯山雙手捧上一杯茶，芮慶榮一把攙牢他的胳臂，高鑫寶塞一張椅子在他屁股底下。於是杜月笙漾起感激與欣慰的微笑，一連串的揩汗喝茶坐下來喘口氣，又有黃老闆在他面前，切切叮嚀的說：「月笙你先歇歇，不要忙著講話。」

杜月笙喘息定了，喉嚨裡迸出嘶嘶的聲響，他氣息迫促的說：

「老八要我知會各位，今朝太辛苦了，請各位早點回去安歇。明天的事，他說既然預先得到情報，共產黨已經是敗軍之將不足以言勇，槍械都在二十六軍手裡，他們再掀風作浪也沒有用。依我看，陳老八的意思是要我們大家放心。」

「好了。」黃老闆雙手抱拳向四面一拱：「諸事已畢，大家辛苦，現在我們各自回家，等待明朝靜候佳音。」

老闆的戲腔使眾家兄弟轟然失笑，眾人一批批的散去，黃老闆也被保鑣們簇擁著走了，大廳裡只剩下杜月笙和四大金剛，杜月笙望望他如手如足，生死不渝的四位老弟，他吁了口氣，然後開個頑笑說：

「你們伴我好多天，極其心感。今朝大事已了，我看你們最好還是就此打道回府，免得弟妹們又加我一夜的埋怨。」

四大金剛呵呵的笑，芮關榮一把攙杜月笙起來，風浪過了，情緒輕鬆，五弟兄有說有笑，分別上了汽車。轉個彎，就到華格臬路，顧、芮、葉、高，仍舊住在杜公館。

一行五人剛剛走進了大廳，萬墨林守候已久，他迎上來悄聲的告訴杜月笙：

「爺叔，張先生在前樓大煙間等你。」

五弟兄不由一怔，仍還是杜月笙恢復得快，他笑吟吟的向顧、芮、葉、高，四人說：「你們先去睡，我還要跟嘯林哥談談。」

四大金剛只好各自歸寢，杜月笙登樓逕赴大煙間。張嘯林正在自家動手燒煙泡，一見杜月笙進來，臉上似笑非笑，再一看萬墨林在杜月笙身後亦步亦趨，他頓時眉頭一皺，高聲的說：

「現在用不著你，你先下去。」

萬墨林怔了怔，隨即想起張大帥火爆脾氣，說一不兩，自己惹不起他，唯有連聲諾諾，遵命退下。

其實呢，夜靜聲朗，即使他坐在樓梯口，杜、張兩大亨的談話，他仍然聽得很清楚。

起先是嗤嗤嗤的，兩兄弟連連的抽足了鴉片煙，疲勞盡去，精神陡振，再靜默了一會兒，是張嘯林首先劃破了沉寂：

「月笙，我今天不該當眾使你難堪。事後回想，我越發覺得心理不安。……」

「嘯林哥！」杜月笙的這一聲喊，等於是在向他提出抗議。

「你不要打斷我，」張嘯林說：「現在我確實是有幾句心腹之言，要跟你說。」

「嘯林哥，我在聽著。」

「靠十年的掙扎奮鬪了，我們才有今天這個場面，」

張嘯林的語氣裡，帶有幾分感傷意味：「誠然你說得好：我們是從河濱裡的泥鰍，積五百年道行修成了鯉魚。逆流衝刺，只知有逆流而不見其他，辛酸苦辣，唯有自家明白，好不容易熬到共進會打共產黨這一仗，天從人願，我們算是鯉魚跳過了龍門。月笙，你講，你一向是不是這麼說的？」

「是——是的。」

「就算你說得對，我們由泥鰍變鯉魚，又從鯉魚，跳過了龍門，從此到了上流，身價百倍。但是，」故意的頓一頓，然而拔尖聲音強調的說：「即使鯉魚化龍，他也要飲水思源，時時刻刻不要忘記，是誰把他抬高起來，跳了那麼一跳的。」

「嘯林哥！」

「依我之見，那是千千萬萬條泥鰍，把我們推到長江大河，讓我們變成了鯉魚。然後又有千千萬萬條鯉魚，再堆起一座鯉魚山，將我們擁到頂端，輕輕一跳，於是跳過了龍門。」

43 一心想錢開出條件

「嘯林哥！」

「你聽我說，我講的這些道理很簡單。泥鰍化為鯉魚，他不該忘記做他墊腳的千千萬萬條泥鰍，鯉魚跳過了龍門，他更必需時刻不忘擁護過他的萬萬千千尾鯉魚。我們這樣幾十年來，兩肩抗一口，上無片瓦，下無尺土，居然能夠赤手空拳的打出一個花花世界，月笙，你說，難道我們真是單槍匹馬獨來獨往的嗎？——好吧，我現在向你講幾句知心話，我們今天有這麼點兒成功，完全是仰仗天時、地利與人和。報答天時之所賜，我們唯有順天則昌，逆天則亡，幫國民黨打共產黨，這是我們順天應人，路子走得極對。為上海人清除禍害，消滅共產黨，也是報答桑梓，取其地利。唯獨談到人和，你我的肩胛上，都有千斤萬斤的重擔，一生一世，未必就能交卸得下。——這話怎麼說呢？你試想方才我講的泥鰍、鯉魚，與龍門，也許你就可以瞭然於胸了。」

「嘯林哥的意思我懂，」杜月笙囁囁嚅嚅的說：「只不過……」

「我們不能跟黃老闆比，」張嘯林打斷了他的話：「老闆手底下的人，出道早的，已經有了身家和事業，即使有些人還要照他牌頭吃飯，反正他開得有那麼許多遊藝場和戲館，萬兒八千的人照樣可以養得活。我們呢？底下人比老闆多得多，這些年來吃的都是土與賭，自己則是兩手空空，前腳進賬後腳開銷，為共進會的事又虧了八十萬的債。偏生你硬要打腫臉充胖子，不要革命軍的餉，不留自己買來的槍。我告訴你，」張大帥說得興起，離榻下地踱來踱去：「革命軍到上海，不比盧永祥換了孫傳芳，孫傳芳調了張宗昌，我敢保險，不出三年，黃浦灘要變成一個新世界，賭與土，恐怕要給他們連根剷除。到那個時候，你我泥菩薩過江，自身難保，而我們那般同甘苦、共患難的弟兄，文不能測字，武不能挑擔，沒有飯吃了向我們伸伸手，我問你，你我二人是管呢還是不管？」

「嘯林哥見得遠，想得週到，」杜月笙放下煙槍正色的說：「這些問題我不是沒有想及，也不是我糊里糊塗，得過且過，一心只想『船到橋頭自然直』。不過我總以為，民國以來時勢一直在變，而且變得非常之快。每一次時勢變化我都思前想後，我覺得它們像是錢塘江漲潮一樣，一衝過來便是萬馬奔騰，江裡的大魚小蝦唯有跟著跑。這個力量太大，不是隨便那個可以抵當得了的。所以我抱定主張浪潮來了就要趕上去。既不能倒退，也無法不理不睬，袖手旁觀。」

「你這個道理不錯，」張嘯林點點頭說：「但是問題也就在這裡，潮流來了，我們可以迎頭趕上。別人呢？我的意思是我們手底下的人呢？我們帶得動他們嗎？倘使帶不動，我們是否忍心讓他們被淘汰？被消滅呢？俗話說得好：『拳頭打出外，手臂彎進裡。』」頓了一頓，他又說：「現在房間裡面只有我們兩個人，何妨老實不客氣的說明白了，我們手底下的那幫人馬，連你，帶我，在新浪潮來了的時候，那是命中註定要被淘汰的。否則的話，新浪潮也就不成其為新浪潮了。」

又靜了一下子，大煙間裡，只有張嘯林來回踱蹬的腳步聲。

「嘯林哥！」杜月笙又開口說了話：「我老實告訴你：我心裡一直是在這樣想的，新浪潮一到，大魚小蝦統統一樣，必定要跟牢跑。俗話說『靠山山要倒，靠水水要乾』，一個人總不能守牢一樣，吃它一生一世。革命軍來了，『窮則變，變則通』，天無絕人之路，我想自然會有我們該吃的飯。」

「你在做夢！」張嘯林兜頭潑他一盆冷水：「人家今朝佈告都貼出來了，人家把我們當做什麼？地痞，流氓，莠民！堂堂革命軍要是連地痞流氓都清掃不掉，還稱什麼革命軍？告訴你吧，現在我們已經是人家打倒的對象了，你還在癡心妄想，想吃革命的飯？」

「這個——」杜月笙實在是無可奈何了，他只好開門見山問個明白，「依嘯林哥的意思，我們又該怎麼辦呢？」

「槍給你繳掉了，人也被你解散啦，鷸蚌相爭，漁翁得利的大好良機已經失去，」張嘯林慨然一聲長嘆，沉吟片刻，再提高了聲浪說：「如今只有一樁事體可以做。這一次，我們替革命軍拼命打仗，建了多大的功勞，他們應該心裡有數。我們不要槍、不要餉、不敲他們的竹槓，規規矩矩；我們只想他們能夠睜隻眼，閉隻眼，放我們兩碼，讓我們把賭與土的事業大做一做。——賺兩錢來，分批解決手下弟兄的生活。」

杜月笙覺得很為難，他聲聲苦笑的說：

「你這算是談條件呢？還是講斤頭？」

一句話頂得張嘯林勃然大怒，他放開喉嚨，哇哩哇啦的喊：

「你說是條件也可以，講斤頭也可以！攤開來講，就是這麼回事，我們幫人家出氣力，拼老命，打天下！總沒有反轉來被他們打倒的道理？叫他們放兩碼，讓我們賺兩錢，好各自回家當一品大百姓，說得不好聽，這是我們在新浪潮來到以前的最後一次！」

「嘯林哥！」

「我不管你怎麼樣想？怎麼樣做？反正我自己已經決定好了，黃浦灘上不管誰來當家，今年不比往年，老年不比少年，『夕陽無限好，只是近黃昏』，我一定要變本加厲，將我的老本行賭與土，大規模的做它一做！」

「這個問題很大，」杜月笙唯恐老弟兄倆為此決裂，只好委婉的說：「歇兩日，多邀幾位朋友，我們何妨從長計議。」

「計議是你們的事情，」張大帥一逕咄咄逼人：「我自家是老早打定了主意的，念在老兄弟的情份，和多年合作的關係，我今天算是披肝瀝膽，把我該說的話都說到了。月笙，」他的語氣又轉為柔和：「時間不早，你去睡吧，明朝，也許還有你的事呢。」

「也好，」杜月笙順水推舟：「反正來日方長，讓我們過兩日再談。」

「明朝會，月笙！」

「明朝會，嘯林哥！」

門帘一掀，張嘯林弓著身子走出來，萬墨林趕緊起立，大帥匆匆的走過他身旁，頭也不轉的揮手說：「我自家過去，你不必送。」

目送張大帥下了樓，萬墨林再進大煙間，他發現杜月笙怔怔的坐在炕上，兩隻眼睛茫然前望。在他的身後，鴉片煙燈一閃一閃的，發出蒼黃而微弱的光芒。

四月十三日，一兩萬共進會員各自在家休息，納福，但是他們仍然極其關切的注意外間的動靜。

44
遊行遊行白送性命

共產黨不甘雌伏，於是糾集群眾，死灰復燃，又掀起了新的暴動。八點鐘，暗藏鐵棍、刀斧和手槍的愍不畏死之徒，已經一隊隊的在街頭出現。杜月笙所得來的情報完全正確，他們正一股股、一批批的，從四面八方向閘青雲路，預定的群眾大會會場集中。

乒零乓啷，華界的老百姓，又在忙不迭的關門上門。安定了一夜，上海又將陷於紊亂。

通往青雲路的人潮越來越多，主席臺也搭好了，十二點，麕集的群眾已達一萬餘人，四週不見有軍隊和警察的蹤跡，共產黨徒以為他們又奪了先聲，派人到主席臺上大叫：「開會啦，開會啦！」然後舉行會議如儀，當主席的王炎登台演說，他竭力的煽動群眾，聲嘶力竭，厲聲咆哮：

「新軍閥和帝國主義者，勾結地痞流氓，組成武裝隊伍，向我們工人糾察隊進行偷襲，奪了我們的槍，殺了我們的人，連我們最敬愛的總工會委員長汪壽華，也被他們騙去暗殺！你們大家說：這些血海深仇，我們要不要報復？」

「報仇！報復！」預先安排好的共黨份子，在群眾中倡呼，鼓舞，於是，一時群情激奮，人們由盲從而進入半瘋狂狀態，趁此機會，王炎領頭跳下主席台，主席臺上的共黨頭目，緊緊跟在他的身後，參加大會的群眾，其中有一部分是共產黨預先埋伏好的打手，他們拼命煽動，推推拉拉，大多數的群眾糊裡糊塗的跟他們走。——到什麼地方去?以及去做什麼事?這班人一概都不曉得。

根據杜月笙所提供的情報，軍方對於共產黨每一步的行動瞭若指掌。天主堂是二十六軍第二師司令部所在地，當時已經集中了相當的兵力，從官長到士兵，整天都在備戰狀態之中，其他的地方，則一概不予設防，免得兵力分散。

遊行從下午一點鐘開始，自青雲林路廣場出發，沿途搖旗吶喊，高呼口號，他們要求各業工人一律罷工，一直罷到東路軍總指揮部發還槍械為止。他們威脅軍隊讓出商務俱樂部，同時向第二師發出警告，叫第二師莫再和總工會為難。

這一天的暴亂中，唯有一項突發事件，為杜月笙提供情報時所無法「未卜先知」，遊行隊伍自青雲路走到寶興路，有一大批人忽然轉了方向，他們一路瘋狂叫囂，直撲中華新路湖州會館。那裡原本是「總工會」的所在地，上千的群眾高呼「收回我們的總工會」，一衝便衝了進去。駐守會館的只有一排士兵，他們不曾奉令抵抗，於是迅速的由後門撤退，遂使群眾歡呼雀躍，「總工會」被他們奪回了。

由於這次儻來的勝利，使得群眾們更形瘋狂，尤其，也讓共產黨人誤會了東路軍仍將忍讓為先，他們不會開槍抵抗。大隊人馬吶喊之聲直上雲霄，人群像潮水般湧入鴻興路，從天主堂較高處的窗戶向外面望，天主堂前盡是黑壓壓的人頭。

當時，第二十六軍軍長和第二師師長都不在閘北，天主堂司令部，由其後到臺灣的祝紹周將軍負責指揮，他在那一天下午，遊行尚未開始的時候，看到一個很奇怪的現象，第二師政治部有三四位女同志，平時大有共黨嫌疑的，她們在中午以前特地趕回天主堂，神色倉皇，每個人都僱好了一部黃包車，匆匆的回宿舍，把所有的箱籠行李統統搬走。

祝紹周是第二師的參謀長，他站在二樓辦公室玻璃窗後，親眼目擊這一幕，他覺得詫異，想了想，立刻恍然大悟。這些女同志一定是從共黨方面得到了消息，共產黨可能要指使暴徒襲擊天主堂司令部，她們怕自己的衣物受到損失，因此趕來先行搬開。

恰好特務營長跑來請示：大遊行隊伍來了的時候，司令部前面的警衛應該如何處置？祝紹周斷然的回答他說：「請他們改道！」

「萬一他們不肯呢？」

祝紹周斬釘截鐵的說：

「槍在你們的手上！」

特務營長會意，敬禮退下。祝紹周開始一道道的下命令：全體官兵嚴重戒備，嚴密防範，衝要地帶架設機關槍，天主堂每一扇門，每一個窗口，最抵限度佈置一名槍兵……。

移時，共黨暴徒果然發動了凌厲的攻勢，人潮開始向天主堂猛衝。

司令部第一線的指揮人員，恐怕共產黨徒逼得太近，路窄人多，雙方開火，秩序一亂，可能造成重大的死傷，因而先開一排朝天槍，加以警告，表示軍方有堅守的決心。然而這邊的排槍轟出了一蓬蓬的白煙，共產黨的前鋒卻立刻拔槍還擊，一排排子彈已經射得石迸瓦飛，玻璃破碎，顯見他們擁有槍支不少。司令部守軍迫於自衛，只好還手。移轉槍口開始平射，置身最前的群眾當即紛紛臥倒，指揮官更加不敢疏忽大意，因為他一看對方的動作，便曉得他們不但不是烏合之眾，而且必定受過軍事訓練。

45

我們不夠做官資格

激烈的槍戰又展開，由於第二師據險而守，機關槍在咯咯的響，機槍的射程遠，威力大，共產黨方面頗有死傷，往後擁來的群眾聽到了密集的槍聲，頭腦猛一清醒，昨天鐵與血的教訓猶仍歷歷在目，誰還敢再拿性命去跟槍彈拚？徒手的群眾四散奔逃，共產黨人高聲叱叫，竭力堵截，但是他們自己反而被急於逃命的人潮衝倒，天主堂前東奔西走，一片紊亂，這個仗打不下去了，末後是共產黨徒也銷聲匿跡，拔腳開溜。

天主堂前的槍戰仍然在方興未艾，槍聲刺耳，子彈在空中嗤嗤的飛，直到後面徒手和持刀斧棍棒的群眾逃得一乾二淨，前面的人雖然死傷狼藉，卻仍懵然無知的還在猛烈攻擊。這時候天主堂的窗口，有人伸出喇叭筒來，高聲的向他們喊話：

「後面的人都跑光了，你們還不快點繳槍投降？」有些臥地射擊的暴徒別轉頭去探望，這才發現他們上了大當，共產黨徒逃得影蹤全無，盲從的群眾像奇蹟般突然不知去向。於是在他們之中有人高聲喊叫：

「不打了，咱們走！」

第一線的官兵一聽講的是山東話，當時便極感詫異，他們奮不顧身，衝出大門兵分二路，兩頭包抄，因此被他們活捉九十多名暴徒，帶回司令部去逐一審問。這幫暴徒直供無隱，他們是張宗昌部下的直魯軍，近來流落在上海，共產黨誘之以利，許他們當帶兵官，或者送盤纏、買船票送他們回老家。他們這才莫名其妙的跑來充敢死隊，打先鋒，末了是被共產黨當作犧牲，掩護他們分頭逃命。這批受騙的直魯軍破口大罵共產黨，發誓一生一世不跟共產黨打交道。

天主堂前，呻吟哀號，慘不忍聞，死傷的暴徒有一百多名，只有第二師出來辦理善後，死者抬去掩埋，傷者送進醫院。從死傷者和被俘者身上搜出來的直魯軍符號，一共有四十多個，還有他些符號拋棄在地上。由此證明四月十三日這一場暴亂，真正的共產黨徒全都躲在後頭。

第二師一面清理天主堂前的戰場，一面派一連人去收復湖州會館。他們按照戰鬥序列進抵湖州會館附近，裡面的共產黨正在歡天喜地，打掃整理，重新恢復他們的「總工會」，然而當軍隊開了一排搶，共產黨徒只有零星的槍聲抵抗，這頭的排槍再轟過去，裡面遂而靜寂。士兵們衝過去一看，又是逃得乾乾淨淨，湖州會館復告順利收回。

46

虎老爺當行動隊長

下午兩點鐘，華格臬路杜公館的電話鈴聲急響，這是陳群從百忙之中打來，他向杜月笙報佳音。把平息暴動經過說完，陳群十分誠懇的說：

「今天能夠迅速平定暴亂，全靠你所得來的情報，不論是站在公誼或私交的立場，我都不知道怎樣謝你才好。」

「言重了，老八，」杜月笙打個哈哈，「這都是我們應該做的事體麼。」

「我現在很忙，」陳群越說越快：「因為有兩件大事必須立刻進行，一件是改組總工會，一件是進行清黨，也就是全面肅清轉入地下的共產黨徒。月笙哥，我們是自家兄弟，我也不跟你客氣。我現在急需一位行動大隊長，請你推薦一個合適的人給我。」

「這個——」杜月笙腦筋一轉，曉得陳群確實有此需要，並非酬庸作用，於是他隨即便說：「芮慶榮怎麼樣？他頭腦快，手底下人多，這一次他立的功勞也不小。」

「好極了，我馬上發表派令，月笙哥是否可以立刻請他過來。」

「沒有問題，」杜月笙頓了一頓，又說：「只不過，我這幫弟兄的來龍去脈你都清楚，他們都是做不來官的。倘若有不懂規矩，做錯事情的地方，你儘管責罰，但是多少請你包涵一點。」

「這還用得著你交代嗎？月笙哥！」

放下電話，杜月笙派人去喊芮慶榮來，告訴他要當大隊長了，芮慶榮喜出望外，眾家弟兄紛紛趨前向他道賀，直把個毛焦火躁的小阿榮，高興得嘴都合不攏。卻是杜月笙儘在千囑咐，萬叮嚀，叫他步步留神，事事小心，臨走前，還在不放心的跟他約法三章：

「頭一樁，你要時刻不忘我們的出身，我們沒有做官的資格；只當陳老八喊你去幫忙，不要以為自家真的做了官。第二點，『公門裡面好積德，得饒人處且饒人。』第三呢，大丈夫要來去分明，你給我記牢，天底下容易得的是錢財，頂難得的是名聲。還有一樁，」說罷他再補充：「時刻記得你這個大隊長是臨時拉差，事體一完，立刻回來，因為我們終歸不是做官的材料。」

「月笙哥，曉得了，」芮慶榮連連點頭：「你怕我忘記，我就從明朝起，每天一醒過來，一睡下去，都把你交代的幾點自家背一遍。」

「好極，」杜月笙莞爾一笑：「你這就去吧。」

於是，陳群得以雙管齊下，兩路進軍，四月十三日下午，以董福開為主席的善後委員會，正式接收湖州會館「上海總工會」，宣告將原有的「總工會」取銷，另行組織「上海工聯總會」，負責各工會之組織、工人之領導以及各項糾紛的處理。第二天，行動大隊在陳群、芮慶榮的指揮之下，由駐軍和警察協助，全面搜查共產黨徒所盤據的「上海特別市臨時市政府」、「上海特別市黨部」、上海學生聯合會、平民日報社和中國濟難會，按圖索驥，前後逮獲共黨份子一千餘人，全部解交龍華總指揮部訊辦。與此同時，上海清黨委員會正式成立，由陳群、陳德徵、冷欣、黃惠平、冷雋、陳超、桂宗基、高方、潘宜之、周致遠、俞國珍等擔任清黨委員。清黨委員會設總部於楓林橋下的淞滬交涉使公署，那是一幢兩層樓的大廈，座落在田野與一道疏林之間。——後來因為大廈不敷使用，又將它左鄰的上海道尹公署也納入了範圍。

47

情海餘波薛二被捉

黃老闆自露蘭春事件以後，原已決定歸隱退休，不再過問外務，在三大亨中他是有資格享享晚福的。黃浦灘上他擁有規模龐大的娛樂事業，好幾十幢衖堂房子，光是收收房租，一個月也有萬把塊的收入。而漕河涇鄉間，他更造了一幢佔地六十餘畝，斥資二百萬元的頤養之所，黃家花園。那座私人別墅向為上海的名園勝蹟之一，園中水木清華，崇閎奢麗，正廳名為「四教」，鐫有蔣總司令頒題「文行忠信」四個大字，假山石筍，都是花了大價錢遠自北平和西湖運來。

何況他還有一項鮮為人知的秘密，他老興不淺，又跟一個女人同居。由於子孫長大了，床頭人原是彼此相熟的，因此他只好瞞住家裡，而在新城隍廟附近，租了小房子住。

六十歲的黃金榮，只剩下一位近支的長輩，他的姑母。桂生姐仳離，露蘭春別矣，姑老太太常時勸他再討一個。黃老闆給逼急了，只好笑嘻嘻的承認：「已經有啦！有啦！」秘密洩露，小輩們尋了去，原來是上海清丈局長曾紹棠曾伯伯的下堂妾，跟桂生姐也是要好朋友。她抽鴉片煙，喜歡白相，離了曾局長後便和黃老闆同居，黃家小輩因為她住在漕西，喊她西海好婆。西海者，黃、杜、張三大亨原始根據地八仙橋之西也，此所以姚玉蘭女士和杜月笙結婚，也因為她住辣斐德路而被稱為「西海太太」。

黃金榮當時很想把這位新歡，也帶進黃家花園，就此關上大門，宴宴然做他的富家翁。然而四月十二日清共這一仗，把黃金榮已消沉的壯志又復激發，黃老闆心知這次功勞建得不小，而國民黨的要員之中，更有不少是他的舊交。因此當國民政府論功行賞，特別授他以三等勛章，他把國民政府勛章和法國領事發給黃金榮少校的獎狀，一齊掛在客廳裡面。再聽到杜、張、楊、陳四位老把弟，不時金榮哥長、金榮短的奉承幾句，心裡想想當前的這個大環境，真是交關好來兮。只要他動動腦筋，撥撥嘴唇皮，大可以重振曩昔的聲威，再建自己的勢力。

於是，革命軍進駐上海之初，黃金榮又曾有過一段時期，振作精神，多方聯繫，一心一意在準備東山再起。老闆一熱中，他的嫡系人物便更起勁，這樣起勁是會有好結果的。

杜月笙的心腹大將當了行動大隊長，黃金榮的左右手徐福生立刻跟進，出長淞滬警備司令部的諜報處。黃、杜二門，各有其人，掌握了擁有生殺予奪大權的兩項重要職位。

黃老闆自己先不出面，他老謀深算，機智深沉，憑他閎富的閱歷，犀利的目光，冷眼觀察國民黨派到上海來的各級幹部，以及國民政府經常往返京滬的中樞人物。他不久便看出，他最接近的楊虎、陳群，不但不能作為「新派人物」的代表，而且他們終將泥菩薩過江，自身難保，因為在絕大多數的國民黨人中，已經湧起了對他們深表不滿的暗潮。積極的、進取的、熱情的、蓬勃的革命朝氣震懾了黃老闆，他沒有法子跟他們打交道，藉以達成他私衷所願的目標。當他發現像陳果夫、陳立夫兄弟等等官職比楊虎、陳群高，地位比他們更重要的國民黨大員，人人工作緊張，生活刻苦；又聽說某要人給太太買了一雙絲襪，竟然在國府紀念週上挨了罵，更有某紅人買進一幢洋房，始終不敢搬進去住，種種傳聞，甚囂塵上，適足以證明國民政府不同於舊官場，純粹是一種新氣象。於是黃金榮舉一反三，見微知著，方激起的雄心壯志，旋即冰消瓦解，煙騰雲散。他表面上聲色不動，暗地裡已在準備打退堂鼓。

有兩件事促成他從大上海的新戰場上提前退卻。首先是他曾和一位年輕有為，幹勁十足的國民黨官員交過一次手；其次是露蘭春的新任夫君薛二突然被捉。

那一天黃金榮聽說上海市政府要檢查各戲院演出的戲劇，使他大為光火，他振振有詞，斷然的加以拒絕：

「租界上的事，市政府管不著！」

市政府派一位秘書耿嘉基來向他說項，耿是市政府與租界大亨之間的橋樑，專負雙方聯繫協調之責。照說黃老闆應該對他客氣一點，但是老闆曉得耿嘉基每個月要吃杜月笙一千元的俸祿，他三言兩語把他打發出去。

過了幾天，耿嘉基寫了信來，介紹一位主管戲劇檢查的年輕朋友，專誠拜訪黃老闆。黃老闆不曾想到市政府的小朋友也這麼難弄，接見了他，很費了些唇舌，解釋清楚自己的難處，然後端茶送客。

他所持的理由是租界上無法奉行市政府的政令，然而隔不多久，法國駐滬總領事，兼法租界公董局總董范爾諦忽然把黃少校請了去，婉轉的勸他，——中國人開設的戲院，何妨接受中國官員的檢查。一聽之下，黃老闆瞠目結舌，無詞以對，他衹好答應照辦。報紙上沒有登載，但是所有的人都知道，眾家老闆這次坍了很大的台。

第二件事出得更妙，原來露蘭春和薛二雙宿雙飛，恩恩愛愛，小孩子一個個的生下來，露蘭春洗卸鉛華，深居簡出，一心一德相夫教子。薛二家裡有錢，大少爺常年遊手好閑，除了在家吃吃鴉片煙，閑極無聊，有時候也難免跑跑賭場，輸贏不計，只是消遣消遣。

那一天在江灣跑馬廳，薛二正雜在人叢裡看賽馬，驟然有兩條大漢擠過來，一左一右，伸手把他一挾，硬梆梆的槍口抵住了肋條骨，接著是低聲的叱喝：

「不要響！跟我們走！」

於是，薛二被捕。

又驚又怕，既餓且渴，薛二是個錦衣玉食，享慣了福的大少爺，一口鴉片煙癮又大得嚇壞人。他被兩條大漢從人叢裡抓出來，塞進了汽車，一路驅車疾駛，還沒有駛到楓林橋「清黨委員會」，他已經眼淚鼻涕直流，呵欠打得閉不攏口，兩名行動員見他們一身軟得像泥，兩腳下不了地，只好把他連拖帶拉，半抬半掖，不經過審問，就先關進監獄。

露蘭春等了一天，當夜不見薛二歸來，提心吊膽，捱到天亮，她在上海原也交遊廣闊，認識不少有錢有勢的朋友，但是自從嫁給了薛二，兩年杜門不出，一般老朋友早就不相來往。這日因為薛二徹夜不回，她心知一定出了事體，急切無奈，只好拋頭露面，到處打聽。打聽的結果，卻是令她大吃一驚，她想不到黃老闆那邊的人居然會算起兩年前的舊帳，薛二身陷囹圄，他被囚的地方，正是專門審問處決政治犯的楓林橋，這一嚇，真把她嚇得遍體冷汗，魂靈出竅。

她不敢直接去求黃老闆、杜先生，或者張大帥。只好懇託有力人士，攢出大筆鈔票，為她千方百計想辦法，但請刀下留人，救救薛二的命。

當天，就有用洋錢銀子買得來的消息，——薛二是以共產黨嫌疑份子的罪名，羈押在楓林橋交涉使署。這就是說：薛二隨時隨地都有綁赴刑場，一槍畢命的可能。問題的嚴重性還不止此，消息來源告訴她：再不火速設法，只怕薛二等不到審判槍斃，他就要白送性命一條。原因是他的鴉片煙癮奇大。叫他三天兩天不吃飯無所謂，如今關在大牢，黑糧斷絕，薛二實在片刻難熬。何況，聽說薛二進去以後還吃過生活，飽受磨折。和幾位熱心朋友一商量，露蘭春所要請托的對象，不但得跟三大亨夠交情，而且還要在楊虎、陳群的面前，也能說得起話。想來想去，只好由熱心朋友之一周培義，專誠拜訪陸沖鵬。

48

陳人鶴一年桃花運

周培義把薛二處境之險惡，薛家上下的焦灼，一五一十告訴陸沖鵬，大家都是認得的，他請陸沖鵬挺身而出，設法「刀切豆腐兩面光」，將這樁事情擺平。

陸沖鵬眉頭一皺，搖頭苦笑的說：

「這樁事體，現在只可釜底抽薪，還不到開門見山談條件的時候，薛二在監牢裡，我先設法使他穩住。黃老闆、杜先生那邊，講穿了唯恐尷尬，我只能去探探動靜。」

言罷，他立刻拿起電話，打到楓林橋，電話是打給行動大隊長芮慶榮的，芮慶榮親自接聽，陸沖鵬一聽他的聲音，當時就直淌直的說：

「我曉得薛二在你們那邊，『死罪容易過，活罪最難熬』，你幫幫忙，放一碼。讓我派人送幾只鴉片煙泡給他，先保住他一條性命，你說好嗎？」

芮慶榮在電話裡笑了起來，他說：

「陸先生，你的消息真快！」

「真人面前不說假話，」陸沖鵬坦率的回答：「來託我的朋友，此刻便立在我的身邊。」

「好好好，你把東西帶過來吧，」芮慶榮的脾氣一向爽快，做事有肩胛，絕不拖泥帶水：「我負責給你送到。」

「還有一樁，」陸沖鵬順水推舟，再做個人情：「薛二身體不好，務必優待優侍。」

「曉得啦。」芮慶榮應允，接著又壓低聲音，叮嚀一句：「不過，這些事情你頂好不要讓大帥知道。」

一句話露出了破綻，放下電話，陸沖鵬疑雲頓生，忖度久久。明明是黃老闆的干係，而杜月笙、張嘯林跟黃老闆向來三位一體，一鼻孔出氣，假使捉薛二是為了「懲治」他誘拐露蘭春，芮慶榮接受自己的請託，「優侍」薛二，為什麼芮慶榮單怕張嘯林一個人曉得？

一面通知周培義，轉告露蘭春，把鴉片煙泡、食物、寢具和監牢裡上下打點的錢送去。一面打定主意，上華格臬路杜公館走走，探探杜月笙的口風。

轉彎抹角，旁敲側擊，趁兩個人一榻橫陳時，提起了薛二被捉的事。杜月笙放下煙槍，一聲長歎，他連連搖頭的說：

「事體老早過去了，何必今朝又來翻一次糞缸！」陸沖鵬大喜過望，因杜月笙這麼一說，他的態度昭然若揭，公報私仇捉薛二，他是絕對不贊成的。杜月笙有這個表示，薛二的事情也就有了轉機。

「為這樁事體，嘯林哥剛才跟我發過一頓脾氣哩。」望著陸沖鵬苦笑，杜月笙感慨系之的說：「其實，我不過是因為金榮哥打電話來，跑過去問他一聲。」

「啊？」陸沖鵬抓住機會問：「大帥為什麼發脾氣？」

「他說我們『狗咬呂洞賓，不識好人心』。」杜月笙肩膀一聳：「他想盡方法把薛二罩上個共產黨的帽子，喊芮慶榮捉他進去，無非是替金榮哥報那當年的一箭之仇，趁此機會出口惡氣。——他怪金榮哥和我不領他的情，曉得嗎？」

陸沖鵬連忙點頭，他坦然的說：自己今天專誠拜訪，正是為了薛二的事，因為他不相信外面的傳說，薛二的被捕和黃、杜、張三大亨有關，他直言不諱的說道：

「以你們三位今天的身份和地位，何至於去做這種種惹人批評，令人不平的事情？憑良心說，當我聽到了這個消息，當時就很著急。薛二固然是朋友，老闆、杜先生和張先生要是果真有心這樣做，那才更加叫我擔心。」

「你這話說得不錯。」杜月笙欣然同意：「黃浦灘上已經人心惶惶，草木皆兵了，楓林橋那邊也不知道枉送了多少性命。我們站得這麼近，無風都要起三尺浪哩！還能做出這種事來落個話柄！」

「杜先生這樣說，我就放心了。」陸沖鵬吁了一口氣，又問：「不過，杜先生的意思，這件事情應該怎麼了呢？」

「你今天來得正好」杜月笙欠身坐起來說：「因為辦這樁事情，我需要用你！」

「用我？」

「嘯林哥這一著正好應了一句『關老爺賣馬，周倉不肯畫押！』」譬喻得妙，杜月笙和陸沖鵬一齊笑了起來，兩人笑了一陣，杜月笙咳聲嗽，又正色的說，「金榮哥打電話給我，氣得跳腳，他說嘯林哪裡是在幫我的忙，他簡直是在弄鬆（耍弄）我麼！他一再說像這種冤屈無辜，破人家庭的事他決不做。但是話雖如此，嘯林哥那邊剛才也是光過了火，說了不少難聽的話。因此之故，我現在夾在當中很為難，無論我出面說什麼，總歸要有一面心裡不好過。所以，嘯天哥和陳老八那邊，最好還是你推說薛家的請託，由你出面去說一說。」

「好的好的。」陸沖鵬很高興，他滿口應允，一躍而起：「我這就去楓林橋，先看陳老八。」

事後，陸沖鵬非常佩服杜月笙的高明，多說了幾句心腹之言，黃老闆和他自己的態度，正好藉陸沖鵬為傳聲筒，輾轉播傳大眾。而他在洗刷嫌疑，解脫干係之餘，又把請釋薛二的差使，輕輕的往陸沖鵬身上一放。黃、杜的目的達到，張嘯林那邊又不至於失了兄弟的和氣。

陸沖鵬和楊虎、陳群交情很夠，何況他又把黃、杜二位的心意和態度，一一照說不誤。楊虎、陳群心知張嘯林自作主張，表錯了情。當時便以陸沖鵬出面為詞，將露蘭春的心上人薛二，宣告無罪釋放。

不過後來黃浦灘上謠諑紛紜，都說轟動一時的薛二被捕事件獲得解決，薛家曾付了二十萬現大洋酒的代價。這筆錢究竟是誰拿了？各有不同的說法。事實上呢，薛家是用了錢，不是二十萬，而是十八萬，起先有人去探黃老闆的口氣，說是薛家願意拿十八萬出來「了事」，黃金榮勃然大怒，他說：

「笑話！難道我會用賣家主婆的錢？」

黃金榮堅決不要，同時也甚為氣惱，但是薛家救人心急，話才出口，白花花的大洋錢，立刻抬到了楓林橋。這筆錢到那裡去了？名義上說是薛家捐給國家，事實上則不曾歸庫。楊虎自家拿了九萬，剩下九萬陳群先則不肯要，後來因為他走了一步錯棋，交了一年多的桃花運，楊虎乃為他在寶建路營了一所金屋。

有一天，陸沖鵬到滬上名蹟「也是園」，一眼看見陳老八和兩位風姿嫣然，舉止大方的妙齡女郎，在池沼紅蕖間品茗談天，歡聲不歇，狀至愉快。陳老八穿的是便裝，兩位小姐面孔很熟。陸沖鵬當時不曾驚動，過後很久方始想了起來，這兩位小姐一姓程來一姓范，都曾經是押在楓林橋的「共黨嫌疑犯」。程小姐聰明能幹，筆下來得，范小姐則更是安徽名門之後，她的父親領導過安徽某地的辛亥起義。程、范二位嫌疑不太重，於是不久便由階下囚升為座上客，被陳老八安置在清黨委員會辦公。

陳老八和這位程小姐，曾在寶建路秘密同居一年多，這樁機密他唯有對陸沖鵬毫不隱瞞。雙飛雙宿年餘以後，程小姐的舊情人和她有了聯絡，那位早年的男朋友，時在德國執業醫師，於是，有那麼一天，佳人香蹤杳矣，陳人鶴眼看著鳳去樓空，也只有徒呼負負。

49 老闆退休有人挑撥

經過了這一件自天而降的尷尬事，黃金榮思前想後，極不心安，自己已經成為要打倒、被推翻的對象，而樹大招風，毛落皮單，朋友出事一受牽連，豈非冤哉枉也，因此他決心退出名利場，回到黃家花園去閉關自守，安富尊榮。——法租界當局畀予這位最高資深的探長一份殊榮，請他再擔任三年的顧問名義。

黃金榮這一次退休，退得堅決而徹底，他公開宣告，從此不再參加任何應酬，不接受任何請柬。——事實上，他只維持了很短的一段時期。

退休後生活悠遊自在，抽抽大煙，聊聊閑天，每日下午總會有些老朋友來陪他打打「銅旂」，常到的牌搭上有范回春、楊順銓、朱金芳、蔡鴻聲，和馬掌生。金廷蓀更是不論怎麼忙，必定日日跑一趟，於是黃老闆非常高興，時常在嘴上念著說：

「今朝不管別人怎樣，歪鼻頭是一定來的。」

——歪鼻頭，是他自己給金廷蓀取的綽號。

及至金廷蓀果然風雨無阻的來了，黃老闆不分人前人後，都會喜歡的搓著手說：

「廷蓀不忘本，他是天天來的。他還跟以前一樣，天天來上班。」

和金廷蓀形成鮮明對照的，是杜月笙難得來一趟，而且每回都是來去匆匆，坐坐就走。這一層在杜月笙來說：他有三層原因：第一、他太忙，確實抽不出空閒時間，第二、他因為食少事繁，身體不好，雖然不常病倒，卻是很怕勞動。第三呢，則是由於他和金榮哥沒有共同的嗜好，他不會打「銅旂」，而像他那樣跟錢有仇的豪賭，黃老闆也斷乎不願領教，凡此，都使他覺得在黃公館裡坐不住。

俗諺有云：「蘇州銅旂，急天急地」，因為筒旂的賭法文雅，賭局進行慢，輸贏也不會太大。所以，性子急些，想收立竿見影，翻牌見錢之效的嗜賭者，多半捺不住心來玩它。而打銅旂的朋友，也通常都是打打談談，說說笑笑，有以享受雙重娛樂，消磨時間。

談天說地，免不了要觸及外面的事與新聞，談來談去，杜月笙和張嘯林兩個名字經常都在提起，張嘯林不去管他，但是聽到杜月笙，黃金榮不禁會興起熱切盼望和——輕微的惆悵。這兩種心理加將起來，他每每會脫口而出的埋怨一句：

「小囝，當我嘸介事啦！」

有些人存心挑撥有意離間，還有些人推波助瀾。最低限度，黃金榮正式退休以後，在他身邊的那些的朋友，很少有為杜月笙說兩句話，解釋解釋的。「老小老小，越老越小」，黃金榮和杜月笙這麼樣一對肝膽相照，休戚與共的老兄弟，往後的漸形疏遠，怨聲時起，多半是若干人利用機會，以間疏親，剩下來的原因，仍還得歸咎於黃金榮自己老小老小的「小囝脾氣」。

舉一個例，以杜月笙當時的名滿天下，望重江南，他已非當年布衣渡江，三餐不繼的吳下阿蒙可比，但是黃老闆發起來的小囝脾氣來，往往當著那些唯恐巴結杜月笙不上的老朋友們，冷譏熱嘲，抽底揭皮，使杜月笙啼笑皆非，下不來台。曾有一次，黃金榮當著眾人的面，對杜月笙施以當頭棒喝：

「月笙，我勸你不要這樣多用心計，免得短壽促命！」

或則，在大庭廣眾間肆意說笑：

「月笙，你現在做了幾十家銀行公司的董事長，總經理，你記不記得？你頭一次當董事是在民國十年，我在殺牛公司茄勒路，由源爵出面辦不收學費的金榮公學，我當董事長，喊你當一名董事。」

杜月笙當時竭力忍耐，向他的金榮哥陪笑臉，連聲應是，事後卻久久難以釋懷。為了避免自求其辱，他漸漸的視黃家為畏途。

由於杜月笙的儘量容忍，他跟金榮哥斷乎不會發生正面衝突，但是黃杜兩系的門生弟子，這時候卻已貌合神離，涇渭分明，漸成分裂之勢，為了利害衝突，明爭暗鬥，尤所難免。

一日，黃金榮的學生，陳培德突以被捕聞。捕陳者恰巧是杜月笙的門人，這一來，使黃金榮新「仇」舊憾，齊集心頭，他怒沖沖的命人將月笙喊來。

杜月笙踏進門檻，喊了聲金榮哥，黃金榮卻欹在床上大抽其鴉片煙，故意不理不睬。這一頭，杜月笙眼見金榮哥臉色不對，立刻搬出二十年前的老規矩，老闆有氣，他「小伙計」便恭恭敬敬的立在那裡，等候老闆的斥責或發落。

試想當時杜月笙已是什麼樣的身價？自南京來的廟堂人物，達官顯要，在黃浦灘的富商巨賈，紳士名流，倘若有事相商，都得事先約好了時間，屆期登門求教，間或碰到不巧，還要在會客室裡候一候，一般人偶獲承顏接詞，莫不沾沾自喜，欣然語人：「今日極獲杜先生青睞有加」，彷彿最大的榮耀。——然而此時此刻，杜月笙喊金榮哥，黃金榮不理，他便直挺挺的站在鴉片煙榻前，誠恐誠惶，屏息守候。他一站，黃金榮大煙間裡的客人，不分男女老鴇，輩份尊卑，全部不約而同的站起來。黃金榮眼角裡瞟見，猶仍大喇喇的說：

「你們各位坐呀！」

客人們當然不敢坐下，一屋靜悄悄的，只聽到黃金榮的鴉片煙槍嗞嗞嗞響，杜月笙縱有十萬火急的事，即或昏腿疹站不下去，他仍然咬緊牙關，竭力支撐，他希望由於他所表現的恭順，使他這位老把兄息怒霽威，回嗔作喜，有事何妨吩咐一聲，他是絕對會遵辦的。

三筒鴉片抽足，黃金榮順手抄起小茶壺，骨嘟骨嘟猛灌幾口釅茶，這才重重的將空茶壺一放，虎的翻身坐起，瞪起一對大眼，雙手扶定榻沿，傴身向前，聲聲冷冷笑的說：

「好啦！我現在人到了漕河涇，要打要殺，但憑你們的高興！」

杜月笙低聲下氣，澀澀著笑著說：

「金榮哥有什麼事情，只管交代下來，何必說這種氣話？給外人聽到了，信以為真，我們這般小兄弟還想做人嗎？」

黃金榮又是氣勢洶洶，大肆咆哮：

「分明是你們在跟我過不去，要我黃金榮的好看！」

「那個敢呢?」杜月笙輕輕的說:「金榮哥，你好把事情說出來了，我在這裡聽候你的吩咐!」

「我問你!」，黃金榮餘怒未熄:「陳培德犯了什麼案子?」

陳培德是黃金榮的學生子，犯了案被關進淞滬警備司令部，杜月笙根本毫不知情，他聽黃金榮這麼一說，當場打電話回去，命人立即查報，他要在電話機旁邊坐等回音。時間在一廳愕然中過去，杜月笙神情自若，一臉坦然。一會兒電話打過來了，將陳培德因何被捕?如何罪證確鑿?被什麼人下令?什麼人動手捉的?此刻關在什麼地方?「待遇」如何?一五一十，詳詳細細報了來。

放下電話，在座的人以為杜先生一定會理直氣壯，向黃老闆聲明此事與他無關，黃老闆應該責問的對象，應該是淞滬警備總司令楊嘯天，而不是他閉門家中坐的杜月笙。老闆不分青紅皂白，跟他發了這麼大的脾氣，杜月笙大可趁此機會，埋怨幾句。

但是杜月笙其所以為杜月笙，他的過人之處即在於此。放下電話，他轉臉朝向黃金榮，照舊神色不動，溫文平靜的說:

「金榮哥為什麼事體發脾氣，我已經曉得了。請金榮哥放心，我一定會去替金榮哥辦好，我決不會讓金榮哥失面子。」

黃金榮一怔，廳中各人一致嘆服，黃金榮給杜月笙吃一頓冤枉排頭，杜月笙不聲辯，不抱怨，反而溫婉的勸黃金榮放心息怒，甚至口口聲聲的以金榮哥的面子為重。這是何等的胸襟，何等的仁義?

這時，滿天星斗一廓而空，在場的朋友，心知不會再有好戲看了，因而假惺惺的遲作調人，他們以勸和的姿態，拉黃金榮往外走，同時七嘴八舌的說：

「杜先生答應過了，老闆還有什麼不放心的？走走走，我們去打銅旂吧！」

黃金榮只怕是心中很不是滋味，他被眾人簇擁，經過杜月笙的身邊，他瞟他這位仁至義盡的把弟一眼，為了自下台階，嘴里還在恨聲不絕的說：

「這樁事體不給我辦好，我就上南京見蔣總司令！」

傳說多年的黃、杜失和，兩家恩怨，如果就以上所舉的事例而言，失和固非事實，恩怨更談不上，小不愉快誠然有之。不過由於杜月笙的竭力忍耐，以柔克剛，許多尷尬場面，都能化險為夷。其實，晚年的黃金榮，對杜月笙並沒有什麼不滿意，更不曾發生過利害衝突，鬧來鬧去，無非黃金榮退休以後，老年人的情緒問題而已。

50 黃金榮的光榮一幕

民國十六年十一月十日，蔣總司令以下野之身，蒿目時艱，奮赴國難，自日本回到上海，邀集國民黨中央執行、監察委員，商談黨務之整頓。廿四日在蔣總司令滬宅，召開談話會，那天下午，他抽了一個小時的空，給黃金榮帶來畢生最大的榮寵，使他前後一二十年裡，為國民革命所花的氣力，得到最高酬報。事後消息傳出，黃杜張的手下，共進會的弟兄，甚至於一部份的上海人，一個個眉飛色舞，口耳相傳，都覺得與有榮焉。

民國十六年陽曆十一月廿四日，亦即陰曆十一月初一，正值黃金榮六十初度，在當年花甲之慶是要隆重慶祝的，黃金榮自然不能例外。那一天，同孚里黃公館客廳裡佈置得燈燭燦爛，金碧輝煌，各方贈送的壽禮，琳瑯滿目，堆積如山。從早到晚，中外賀客絡繹於途，門庭如市。杜月笙、張嘯林等一班弟兄，一大清早便已袍褂整齊，趕來黃公館，幫忙招待，並且代為料理種切。

黃金榮因為小時候身體不好，吃奶到六歲，有人說這個小囝養不大，他父母沒法，將他寄名西門寺和尚堂裡，因此他還有個小名叫「和尚」，從小信奉佛教。他和杜月笙一樣，吃三官諸天素，每年過生日，都要在廟裡擺一天懺。

照規矩黃金榮應該自己去拜懺的，但是家裡客人川流不息，實在太多，他抽不開身，祇好命長媳黃李志清，帶了長孫黃啟予，代表他去拜懺磕頭。

黃李志清正在準備出門，黃金榮匆匆忙忙的跑到樓上，特為關照她說：

「妹妹，三點鐘有一位貴客來，你留在家里不要出去，你要親手裝水果盆子，表示我們接待的誠敬。」

妹妹，是黃杜張老一輩的人，對於黃門長媳李志清的暱稱，因為她少年守寡，長輩們對她特別的憐惜和愛護。

「那麼，」黃李志清問：「廟裡是不是就不要去了。」

「這樣吧，」黃金榮略一沉吟然後說：「你派兩個妥當的人，陪啟予去一趟。」

那一年，黃啟予才六歲，嬌生慣養，平時保護嚴密，輕易不大出門。萬一非出去不可，除了祖父或母親領著，還要帶一個名喚老林保鑣。

正好黃啟予的表伯父，也就是黃金榮胞姐的兒子，在黃家作客，自家親眷，放心一點，黃李志清特地去請他帶黃啟予上廟拜懺。

桂生姐仳離，露蘭春別嫁，黃公館唯有以長媳黃李志清為女主人，她奉公公之命，親手裝了三個點心盆子，一個大水果盤兒，貴客用的茶，也該由她屆時斟好。她負責招待貴賓的一應準備工作，卻是，貴客蒞臨她可不能公開露面，因為黃家是老法家庭，除非至親友好，連女主人不能出面見客。

三點鐘以前，從大門口到正廳，全部經過特別的佈置，不論客人抑或是家裡的閑雜人等，一律避開了那條主要的通道。大廳裡只留幾名當差娘姨，黃金榮一身簇新的袍褂，笑呵呵的，紅光滿面，他興奮得有點坐立不安，一會兒跑前，一會兒往後。

在樓上，黃李志清挑開一角門帘，悄悄的向樓下張望：貴客來了，她不禁震了一震，目光炯炯，英氣勃勃，她曾不止一次見過蔣總司令的照片，此刻正和她公公坐著談天的，不就蔣總司令嗎？

蔣總司令在黃公館坐了不到一個鐘頭，興辭離去，黃金榮親自送到大門口，連連的作揖稱謝。等他歡歡喜喜，回到客廳，起先被瞞住了的眾人，這時候才得到了消息，於是歡呼時起，眾人紛紛的趨前，再向黃老闆道賀。使黃老闆在這一生之中，退休以後，又添上了絢爛光輝的一頁。

說起來，這也是黃金榮的一次幸運，他過六十歲生日，恰在共進會的協助清黨，立下汗馬功勞過後不久，他們以租界的居民，表現的愛國熱誠，實在值得稱許，更何況，當時他們猶在多方面協助政府，維護社會秩序的安寧。黃金榮幸運的是蔣總司令正以在野之身住上海，他不居官常，一切都顯得輕鬆，去看一趟黃金榮，可以謂為基於公誼的鼓勵，也可以說是私交的關係。

51

力爭上游幹勁十足

民國十六年四月十二日，上海清共以後的杜月笙，用「力爭上游」四個字，還不足以表現他那股子衝勁和幹勁。當年的杜月笙，行年四十，年富力強。而龍門水險，卻有自天而降的大好機會，讓他蹤身一躍，輕輕的過。跳過了龍門，但見海闊天空，氣象一新，他當然要打點精神，摩拳擦掌的大幹一場；天時、地利、人和，一時間都給他佔盡了，倘不努力，更待何時？

四一二清共一役，他發動萬餘弟兄，真刀真槍的打了一仗，弟兄中有死有傷，死的要厚殮撫卹，親臨弔唁，傷的也得一一就醫，分別探望；再加上共進會未了的事項，千頭萬緒，雜亂無章。因此，杜月笙在大獲全勝之餘，仍舊忙碌緊張，一仍往常。

共產黨徒是最狡獪的，自從他們開始在上海活動，便以國民黨黨員的身份作掩護，而以租界，——尤其是由贊助國民黨的黃金榮、杜月笙當權得勢的法租界作根據地。以前一般人都弄不清楚他們的真正身份，很上了他們不少的當。清共一役，這大批的潛伏份子顯露原形，由於事出倉猝，除開少數大錢在握，預有準備的共黨頭子能夠遠走高飛，逃出上海以外，絕大多數的共黨黨徒，當首領遠颺，附從羣眾風流雲散，只好纍纍然如喪家之犬，在黃浦灘上東逃西竄，其中就有不少，又把法租界當做了他們的逋逃淵藪。

大批共黨逃進租界，轉入地下，對於上海治安來說確為一大隱憂，當局怕他們重新糾合，死灰復燃，就必須將清黨工作再接再厲的貫徹下去，除惡務盡，斬草芟根，否則上海便無法成為一片乾淨土。於是，東路軍政治部正式成立機構，上海市清黨委員會於四月十四組成的同日，當天就展開了搜查共黨機構的行動。

陳群向杜月笙借調人馬，杜月笙首先就把他的心腹大將芮慶榮，荐去擔任行動大隊長，杜月笙的此一推介，對於清黨委員會確有很大的貢獻，因為芮慶榮走馬上任，行動大隊人也有了，槍也有了，組織和情報，一開始便燦然大備。

芮大隊長立下的第一功，行動迅速，收效極豐。四月十四日分頭出動，搜查「上海特別市政府」、「特別市黨部」、「學生聯合會」、「平民日報社」、「中國濟難會」等共黨份子陰謀竊據的機關，行動大隊以迅雷不及掩耳之勢，在一天之內捕獲了共黨一千多人，全部解送龍華東路軍總指揮部扣押訊辦。——為什麼要解到總指揮部呢？因為創立伊始的清黨委員會，還沒有羈押人犯的設備。

清黨委員會由陳群負責主持，除了以前列舉的十一位清黨委員外，還有兩位值得注意的人物，分任科長股長。當科長的是李公樸，他當年二十六歲，博聞強記，有點學問，主持共產黨嫌犯初審事宜。在他的手下，不知處決了多少共黨份子，然而十年以後，他卻漸趨左傾，擔任量才補習學校的校長，以「勾結共產黨徒、圖謀顛覆政府」等罪名，與沈鈞儒、章乃器、沙千里、王造時、鄒韜奮、史良等同時被捕。釀成轟動全國的所謂「七君子事件」。

楊管北時在清黨委員會任職，他才二十四歲，江蘇揚州人，方自之江大學畢業，少年英發，卓犖不群，他的器識和才具，極獲杜月笙的愛重，而他對杜月笙的慷慨尚義，禮謙下士，也是十分的欽仰。於是他們漸漸的接近，楊管北後來成為杜月笙倚畀甚深的人物，杜月笙所投資的金融工商事業，楊管北是負責經營擘劃的核心人物之一。

民國十六年四月以後的國家情勢，由於上海共黨暴亂的迅速敉平，蔣總司令坐鎮南京，全國各地，清黨義旗有如怒潮澎湃，國民黨與共產黨一消一長，情勢立判。四月十六日，國民黨在南京舉行中央執監委員會談話會，通過了胡漢民建議的「召開中央政治會議，主持國家大計」一案，當天，汪兆銘在武漢發表銑電，指斥上海赤佬糾察隊繳械投降事件為「主事者」甘為民眾之公敵，對蔣總司令飾詞詆譭，無所不用其極，從此汪兆銘自絕於南京國民黨中央，以武漢為發號司令中心的排擠國民黨和蔣總司令局面，一改而為寧（南京）漢（武漢）分裂，相互對峙。

於是，四月十七日，中央政治會議在南京正式舉行第七十三次會議，決定「國民政府於中華民國十六年四月十八日開始在南京辦公，同時舉行慶祝典禮。」推胡漢民為中央政治會議、國民政府委員會主席，鈕永建為國民政府秘書長，吳敬恆、陳銘樞為總政治部正副主任，吳敬恆、李煜瀛、蔡元培為國民革命軍訓練指導員。

四月十八日上午，在南京丁家橋江蘇省議會，舉行國民政府成立典禮，由蔡元培代表中央黨部授印，胡漢民代表國民政府接受。會後閱兵，胡漢民痛斥共黨叛黨禍國，號召全國將士一致擁護蔣總司令，鞏固革命陣營，打倒反革命勢力。同日，國民政府以秘字第一號令，通緝共產黨首要份子鮑羅廷、陳獨秀、譚平山、林祖涵、吳玉章等一百九十七人。而楊虎也在這一天奉派擔任上海警察廳廳長。到五月十一日，國民政府令派楊虎繼白崇禧之後，出任上海警備司令。

四月下旬，有一天，楊虎輕車簡從，來到杜公館，見到杜月笙，劈頭就說：

「月笙，幫幫忙，陪我去一趟寧波。」

「到寧波去做什麼？」

「清黨。」

翌日便包下了一艘天安輪，一行兩百多人，領隊的楊虎、陳群、杜月笙，以次還有楊管北、芮慶榮，一位是審案的能手，一位是行動的健將。

當時寧溫台防守司令是王俊，警察局長則為蔣鼎文。共產黨在寧波無孔不入，勢正囂張，王俊、蔣鼎文通力合作，響應中央，計劃一舉清除共黨力量。蔣鼎文也是杜月笙最要好的朋友，他聽說上海清黨成全國之創舉，獲得全面勝利之輝煌成就，於是他密函問計於楊虎，因而纔有這一次奇特的遠征。

天安輪抵達寧波，杜月笙下榻金廷蓀家，金廷蓀是寧波人，他家的老屋高大寬敞，在寧波當地是很有名的一幢宅子。

這一支殺氣騰騰的隊伍，在寧波前後住了三天，他們一到，寧溫台防守司令部警察局立即下令解散寧波總工會。工會裡的共黨份子，正在密謀抗命，發動示威遊行，上海來的行動大隊，乃以風捲落葉之勢，逕入總工會和其他共黨機構，全面展開搜捕，少數共黨頑強抗拒，於是當場演出流血慘劇。也有當地老百姓久處共黨欺凌壓迫之下，以及和共黨有血海深仇的，有這麼一個機會，當然不肯輕易放過。他們有的直接舉發，有的自己下手，因此在一連三天裡面，寧波一城腥風血雨，每天都在殺人。同時也就在這三日之間，由共黨首領宣中華、韓賓華一手建立的共黨組織寧波分部，遭此雷霆萬鈞的壓力撲滅無遺。當行動大隊任務完成凱旋滬上，寧波居民家家戶戶燃放鞭砲，表示感謝，並且熱烈歡送。

52

飛黃騰達官拜少將

回到上海，不久以後，總司令部便發表楊虎為上海警備司令，陳群除東路軍政治部主任一職外，又兼任了警備特別軍法處處長、廿六軍政治部主任、上海宣傳分會會長，一時他的兼差多達二十餘個。楊虎自幼失學，有勇無謀，尤其貪財好色，酖於享樂。民元到民十六，冒險犯難，艱辛奮鬪一十六年，好不容易到手這項職位，他難免躊躇滿志，拔扈飛揚。警備司令部裡事無巨細，他一概交給陳群代為處理，而陳群平時也頗對楊虎表示尊敬，處處為楊虎提高聲望，擴張聲勢，這兩個人合作，自然是互為表裡，密切無間，允稱最佳搭擋。

警備司令部的工作亦以清黨為中心，於是改組「上海清黨委員會」，由楊虎、陳群分任正副主任委員，芮慶榮仍舊當他的行動大隊長，委員會址還在楓林橋淞滬交涉使公署。楊、陳大權在握，黃、杜、張門下的人，多少有個門路可走，不但不愁生活缺缺，而且還大有發展餘地。這個局面，當然是張嘯林始料不及的。

有一天，陳群赴南京公幹，為了爭取時間，當夜便搭臥車返滬，翌日中午他假嵩山路十八號俱樂部設宴，和老朋友把晤。杜月笙等人見他腳上裹了紗布，趿著一雙佈鞋，走路一瘸一瘸，行止維艱，不禁嚇了一跳，忙問他是怎麼帶了傷的？陳群一臉苦笑的說：

「只怪我夜裡睡相不穩，一腳踢破了火車的玻璃窗，被碎玻璃割破了腳。」

大家聽了，啼笑皆非，接著陳群又問：

「我今天還請了金榮哥的，是不是他那個謝絕應酬的一條，連自家兄弟也包括在內？」

「今天中午他自己請客，」杜月笙連忙代為聲明：「他要到那邊轉一轉再來，只怕馬上就要到了。他叫我們先入席，不必久等。」

於是各人入席就坐，楊虎是個急性子人，開口便問：

「老八，看你臉上喜洋洋的，這回上南京，準是有什麼好消息。」

陳群微微的笑，他答：

「請等一下，等金榮哥來了再說。」

移時，黃金榮到了，雙手抱拳，嘴裡連說抱歉。楊虎卻在大嚷大喊——

「金榮哥，用不著抱歉了，你快坐下，我們好聽老八報喜訊。」

「什麼喜訊？」黃金榮一邊問，一邊繞過枱面，逕自走到首席坐定。

陳群向他的副官以目示意，等副官把公事皮包遞了他，咳一聲嗽，站起來，從皮包中取出三隻牛皮紙的大信封，雙手放在桌上，這才正色的向在座各人報告，他此次晉京，謁見蔣總司令。總司令提起上海清共之役，黃金榮、杜月笙、張嘯林仗義勇為，出力甚多。而往後無論繼續清黨和維持上海治安，還要對他們三位有所借重，因此，總司令部決定委任他們為少將參議，今年十月十日國慶佳節，還要頒發勛章，以資激勵。

不等陳群說完，楊虎便高興得歡呼鼓掌，高聲的向黃杜張三位道賀，當時三大亨的神情反應，黃金榮頷首而笑，喜上眉梢；張嘯林得意洋洋，手舞足蹈；杜月笙則表情肅穆莊嚴，眉掀眼睜，其實他是感激、感動，又復加上了無窮的感觸。前塵往事，未來種種，齊同湧向心頭，使他心情複雜，不知怎樣表示才好，令人陡然看來，以為他是喜出望外，呆怔住了。

酒席上，於是歡聲陣陣，笑語殷殷，顯出從所未有的熱鬧。陳群和黃金榮接席而談，談的都是南京近況，北伐軍情，以及蔣總司令的舉措言行。

直到盛宴已散，各自歸去，杜月笙坐在汽車上，涼風一灌，精神一振，他彷彿從迷悅中醒來。一看自己的手裡，不正捧著那張總司令部的委任狀嗎？座車從他最熟悉的街道疾駛而過，這一條馬路，曾經載過他的孤獨與凄涼，饑餓與辛酸，也曾掠過他的富貴榮華，歡欣得意。幾許血淚，多少汗液，幾許淚下襟懷與幾許揚聲大笑，高橋、黃浦、十六舖、八仙橋和華格臬路，法租界這一角之地宛如一隻鳥籠，如今籠中之鳥業已振翅高飛，海濶天空。河濱裡的泥鰍，激流中的鯉魚，一登龍門，身價十倍！總司令部少將參議的委任狀緊緊握在手中，這是四十年的艱辛，四十年的血汗，四十年的最高潮，四十年的最佳機遇，他笑了，唇間一抹含有苦澀的微笑，他把手裡的委任狀握緊，握得再緊，更緊。

杜月笙一生一世牢牢不忘蔣司令給他的殊榮，賜他的委任。他不是不曾有過官銜，段祺瑞執政時期，財政總長李思浩，曾經聘任他為財政部諮議。孫傳芳自任五省聯帥，席捲東南，他那個五省聯帥總司令部，也曾發給他一張高等顧問的委任狀，但是那兩張官誥他隨手就擱了起來，無論是當時抑或以後，從沒有聽他提過一語半字。唯獨這一次官拜少將參議，他有無比的虔敬、感激與重視，他不僅訂做軍服，拍照留念，而且還大宴親朋，逐日排開盛筵，道賀者門限為穿，杜公館著實當椿大喜事辦，一連熱鬧了好些天。

53

奉召晉京謁總司令

熱鬧過了，心定下來，黃杜張三大亨一商量，杜月笙的意思：蔣總司令青睞相加，拔他們於里閈之間，泥淖之中，他們備受榮寵，光大門楣以後，對於蔣總司令的一片愛護之心，總得有所表示。於是，張嘯林表贊成，他羽扇輕搖，咬文嚼字的說：

「對極，做官的奉了委令，應該辦一層手續，叫做『謝委』，這就是說要去晉謁上級，道一聲謝，聽一次訓，然後才可以接篆視事。」

黃老闆聽不大懂，但是意思總歸明白，他說：

「照這樣看來，我們是該要上一趟南京，拜謝拜謝總司令了？」

張嘯林接口便道：

「當然。」

「我們三個一道去？」黃金榮再問。

「要去，」張嘯林不假思索的下結論：「當然是一道去了。」

「不忙不忙，」杜月笙岔進來搖搖手說：「我們不懂南京的規矩，倘使三個人一道去了，總司令不接見，那就很尷尬了。依我看，這是一樁大事情，最好先跟老八商量一下。」

「滿對，」黃金榮立表贊成，順便把這個差使交給杜月笙：「你去問問陳老八看。」

問過了的結果，陳老八說這就用不著了，謝委請訓，都是從前官場的陋規，如今已不復存在，國民政府尤其不興這一套，總司令要召見誰或是由他親自走訪誰，多半是為了政務上的需要。這個意思也就是說：倘若總司令有事請教，他自會主動的相邀。

黃杜張這層意思打消了，過不多久，陳群專誠拜訪杜月笙，他說：蔣總司令希望他晉京一行，沒有什麼公事，祇不過見一次面，交換交換意見。

杜月笙大為興奮，他立即摒擋行裝，準備動身。有一些比較親近點的學生子，也不知道「先生」在做多大的官，見總司令又是什麼樣的性質？依他們的想法，民國時代，總司令約見就等於是前清皇帝的宣召，於是一個個的起勁得很，紛紛提出請求，要當杜月笙的隨員，跟到南京去，威風威風，光采光采。

杜月笙又好氣又好笑，一再的告訴他們，杜月笙不曾做官，所謂的少將參議只不過是一項名譽職位，杜某人怎麼配有隨員？何況到南京去說不定會有公事，又不是去白相，帶了一大堆人招搖過市的幹什麼？

大多數人知難而退，還有幾個纏牢不放，費盡唇舌也說不動，在他們的心目之中：天是頭頂上的兩道屋簷當中間，地是上海市黃浦灘上勃蘭西，人嘛世界上只有杜先生一個。杜先生上南京，晉見蔣總司令，要是放棄了這個當跟班的機會，那麼今生今世再也尋不著出頭的日腳了。

實在吃他們纏不過，杜月笙只好答應了多少帶幾個人。司機保鑣萬墨林馬阿五以外，另外帶了幾個學生子。動身之前反覆不停的向他們說明，只當要好朋友一道去南京玩一趟，要絕口不提什麼參議隨員，更千萬不可拿出勃蘭西地界的作風，違禁犯法，鬧成笑話。

同行者有一個黃振東，他父親在做輪船和糖生意，足有百萬家當，但是黃振東一向有點憨頭憨腦。曾有一次黃金大戲院「五虎將」之二的汪其俊和孫蘭亭，這兩郎舅拿他尋開心，說是湖社中堅、素有上海票怪之稱的湖州大亨沈田莘，在背底下罵他，兩郎舅給黃振東出主意，叫他當眾敲沈田莘一記，顯顯自己的威風，好叫沈田莘服貼。

湖州幫人才輩出，財勢絕倫，沈田莘上了一把年紀，頭上童山濯濯，他平時老氣橫秋，目高於頂，即使三大亨碰上了他，都要退讓幾分。那黃振東却初生之犢不畏虎，他中了汪其俊、孫蘭亭的計，懞懞懂懂，有一天，就在高朋滿座的一個場合，大庭廣眾之中，他一聲不吭，跑到沈田莘的面前，高高舉起手中的湘妃竹摺扇，猛然向沈田莘的光頭上一敲。

這一敲，敲得沈田莘無名火起，暴跳如雷，在旁邊親眼目覩的朋友群情激憤，為之大譁，要不是有人趕緊說明黃振東是個傻瓜，姑念他是杜月笙的徒弟，使沈田莘轉移方向，要去找杜月笙算賬，說不定黃振東當場就要吃大虧的。事情鬧得非常嚴重，杜月笙一面痛責黃振東，一面親向沈田老道歉。虧得沈田莘通情達理，不與心智不全的黃振東計較，一場大禍，方始消弭於無形。

杜月笙要上南京，黃振東的憨勁復發，牽絲扳藤，一定要跟去開開眼界，杜月笙無可奈何，跟他約法三章，此行若不循規蹈矩，萬一闖了窮禍，「為師的唯有將你永遠逐出杜門。」

黃振東答應了，於是，他隨著杜月笙一行，一路有說有笑歡天喜地，乘火車到南京。

車抵下關車站，總司令部派有專人迎接，說是杜先生的住處，已經訂好了中央飯店。杜月笙知道中央飯店是首都最高級的旅館，專門招待各地來的方面大員和國際貴賓，自己帶了這許多人，要佔不少的房間，他心中頗感不安，當時便悄聲吩咐萬墨林，等下最好自己先把房間租金預付掉。

一群人進了中央飯店，雖然設備未見得比上海的幾家大飯店好，但是它的清潔整齊，安靜寧謐，以及茶房的彬彬有禮，都使杜月笙留下深刻的印象，甚至有肅然起敬的感覺。

所以，他一進房間，略事休息過後，又把與他同行的人全部招來，再一次諄諄告誡，不可做這，不可做那。

第二天，總司令召見。

民國十六年，總司令四十一歲，杜月笙四十整，一位是一腔忠藎，萬里轉戰，神武英發的大元戎，統一國家的新希望，中華全民救星；一位是赤手空拳，崛起滬濱，多年來隨波逐流，毀譽參半的俠林人物。如果以當時的身份地位而言，相距實有天淵之別。然而總司令志業如日中天，光芒萬丈，杜月笙也因一念之轉，正在「放下屠刀，立地成佛」的轉捩點，和這位東亞巨人的一度晤見，對於杜月笙的一生，實有極重大的影響。往後他奮鬪掙扎，迎頭趕上，其陰黯面的逐漸消退，光明面的迅速滋長，他所憑恃的原動力，無非那次晉見，總司令畀予他的殊榮與溫煦，使他惕勵奮發，念茲在茲，而總司令深仁厚澤，涵煦草茅，亦能感動杜月笙如此之深。自茲而後，杜月笙既非國民黨員，亦不會擔任過政府官吏，卻能為黨國掬誠盡瘁，迭有重大的貢獻。因此這一次晤面，可以目為一段佳話，為荀子「尚賢使能，則民知方」作一例證。

54

一八一號開大賭場

滬甬清黨，南京謁蔣，親眼目覩時代巨輪的迅速轉動，革命浪潮之洶湧澎湃，同時受到新中國領袖的感召與鼓舞，杜月笙的人生境界，於是又進一階，國家民族思想在他內心裡根深蒂固，個人的言行作為更是從善如流，洗心革面。他在「力爭上游」的初期，實具有狂熱的傾向。

在上海清黨之役中杜月笙功勞很大，是為不容否認的事實，杜月笙倘若是個好大喜功之徒，攘權奪利之輩，民十六年以後他在上海，儘可以予取予求，為所欲為，因為當時的情勢對於他確實無往不利，做官發財的機會簡直很難推開。四月十一日之夜歃血為盟的六位把兄弟，黃老闆信心恢復，精神煥發，只要月笙有意，他隨時願意重新出山，再一度黃杜拍擋，威鎮滬上。楊虎是現任的上海警備司令，直接掌握上海市民的生殺予奪大權，杜月笙想利用楊虎建立威望，獨霸一方，只怕楊虎跟杜月笙合作起來，還要比陳群氣味相投得多。王柏齡在清黨以後再次膺任要職，總司令部派他充任鎮江要塞司令，鎮江兩岸都是他的轄區，想照柏齡哥的牌頭當然輕而易舉。陳群是上海黨政軍的實際負責人，他身兼二十餘要職，掌握權力之大，可想而知。而往後陳群見黜，他竟甘為杜月笙畫策，杜月笙對於他的影響力，還能說是不夠大嗎？

至於張嘯林，他也能把握機會，大展鴻猷，早時他懍於國民黨的正氣沛然莫之禦，對自身前途極表悲觀，但是他不曾想到，攆走共產黨之後，上海的新局面對他更為有利，他自恃組織共進會討赤有功，黃浦灘上的新主人，楊虎、陳群又是他的拜把兄弟，黃杜張門下的葉焯山、芮慶榮、謝葆生、喬松生一個個位居要津，有權有勢，這正是他放手大幹的天賜良機。

由張嘯林極力主張，積極籌備，他要在上海開設一爿空前絕後，規模允稱全國第一的豪華賭場。杜月笙不贊成，黃老闆不表示意見，張大帥又發急，吐沫星子四濺，他大呼小叫的說：

「『時來頑鐵成金，運去黃金變銅』！人生在世，能有幾次好機會？放著坦蕩蕩的財路不走，我們手底下萬把個弟兄，不給他們找一筆財香，國民黨真做出來，你叫他們去喝西北風？」

發過了牌氣，跨出了大門，張嘯林悶聲不響，親自策劃準備，帶七分投機，有三成賭氣，他這一回做得有聲有色，派頭大來兮。他花一個月四千兩銀子的租金，租下福煦路一百八十一號一幢巨宅，前門開在福煦路，後門直抵巨籟達路上。佔地六十餘畝，雙扇鐵門，汽車可以直進直出。建築是英國式的，進門是一座闢有亭台樓閣，柳岸梅洲的大花園，正中一片碧茵草坪，坪中間有奇花異卉，四季長春。坪後一棟三層樓大洋房，崇偉閎麗，大有月殿雲堂之概。這一座華廈是洞庭山富戶席姓的產業，在法租界算是數一數二的私邸。

一樓二樓闢為賭場，三十六門的輪盤賭枱，就有八張之多，環繞在中間廣廳的四週，又有數不清的大小賭室，牌九麻將，梭哈搖缸，凡是有名堂的賭博，可以說是無奇不有，一應俱全。

三樓設為財客燕息之所，迷宮般的大小房間，新穎設備，高級享受，從吞雲吐霧的鴉片煙，到名牌洋酒，大菜咖啡。包括名廚烹調菜餚，中西各色美點，在這裡是日夜供應，不虞匱缺，尤有經過特別訓練的美貌少女，彩蝶兒似的飛來飛去，挑土燒煙，侍奉巾櫛，鶯啼燕語，嬌聲嚦嚦，秀色可餐的姿容，舌底生花的談吐，能使贏錢的更加落胃，輸了的也忘其所以。

黃浦灘有了這麼一爿大賭場，眾口騰傳，全國轟動，成了舉國第一的銷金窟，用不著登廣告，不需要發消息。開張以後，福煦路巨籟達路頓時車水馬龍，冠蓋雲集，一時竟如山陰道上，應接不暇。

杜張原不分家，杜月笙的手下，也就是張嘯林的人馬。張嘯林不經杜月笙的同意，開了這一爿天字第一號的銷金窟，他唯恐杜月笙堅拒到底，自己畢竟有點心虛。於是他想出了一條妙計，借杜月笙的名義，把杜公館的帳房錢曾賓喊來當一八一號的經理，任杜月笙的開山門徒弟江肇銘為擋手。「擋手」便是賭場裡主持賭博之人，江肇銘得了這個差使，真是不勝之喜；賺大錢不說，同時也將他在賭國的身價，提高了不少。黃浦灘上「搖缸」，推江肇銘為第一把手，便是這個時候傳出來的。

一八一號開張，黃浦灘豪賭之風迅速蔓延，達到駭人聽聞的程度。揮金如土的大賭客，一夕勝負動輒十萬八萬，他們的名字時至今日猶被老上海津津樂道，以為他們所造成的奢風，是民國史上最富傳奇色彩的軼聞。然而他們之間聲名較著者，早先都是杜公館的座上客，或者是經常陪杜月笙白相相的老朋友。

譬如說遜清郵傳部尚書盛宣懷的幾位少爺小姐，素有「賭國魁首」之稱。盛宣懷本人以受知於合肥相國李鴻章，興辦洋務而起家，他糊始招商局、漢冶萍煤鐵公司、漢陽兵工廠、上海製造局……

等等國營事業，又復督辦全國鐵路，其宦囊之富，堪稱敵國，留下的產業極其可觀。再加上幾位少爺亦復大有父風，長袖善舞，能賺大錢也會花大錢。當年盛家滬宅在靜安寺路，和我國早期名詩人邵洵美比鄰而居，邵洵美的太太是盛宣懷的孫女，他父親邵月如則娶了盛宣懷的女兒，盛邵兩家都是巨富，於是父子郎舅姑嫂經常都是一八一號的座上客。他們至親之間對賭的時候，錙銖必計，當「錢」不讓，賭得興起，乾脆用寸土寸金的房地產道契為彩，輸贏三五十萬，照樣面不改色。

又如叉袋角朱家，應以朱如山為代表人物。叉袋角位於上海北火車站附近，位置橫跨閘北和公共租界西區，乃是長安路底麥根路北近蘇州河一帶的統稱。這一帶地勢衝要，工廠林立，幾乎全是朱家的物業。朱如山可謂黃浦灘上最懂得享受之一人。他到一八一號去賭錢，打麻老將以法幣六七萬元為一底，以當時的金價計算，約合黃金六七百兩，合當年之新臺幣，則為NT$一百二十萬至一百四十萬之間了。

朱如山頗多內寵，但是他御婦有方，家規綦嚴，有時候他會率領他所有的姨太太光臨一八一號，到場助陣。朱如山的姨太太個個花容月貌，大有艷聲，其中沒有一位不是他量珠聘來。當這些姨太太與他同行，俱由他的正室夫人親自帶隊，姨太太們集體出動時，穿一色的時裝，戴同樣的首飾，燙一律的髮式，——梳橫S髻，簪一朵鮮花。她們環立在朱如山身後，佈置幾重肉屏風；她們目不斜視，櫻唇緊閉。而在場成千上百的男性賭客，明明知道朱如山搜羅的天下絕色全到了，卻是誰也不敢瞄、睃、窺、探那麼一眼，因為人人肚裡明白，朱如山是杜先生的知己要好朋友。

張大帥孤注一擲，開了這爿空前豪華的一百八十一號，於是便有杜月笙的這幫賭朋友，不明就裡，齊來捧場，除了這些位豪賭客外，國民黨的要人之中，如詩酒風流的葉楚傖，民國三十八年志行不堅變節投匪的邵力子，往後也曾在此留連。

在一八一號揭幕初期，裹足不前的反是黃老闆和杜月笙，黃老闆倒還有理由可說，因為他一向絕跡賭場。杜月笙的消極抗議，卻使張大帥對外十分尷尬，他無法自圓其說，幾乎每天都有要好朋友問他：

「為啥杜先生還不來呢？」

55 政局變化奢靡風起

當時，黃金榮還不曾搬進黃家花園，薛二被捉事件也在稍後方始發生，杜月笙才從南京回來，一面孔的凛然正氣，滿腦筋的國家民族，吃喝嫖賭，他一概沒了興趣，他最熱中的，是學習，埋頭學習，不惜一樁樁的從頭學起。

他每天要習字，照抄三字經，一天一大張，習字有書法師傅，師傅認真教，他更努力寫，持之以恆，從不中斷，又有聽報，聽書。現在聽報不像以前那樣囫圇吞棗，他凝神傾聽，還要發問，而且往往一問起來，便是打破沙鍋問到底，問得讀報的人滿頭大汗，杜月笙仍不滿意，他再把小問題化為大問題，將大問題擴充為專題研究，於是，他請學者教授來給他上課。

聽書呢，不要聽東周列國，三國志和水滸傳了，杜月笙要聽政治經濟、歷史地理。請來講解的，也是知名的名流教授。他猛攻某一門學科，可以做到發奮努力，廢寢忘食的地步。

在杜月笙這樣發奮向上，埋頭研讀的時期，張嘯林一趟趟的催他到一八一號白相，杜月笙確實深感頭痛。一則他抽不出時間，二來他沒有這種心情——還有一層更重要的原因：他始終在為張嘯林的目空一切，毫無顧忌的作法擔心，他不知道國民政府對於黃杜張開大賭場，將會採取何種態度？賭場誠然開設在法租界，但是黃杜張由於清黨有功，都曾由國民革命軍總司令發表過名譽職務，實際上，黃杜張之効忠國民黨，以及國民政府對於這三弟兄的青睞有加期望甚高，是眾口騰傳，有目共覩的事。黃杜張三大亨自從同心協力，共創事業以來，這還是破題兒第一遭，發生了人的關繫，而非為地的問題。因此，黃金榮發現自己不合時宜，立即急流勇退，張嘯林則裝瘋賣傻，藉機大撈；杜月笙決心迎頭趕上，他希望的是中樞人物對他幡然改觀，另眼相看，忘記他的過去，了然他的現在，拔擢他於未來。所以，他很謹慎，他很緊張，浪子回頭金不換，懷著戒慎戒懼的心理，他唯恐錯失當前的機會，他也就越怕落人「故態復萌」的口實。

他一次次的推托，不大上一八一號去，這使張嘯林殊深憾恨，——面子上他下不了台，對外間他交代不了，既說黃杜張三大亨合開的賭場，為什麼黃老闆不肯露臉，杜先生像似也避而不見？

假如這個局面繼續下去，杜月笙和張嘯林可能決裂，從此分道揚鑣，各行其是，而杜月笙本人對於國家民族與社會，也可以有更多更大的作為。然而很不幸的，當全國反清黨浪潮湧起，時勢所趨，民意攸歸。於是在武漢的親共政權，八月三日，由汪兆銘通電各方，表示悔恨，並且說明武漢分共情形，宣告他已具有反共決心，但是他仍意氣用事，堅稱他要一面反共一面倒將。與此同時，以唐生智為總指揮的「東征軍」順流而下，南京陷於孫傳芳回師反撲和「東征軍」的兩路夾攻，使擁有重兵拱衛京畿的李宗仁頓生異志，聯合南京軍事將領，直接和武漢方面洽商合作。蔣總司令有鑒於此，不愿因個人進退出處，徒滋糾紛，決定引退離京，冀能換取國家的統一。八月十二日，他乘專車駛赴上海。

蔣總司令下野，中樞無主，南京形勢，岌岌可危，方始建立起來的優良政風，因此為之丕然一變。一小部份官員混水摸魚，趁火打劫，貪贓枉法無所不為，只想撈一筆來日餬口的本錢；也有些人往日畏憚蔣總司令的公正嚴明，執法如山，現在總司令引退了，他們便像脫彊的野馬，貪污舞弊，紙醉金迷，他們在各地搜刮，到手的錢都要帶到上海去花。上焉者娶姨太太，購置藏嬌金屋，下焉則狂嫖濫賭，花天酒地。早先板起張面孔的正人君子，此刻卻變成了醉生夢死，儘情揮霍的大闊佬，他們在上海玩起來要找嚮導，要找保鑣，黃杜張三大亨，正是最理想的人選。

對於這突如其來的變化，一百八十度的轉彎，杜月笙瞠目結舌，大為愕然，這是怎麼一回事呢？在這班高級官員面前，他是應該繼續埋頭學習，力爭上游，還是恢復故我，用酒色財貨，博得大人先生們的「予心大樂」？

另一方面，張嘯林可就開懷得意極了。少數官員的性情大變，作風全改，使他歡呼雀躍，手舞足蹈。他以為自己的這一寶，果然壓中了，新貴們既非聖賢，對於聲色之娛，黃白之物，焉能太上忘情，視若糞土？當他眼見南京來的朋友，一天天的增多，先則躲躲藏藏，偷偷摸摸，繼而堂而皇之，升階入室。福煦路一八一號奢侈豪華的大賭場，於是憑添不少濶佬，跟黃浦灘上那一群賭國的元勛，分庭抗禮，一爭短長。某長某公的喊聲，此起彼落，如應斯響。大門外，汽車排成長龍，司機保鑣，都得另設招待的處所。張嘯林以大老闆之尊，笑口常開，樂不可支，週旋於大官大富，亦官亦富的賭客之間。福煦路一八一號，除了是最有名的賭場而外，又復成了官商人物的高級俱樂部。

有一陣子張嘯林嘻笑怒罵，三催四請，一直請不到杜月笙光臨一八一號，到了民國十六年八月以後，杜月笙忽然輕袍緩帶，陪了幾位貴客，不請自來。這時候，張嘯林心底冷笑，面孔上歡歡喜喜，從裡面跑出來熱烈歡迎。——唯有杜月笙心裡明白，他這叫打鴨子上架，沒有辦法，他是被那幾位廟堂人物逼了來陪同參觀參觀的。

時勢使然，身不由主，杜月笙漸漸的又放下筆墨紙硯，政治經濟，回復了往日徵歌逐舞、呼盧喝雉的舊生涯，卜晝卜夜，無時或休。從南京來的少數軍要政要，大員紅員，乃至於各地的封疆大吏，方面將軍，衹要是有資格去見杜月笙的，吃喝嫖賭，多半由他親自奉陪，光是這一項差使，便忙得他馬不停啼，分身乏術。再加上這些人物，對於上海這個花花世界，實在不太熟悉，偶或想討一房小，成一處分宅，或則討人，或則買屋，或則事機不秘鬧出了家務，或則遭了仙人跳，或則惹起了桃色糾紛，居間介紹，代為接洽，排解調停，遮蓋彌縫，——反正杜月笙在上海，等於千手千眼觀世音，眼到手到，無所不屆，報紙新聞他抽得掉，流氓地痞他壓得住，替人排難解紛，他出錢出力陪時間，大事小事都擺得平，於是他又成了達官貴人在某一方面的義務保鑣，寖假所及，大好佬們在玩樂場合脫口而出：「杜月笙也是我的好朋友。」居然忻忻色喜，若有榮焉。

56 厲行清黨風聲鶴唳

也就在這一段時間，楊虎陳群，把他們的清黨工作，擴大範圍，步步深入，正在大張旗鼓，幹得有聲有色。芮慶榮的行動大隊，徐福生的諜報處長，還有其他奉命執行的機關，幾乎每天都在捉人。有時候在光天化日之下，有時候在漫漫黑夜之中，或者當眾捕拿，或者登門搜查。被捕的不是強盜賊骨頭，而是共黨嫌疑犯，捉到了就往楓林橋送，因為楓林橋的交涉使署和上海道尹公署，都是清黨委員會辦公的所在。

由於擴大行動，公開捕捉，捉進去的人多，放出來的人少，那是上海人有目共覩的事實。任何人被押到楓林橋，等於過一次鬼門關，莫說衙門裡面如何陰風凄凄，鬼器神嚎，就講過堂以後生死立判，是共產黨便槍決，不是才釋放，而這是與不是唯有法官可以裁定，想一想都令人不寒而慄，心驚膽戰。

於是上海人風聲鶴唳，草木皆兵，出趟門不曉得回不回得來，閉門家中坐，又怕禍從天上降來。半夜三更聽到敲門，一個個嚇得觳觫股栗，面無人色。那時候的上海人，真有「福禍無門，朝不保夕」之慨，而「狼虎成群，鬼神皆驚」的說法，也就從這時候起開始流傳廣遠，令人談虎色變。

「狼虎成群」是楊虎陳群的諧音，楊虎時任上海警備司令，他所負的責任，以軍事方面為主，楊虎素來佩服陳群，曉得陳群深文周密，足智多謀，由於他自己少讀詩書，不解權術，他對陳群不但言聽計從，而且極其尊重。陳群認為清黨是當務之急，對於這一部份的工作他便全部拜託，輕易不加聞問。清黨工作原應由清黨委員會執行，十六年四月十四日清黨委員會成立之初，開出來的清黨委員名單，其中就有不少廉潔正直，志行卓越的青年人。但是陳群辦事，一向剛愎自用，獨斷獨行，他很難與人合作，因此那十多位清黨委員始終形同虛設不生作用，而清黨大權，也就落在陳群一個人的掌握。

陳群是聰明人，他出身孫中山先生的大元帥府，二十多歲便擔任了孫大元帥的秘書，當時以其黨性特強，敢作敢為，亦頗受知於蔣總司令，在政治上他有良好的背景，在武裝力量上他尤可獲得楊虎的絕對支持，但是，親歷在安慶發生的「三二三事件」，以及上海「四一二」清黨之役，已使他深切認識，倘能有效的利用幫會勢力，支持大規模的清黨工作，定可收事半功倍之效，尤其上海幫會人多勢眾，一旦組織起來，何啻十萬大軍。

陳群在上海擔任黨政軍要職二十餘個，他肩膀上的擔子很重，其中最要緊的，便是積極進行清黨，將潛伏各處，和漸自外地而來的共黨份子，一網打盡，斬草除根，必須如此，國民政府始能迅速而確切的掌握這個中國第一口岸、最大商埠，用以支持北伐，完成統一大業。因此，他為求速效，採行雙管齊下的辦法，一面和楊虎合作無間，推心置腹，從而他能如意指揮楊的警備部隊，另一方面，他更和杜月笙緊密的携手，一心一意，要引導杜月笙往協助革命，報効國家的光明大道上走，他在蔣總司令面前竭力推崇杜月笙，更呈請蔣總司令畀予杜月笙相當的榮寵，凡此，並不是陳群對杜月笙有何偏愛，或者是把那一次政治性的通譜結義，弄假成真。陳群自有他的打算，他所要用的，正是杜月笙左右那數以萬計的徒子徒孫，基本群眾。

對待楊嘯天（虎）容易，因為楊虎智識不夠、見解不高、野心不大、城府更不深，這個少讀詩書，勇冠三軍的赳赳武夫，即令當到了警備司令，猶仍不失其江湖獷悍之風。他最大的政治野心，便是警衛上海地方，讓他能在十里洋場，花花世界，揚揚志氣，顯顯威風。——但當他在遍地黃金的上海住久了，聲色犬馬，金珠財寶，在在都形成強有力的誘惑，既可爭取予求，何不儘情搜羅，於是楊虎便整天忙著聚斂財富，吃喝玩樂，一邊拼命搜刮，巧取豪奪，無所不用其極，一邊則任性恣意，大肆揮霍，白花花的銀子像怒瀑般衝了來，又如流水樣淌了去。

57

狼虎成群鬼神皆驚

如前所述，清黨委員會一成立，陳群立刻打電話向杜月笙借人，這個人所主持的單位是「行動大隊」，這無異陳群在跟杜月笙說：

「關於清黨工作之執行，我也需要你那邊的力量，儘力支持。」

杜月笙推薦芮慶榮過去，當天就掃蕩了共產黨的四大機關，捕獲嫌疑犯一千餘人。除了配合行動的軍警，芮慶榮調集的弟兄最少也得在兩千以上。芮慶榮要在短短幾小時裡發動這麼許多人馬，當然不是他一個人的力量所可及──這一點充份表示，杜月笙是在以實際行動，事實表現，來答覆陳群還沒有開口提出的要求。這一著棋下得很漂亮，杜月笙使陳群曉得，他並不止向杜月笙借了一個芮慶榮，他借到的是整個杜總部。因此，陳群深受杜月笙的感動，毫不遲疑的接受杜月笙的好意，從此，杜月笙的人馬，便連同他自己在內，一道投入清黨的戰場。

人生十指，長短難齊，何況早年杜月笙手下的人，三教九流，無所不包。這幫人平時就難免欺壓善良，偷雞摸狗，如今老虎皮一披上，叫他們耀武揚威的去清黨，他們暗底下出些公報私仇，混水摸魚的花樣，那是絕難避免的事。他們攪出來的一筆濫賬，當然也得記在楊虎、陳群，甚至於黃杜張等人的身上。──時至今日，由於四十年前的上海清黨，遭遇冤枉，蝕過大錢，記得親朋戚友間血海深仇的人，可能所在多有，「狼虎成群」的話一直傳到今天，其原因也在於此。

癥結在於：以當年上海的情勢，長期清黨一舉是否有其必要？再則，那時候連帶發生的誅戮過甚，殃及無辜，能不能夠設法避免？——雖然，國民黨中央特別委員會，在十六年九月廿七日決議撤銷各地清黨委員會，但是，「所有清黨事宜，交由各級黨部繼續嚴厲執行。」

自從蔣總司令宣告下野，寧漢合作開始進行談判，直到十六年十二月十七日汪兆銘挨盡國人唾罵，由上海登輪出洋，在四個月多的一段時間裡，究將漢歸於寧，抑或寧歸於漢？未來的國民政府，其將分共乎，容共歟？以汪兆銘的詭詐多變，唐生智的野心勃勃，李宗仁、馮玉祥等將領已呈騎牆之勢，態度曖昧，當時，確實是誰都不敢逆料。

大局混沌，國家多難，而共產黨獲得史達林的全力扶植，即使在「過街老鼠，人人喊打」的情況下，勢力猶在潛伏發展，相當壯大。舉一個顯明的例子：陳群主持的清黨委員會，於上海共進會擊潰工人糾察隊，廿六軍和共進會弟兄繳下他們所有的槍支以後，自四月十四日正式成立，當天展開行動，照憾恨無窮者「殺人如麻」的說法，一連殺了好幾個月。照說應該把共產黨殺乾淨了吧。然而，武漢分共後的共產中央，卻在九月底，十月初，從武漢遷到了上海。試想，共黨中央能在黨員屠戮無遺的上海建立其總部嗎？

證據是：南昌暴動失敗，共產黨領袖之一張國燾從香港打電報給中共中央：「弟約日內回滬，面受處罰。」此其一。國民黨清黨後領導中共走上盲動主義的瞿秋白，他是中共中央政治局常務委員，亦即最高負責人。瞿秋白在九月十二日以後，曾有一通電報拍給自福建汀州西竄的賀龍和葉挺，當時賀葉軍中附有大批共黨頭目，如譚平山、周恩來、鄧演達、高語罕等。瞿秋白的這一個電報，便是從上海打去的。而他在拍過這個電報過後不久，由於風聲太緊，花了很大的一筆「保險費」，運動日本商船，夜半出發，沿江東下。而賀龍、葉挺兩軍九月廿三日入潮安，陷汕頭，被國軍陳濟棠、薛岳、王俊、黃紹竑等部圍剿，全軍覆沒，賀龍、葉挺、及譚平山、周恩來等各自逃生，也都是由香港轉赴上海。

由此可知，從民國十六年春上海清共，清到九月中旬，桂子飄香，共產黨不但沒有殺完，甚且連「中央」都搬來了。中共政治局常委瞿秋白，當時是中共的第一號人物，他便以上海為根據地，作發號施令的指揮所，大批共黨頭目失敗了都往上海跑，凡此都足以說明上海共黨的勢力有多大？楊虎、陳群的「大肆捕殺」、「神鬼皆驚」，如果不是共產黨的惡意宣傳，便是在大混亂期若干被害者的憤懣之詞。

杜月笙和陳群可以說是反共戰鬥的尖兵，他們在民國十六年三月以後的所作所為，適足以驚天地而泣鬼神，從他們二位以至執行清黨的無數無名英雄，應該被稱為勇敢的鬪士。小疵不足以掩大醇，同樣的，儘管一個人畢生罪惡罄竹難書，但若他有一點長處，仍然值得歌頌。

這一場鬪爭，曠日持久，經年累月，認真說來，它應該從民國十六年四月十二日算起，一直算到民國卅九年，共黨佔領上海一年後，露出猙獰面目，全面搜捕反共份子，——其中多的是黃杜張一系列人物，逮獲人數據中共報導即達三萬餘人，市郊刑場，血跡不乾，共產黨終於血債血償了。

十六年國民黨清黨期間，雙方的衝突極為尖銳，所謂清黨這個名詞，照以上的說法，似乎應該稱作鬪爭較為貼切，國民黨雖然在表面上控制了上海，但是共產黨潛伏的力量仍然相當龐大。若干工廠學校成為他們的禁區，他們公然在內進行各種活動，軍警如欲搜查，他們拿得出力量來對抗。共產黨在其勢力範圍區內，同樣的警戒森嚴，設有崗位和哨探，並且也有槍械武器。少數軍警經過，說不定還會被他們拖進去加以暗害，而一般軍警公務人員，對於共黨的巢穴也是心裡有數，通常都採取敬鬼神而遠之的態度。偶有不知內情的人誤進禁區，或者接近了他們的警戒線，每每會從暗處內閃出來幾條彪形大漢，把他團團圍住，盤問搜身，警告嗣後不得再犯，然後縱之使去。

這種情形有點像中日大戰時期，日軍控制了城市和鐵路公路線，國軍和游擊隊則佔據山區或鄉村。當時，共產黨在上海和國民黨人鬪爭業已採用近代的游擊戰術。

於是繼蔣總司令引退出國而來的，是「狼虎成群，神鬼皆驚」、「清黨之役，殺人如麻」，這當然是共產黨施予清黨委員會的有力反擊，它激起了上海市民的憎恨，釀成朝野人士的反感，情勢變得對執行清黨的人至為不利，同時也由此留下了那些反共鬪士的「劣迹」。

這時候，陳群因為基本性格的關係，犯了很大的錯誤，對於他週圍那些趁火打刼，混水摸魚者，礙於情面，始終曲予包庇，而上級有所責問，他每每傲然的拒絕解釋或說明。他獨斷獨行，剛愎自用，以為只要他辦事盡責任，工作有表現，其他一切可以在所不計，他這種態度使很多人為之激怒，反對的浪潮，越來越凶。

於是他又覺得自己受了委屈，出生入死，犧牲奮鬥，居然換得這些不公平的攻擊，含冤負屈使這個倔強的人喪失理智，他頑強的反抗，用逸出常軌的行動表示抗議，他不惜逮捕公開反對自己的同志，利用職權，將他們下獄，甚至處死。

58 陳群來佐天地開濶

陳群一味向前，他不顧四週的暗潮滋長，環境漸漸的對他不利，他只有一個目標，和潛伏上海的共黨份子奮戰不休，他要使用楊虎的軍警武力，也要利用杜月笙的群眾力量，因此他一手拉住楊虎，一手拉住杜月笙。他的總部設在楓林橋，陳群就在這個地方辦公、會客、思考和策劃；他對一具具的死屍視若無覩，對慘呼極喊充耳不聞，他的表情冷漠而嚴峻，他的判斷迅速而正確，他的工作態度是非常積極的。

晚間，下班了，陳群的座車前呼後擁，他帶著若干名保鑣，車隊從楓林橋駛入法租界，楊虎、陳群在呂宋路十八號設置的俱樂部，一直是楊、陳、杜、張每日一晤的地點。為了調劑工作一天後的疲勞，兼以投合張嘯林、楊嘯天等人之所好，鴉片、賭具、酒菜、美女，一應俱全。幾兄弟到此放浪形骸，追歡作樂，要比家裡更自由自在。

這四個人每天不管怎麼忙，俱樂部裡碰一次頭，是必不可少的節目。陳群用這一條不成文法，使他得到很大的方便，許多機密的情報，重要的公務，都在這裡交換或接洽，會議或籌商。呂宋路俱樂部於是成為決策的機構，許多重大的事件，都是先在這裡討論，然後付諸實施。每天，楊虎和陳群一到，撥一隻電話過去，杜月笙和張嘯林往往不坐汽車，輕裝簡從，只當出來散散步。反正從華格臬路過來，只消拐一個彎便到。——當時上海人都不曉得，清黨工作在法租界還有這個權力中心。

社會輿論對楊虎、陳群的指責愈演愈厲，在上海掌握權力的部份軍政領袖，也對楊、陳的作風公開表示不滿，若干單位拒予合作，若干單位甚至杯葛。當楊虎、陳群捕殺最急的時期，二十六軍第二參謀長祝紹周，便以「戢吏姦、訊民瘼」的心情，禁止楊虎、陳群的手下，在他第二師轄區閘北採取行動，他說：「閘北有共產黨，只要清黨委員會一聲通知，我自會派人抓了送來。」——事實上，第二師不但完成了清黨會畀予的每一項任務，他們尚且主動破獲了不少案子。

楊虎、陳群曾經在廣東同過甘苦、共過患難，他們之間的合作，在基礎上應該沒有問題，陳群深知楊虎的個性和為人，他貪財好色，誇大喜功，於是就針對他這個弱點，儘量使他滿足。楊虎生活糜爛，陳群置之不聞不問，既不規勸也不阻止，他這麼做並非別具用心，而是藉此轉移楊虎的注意，讓他專心一志朝那個方向發展，於是，一應軍政大權，也就自然而然而落在他的手裡。楊虎粗魯不文，但卻坦率豪爽，他對於大權旁落，鳩巢鵲佔一點都不介意，逢人有所請託或關說，他會悄聲的事先申明：

「這要等我問過了陳老八再說。」

因此，我們可以說陳群只付出很少的代價，和楊虎建立各行其事，互不進一步的默契，很輕易的滿足了自己的權力慾，綜計他們二位在上海搭檔的一年多裡，陳群始終把楊虎掌握很牢。

對待杜月笙，就不像楊虎那麼單純，他和杜月笙是初交，而杜月笙有實力、有思想，有他自己的根據地，更有開拓擴展的壯志雄心，陳群對他只能借重，而不能利用或使用。陳群看準了這一點，於是才有認識不久便六義結拜，陳群不惜投身清幫，向張鏡湖拜師的一幕幕，很顯然的表示陳群想站在友誼的立場，和三大亨聲應氣求，得到必需的支持和協助。

照陳群的想法，共進會之役可能要付出代價，但是三大亨落門落檻，做得漂亮，他們所表現的江湖義氣，使得在權利競爭場合成長的陳群大為動容，同時由於接觸多了，陳群對杜月笙遂而有了深刻的認識，他覺得讓杜月笙長此以往未免可惜，以他的才幹、地位和潛勢力，他理應更進一階而有更大的成就，於是他對杜月笙盡了很大的力量，也有著深切的希望。——杜月笙在國民革命軍底定東南初期，洗心革面，力爭上游，一切良好的表現，其中就曾受到陳群最大最多的鼓勵。

合作清黨，合作恢復上海秩序，合作肅清共黨潛伏份子，杜月笙和陳群已經成為親密的伙伴，彼此披肝瀝膽，開誠相與。這兩個人如能長此合作下去，極可能會對國家民族社會多所獻替。不料中途生變，使他們一主一賓，互易其位，形成另一種合作的局面，對於杜陳二人來說，都是一項非常深鉅的打擊。

在蔣總司令引退的四個半月裡，大局始終動盪不安，經過南昌暴動、共軍竄粵、孫傳芳偷襲南京，晉軍奉軍之戰、討伐唐生智、和廣東暴亂，國民政府形勢益形危殆。十七年元月四日，蔣總司令終於在朝野人士一致籲請下，旋都復職，他以快刀斬亂麻的手段，敉平暴亂，整頓黨政，三月卅一日，即渡江北伐，完成國民未竟之功——統一全國。

就在蔣總司令督師北上的同一天，國民政府明令核定江蘇、南京、上海三省市的權限，但是京滬之間，暗潮仍多，而由於張君毅的被捕，更引起兩地權要的嚴重意見分歧。張君毅本來是國民黨員，他因為發表言論，正面批評楊虎、陳群的拔扈作風。陳群一不做二不休，乾脆給他罩上共黨的帽子，逮捕繫獄，因而引起輿論大譁。事為南京中央黨部某高級人士所聞，下令釋放，楊虎、陳群接到電令，不但不予遵辦，反而把張君毅施以毒刑，屈打成招，然後倒填日月，拖出去槍斃，向中央報告則推說奉命開釋時，張某業已執行。

這一件事，當然是楊虎、陳群錯了，楊虎、陳群不該誣陷同志，草菅人命，更不該用這種明眼人一看即穿的手法，蒙蔽上級，使主事者更加下不了台。於是，由此自速其禍，九月七日，楊虎便奉令免職，上海警備司令部的八個處長，撤職的即達七名之多，陳群包括在內，自屬不問可知。

陳群這個人，大處精明，小處馬虎，他私生活毫不考究，吃的穿的，一切隨便，用起錢來，也沒有數值觀念。因為他對朋友很講道義，本性也頗為慷慨，朋友如有緩急，他一定盡心盡力；再加上他喜歡搜集善本圖書，接濟朋友和買書錢，是他最大的兩項開銷。在黃浦灘上掌了那麼久的實權，一旦下台，楊虎是腦滿腸肥，宦囊豐裕，陳群卻窮得連生活都發生問題。

非特此也，黃浦灘既有「狼虎成群，鬼神皆驚」的說法，陳群因清黨而結的仇家，當然不少。頭一個，共產黨就不會放過他，因此陳群下得台來，茫然四顧，真是普天下都沒有他的去路。除此之外，他還有一些幹部，正和他有著同樣的痛苦，在陳群的心目中，他還有替他們解決問題的義務。

在這種情形之下，陳群因撤職而受的打擊，確不在小，當時他焦急徬徨，六神無主，眼看就要走投無路，性命難保，卻有杜月笙，鐵肩擔道義，不以陳群為撤職的官員，不怕恨不得寢其皮而食其肉的無數仇家，他挺身而出，慇懃誠懇，用倍於曩昔的謙遜、熱忱，一再殷殷相邀，請陳群搬到他的家裡去住，他願向陳群敬以師禮，禮如上賓。

這一份盛意多麼可感，陳群心知杜月笙出於一片至誠，他終於應允了杜月笙的懇邀，感恩知己，熱淚盈眶，重感情尚友道的陳群，當時曾說了這麼一句話：

「我願殫智竭慮，盡心盡力，幫助你發展事業！」

杜月笙大喜過望，他興高采烈的把陳群接回去，從此推衣解食，朝夕與共，把陳群捧得像是天上的鳳凰，陳群痛定思痛，休息了一陣子，然後便振作精神，開始為杜月笙的前途畫策。

59

寧可自殺決不開刀

突然之間，杜月笙生了一場大病。

喊肚皮疼，疼得性命交關，又說是想吐，痰桶剛搬到床，哇得一聲，噴得一地狼藉，滿床腌臢。——嘔吐不止，連胃液都嘔了出來。陳氏夫人，和守著敲腿、使他入睡的馬阿五發了慌，馬阿五跑出去一叫，驚動了杜公館的上下人等。

刹那間，前樓後樓燈火通明，杜公館裡人翻馬仰，亂成一團，二樓太太陳夫人的房間裡，進進出出，跑來探望的人川流不息。杜月笙正疼得滿床打滾，額頭上的汗珠，直比黃豆還大，杜公館裡幾十個人，又急又怕，全都亂了手腳。

議論紛紜，七嘴八舌，有人說快吃施德之濟眾水，有人說該服雷允上的六神丸，還有人講快把煙盤子拿出來，讓杜先生吃筒鴉片煙包管就好，嘁嘁喳喳，嘈嘈切切，杜月笙實在疼得狠又煩不過，兩者相加，發了焦躁，縮在床上大喝一聲：

「還不快去請醫生！」

「啊，去請醫生，請醫生。」馬阿五口中唸唸有詞，抽身便走，下樓去打電話。他曉得杜月笙這次症候不輕，他請了法租界裡最有名氣的法國醫生——謝畢。

只有杜月笙，才有這麼大的面子，把謝畢深更半夜拖起床，帶了翻譯和護士，深更半夜，開汽車到華格臬路出診。

診察過了，謝畢放下聽筒，叫他的翻譯，告訴杜公館的人：

「急性盲腸炎，要立刻送到醫院開刀。」

「開刀？」杜月笙雙手捧著肚皮，高聲的喊：「不要！」

「不要？」謝畢面露訝異之色，然後命翻譯加以警告：「杜先生的病，有生命危險，除了立刻開刀，無法治療。」

翻過去了，杜月笙的喊聲更高：

「不要，不要！我寧死也不開刀！」

僵住了，親人傭人，即使在這麼危急的情況下，沒有一個人敢勸他，她們曉得，當著外人——尤其是外國人的面，杜月笙絕對不會聽婦人小子之言，而改變自己的主張。

謝畢無奈告辭，回醫院，他留下了話：

「我會吩咐醫院手術房裡準備，杜先生答應開刀了，立刻送過去便是。」

醫生一走，陳夫人便淚眼婆娑，往床沿上坐著，低聲的、柔婉的、爨摯的，哀求苦惱的——勸：

「你現在是大好佬，性命比山還重，阿好看在這許多人的份上，就去開刀。」

「不開！」

陳氏夫人開了頭，眾人紛紛跟上，大人求，小囝哭，都說是不開刀就不得了囉。

劇烈的疼痛，難忍的不適，耳根不得一秒鐘清淨，杜月笙心煩意亂，達於極點，他左手捣住疼處，一個翻身，從枕頭底下摸出了實彈的手槍——

「哎呀！」

「你不能！」

陳氏夫人不顧一切的撲上，去把執槍瞄準太陽穴的那隻手，緊緊的抱住：

「你這是在做啥呀！」

握槍在手，杜月笙氣喘咻咻的吼：

「看到沒有？我說過了的，寧死也不開這個刀！」

一屋子人，茫茫然手足無措。

陳氏夫人突然想了起來：

「聽說有個叫王仲奇的中醫，專治疑難雜症，醫道很高明，可不可以請他來把把脈？」

頭了點頭。

王仲奇十萬火急的趕來，一把脈，說

「杜先生的病叫腸癰，我開個方子，火速抓藥來吃，可以治得好。」

杜氏親人，暗地裡意見不一。多一半的人說：

「世界上沒有聽說過，急性盲腸炎可以吃藥吃得好，不要相信這個醫生的瞎話，反而躭擱了時間。」

床上的杜月笙，又發了一陣痛，痛極大叫：

「快去抓藥！」

藥抓來了，吃了一帖，天色將曙，杜月笙肚皮裡咕嚕咕嚕，他由大吐特吐，又復大瀉物瀉，一大家人心想這下越來越糟，然而，瀉過了他便精疲力竭，昏昏欲睡，怪哉！他竟不喊肚皮疼了。

不到三天，健康恢復。杜月笙的盲腸，直到他死，不曾再出毛病。

謝畢很認真負責，每天打電話來問消息，他聽說杜月笙不開刀居然渡過了「生命危險」，大為驚異。一時，轟助了黃浦灘上的西醫，他們議論紛紛，想不到中醫中藥，竟有如此的神奇玄妙。

用不著登廣告，王仲奇大醫師一下子紅起來了，門庭如市，戶限為穿。他能用一帖中藥治好了杜月笙的急性盲腸災，黃浦灘上，誰不佩服他的醫道？

於是，王仲奇名利雙收，立刻擺好上海名醫的派頭，據說是怕被綁票，診療室裡設一道鐵柵欄，醫生看病，像在坐牢，病人求診，伸隻手進鐵柵欄裡去，以便王大醫師把脈。

不僅此也，王醫師出診，診費多少，要看路途遠近，同一條馬路，要分門牌衖堂，同一幢樓房，二樓三樓，診費各有不同。

後來，紅遍了半爿天，乾脆，不出診了。王仲奇成了滬上名醫，獲利倍蓰，始終克享盛譽，倘若有人非請王仲奇出診不可，唯一的辦法，是請杜月笙寫一張名片。

不開刀不打針的主張，杜月笙終生貫澈，但是有一次，他的好朋友，留德名醫師，竟然也會開中藥方子的龐京周，正告他說：

「你一定要抽一點血！」

萬萬沒有想到，杜月笙竟會毫不遲疑，把袖子一擄，若無其事的說：

「抽就抽吧！」

替杜月笙抽過了血，龐京周收皮包回去，一路走，一路連連的搖頭，嘴裡唸唸有詞：

「奇怪，奇怪，真正奇怪！」

走到客廳，劈面碰到了杜維藩，龐京周拉住了他，告訴他杜月笙方才抽過血的事。杜維藩聽得呆了，脫口而出的說：

「我父親一生一世連針都不肯打，怎麼會得肯抽血呢？」

想了想，龐京周莞爾一笑說：

「大概你們老太爺打針抽血就跟他對銅錢一樣，進來的一絲不苟，出去的倒漫不在乎吧。」

60

廿五萬元開爿銀行

杜月笙花錢撒漫，天下聞名，小至於接濟朋友，分肥各方，大及於修橋築路，買槍打仗。杜月笙的氣派，賺一個何妨花一百。

因此，民國十六年清黨以後，黃老闆歸隱漕河涇，他擁有戲院若干房地產無數，光一座黃家花園就要值到紋銀二百萬兩。張嘯林客廳後面，扶梯底下暗藏的那隻大保險箱，十萬八萬現款隨時可以拿得出來，此外他還有林記木行和長城唱片公司兩大事業。唯獨杜月笙，他在外面善門大開，揮金如土，骨子裡卻是焦頭爛額，東挖西補。別看他坐在麻將、挖花桌上，心無二用，全神貫注，便以為他真的天性嗜賭，經常有人在說：「笑話，杜先生還在乎贏這三萬五萬的嗎？」正確點說，他確實非常在乎，因為他經常都在飽嘗軋頭寸的苦，三萬五萬贏到了手，多少有點用處。

民國十六年的夏天，公私兩檔，杜月笙的負債額，高達三百萬大洋。

他生平最要好的朋友之一，同時也是他最親信的幹部之一，克勤克儉，以販賣鴉片起家的浙江嘉善人蘇嘉善，不忍見他強顏歡笑，日處愁城，瞞著杜月笙，他做了一件大膽妄為，卻也是義雲薄天的事情。

一日，他以土行元老，煙業領袖的資格，召集全上海的土行老闆開會，會中，他義形於色，大聲疾呼：

「各位：杜先生最近頭寸奇緊，簡直有點兒不過來，現在為止，據我所曉得的，他至少已經虧了三百萬大洋的債。這三百萬大洋用到那裡去了？杜先生為什麼用掉這許多的銅鈿？相信我不說，各位一定跟我一樣的清楚，我今天請各位來，就是要問各位一句，杜先生欠的這許多錢，我們是應該管呢？還是不管？」

「當然要管！」

「杜先生為我們用的銅鈿，我們哪能不管？」

「我們大家分攤，立刻替杜先生把債還清！」

不但眾口一詞，而且全無難色，情緒熱烈，土行們爭先恐後，當場便把三百萬元湊齊了。於是，蘇嘉善硬著頭皮，懸著很大的心事，去見杜月笙，他很坦白的說明了這一件事，完全出於他個人的主張。杜月笙聽完以後，笑笑，問他一句：

「倘若我不答應要他們幫忙呢？」

「一切由我負責，」蘇嘉善一挺胸說：「我自會向他們各位交代。」

杜月笙緩緩的低下頭去，十分感動的說一聲：

「謝謝你了，嘉善兄！」

三百萬洋的債還清，杜月笙喘過一口氣來，但接下來的情形，依舊進帳少而出帳多，收去無法平衡。這時候，替杜月笙當跑街的有一個叫田鴻年，是吃銀行飯的，頭腦極靈，腳步很動，杜月笙缺了頭寸，通常都是他銀行裡去調，有一天，他忽發奇想，興沖沖的跑去建議杜月笙說：

「杜先生，你用銅鈿經常都是大來大往，你為啥不開一爿銀行，一來進出有帳，二來臨時需要軋頭寸，也可以在自家的銀行裡調撥一下，來個自摸不求人！」

「開銀行？」突如其來，杜月笙給他說得一愣：「你是在尋我開心？」

「我沒有這個膽，敢尋杜先生的開心。我是說真的，杜先生要開爿銀行，一定可以開得成。」

「眼面前我還有一屁股債呢？」杜月笙一聲長歎：「我跟銀行借銅鈿都來不及，你倒說得好聽，叫我去開爿銀行？」

「債多不要緊，只消有進帳，」田鴻年斷然的說：「開銀行就是大來大往，客戶把錢存進來，杜先生要還債，付利息至少就比向銀行借來得低，再說，客戶存款多了，或者轉放給人家，或者拿去做生意，賺來的利息，不也是很好的進帳嗎？」

說得杜月笙心思活動了，沉吟一下，他問：

「開銀行要多少本錢呢？」

田鴻年是已經盤算過了的，他應聲而答：

「房子先去借來用，資本額定五十萬元，收足廿五萬，銀行就可以開張。」

「你讓我去摸摸看，」杜月笙終於點了點頭，但是緊接著又釘一句：「外面千萬不要講出去啊，免得做不成功，反而被人家當作笑話說。」

「曉得了，杜先生。」

田鴻年走了以後，杜月笙左盤右算，這件事情似乎可以辦得通，煙賭兩檔，未便持久，來日開銷，只有水漲船高，越來越大。當前之計，是要另找出路，開爿銀行，近可救急，往遠看尤能大事發展，值得冒一次險，做它一做。不過，事關財政經濟，應該先問一聲最高顧問蘇嘉善；於是，他立刻命人：到對面街堂去把蘇先生請來。

蘇喜善一到，杜月笙把田鴻年方才來過，說是勸他辦爿銀行，好賺兩錢，尤其自家調度頭寸方便；田鴻年所說的，杜月笙一五一十，統統講給蘇嘉善聽。

考慮半晌，蘇嘉善說：

「可以做。」

杜月笙大喜過望，連忙問他：你何以說得這樣有把握？

蘇喜善有條有理，分析給他聽：

「辦銀行，第一講究信用，其次要看老闆兜不兜得轉，這兩項，杜先生都是條件充份，毫無問題的。杜先生你立身處世四十年，誰都曉得你最講究一個『信』字，黃浦灘上到處在說：『杜先生閑話一句』，這『閑話一句』便是你最大的本錢。」

「你說的第二點兜得轉呢，開銀行的要怎麼樣才算兜得轉？」

「從官府、社會到私人之間，」蘇嘉善笑著反問：「杜先生會得兜不轉嗎？」

杜月笙也笑了，移時，他驀又想起一件大心事：

「萬一，銀行開張，沒有人肯存錢進來，那又怎麼辦呢？」

「這就是我所說的兜不兜得轉了，杜先生，你放心，」蘇嘉善扳著指頭替他算：「頭一項，上海銀行同業之間有個規矩，隨便那一家銀行新開張，各同業都要在開幕那天存一筆錢進去，表示道賀，也是希望往後多打點往來。這有個名目，叫做堆花。現在上海市上銀行有好幾十家，大多數的老闆杜先生都認得，杜先生開銀行，他們堆起花來，數目一定會比平常大，期限也會比通常長，先這一筆，為數即已相當可觀。」

杜月笙自已也有把握了，他連連的在點頭。

「還有一層，」蘇嘉善莞爾一笑：「法租界上這煙與賭兩檔生意，都是銀行的大客戶，旁的銀行對這些客戶垂涎三尺，杜先生辦銀行卻是順理成章，一索即得。你想想看，請那班老朋友捧捧杜先生的場，把他們的錢統統存在杜先生的銀行裡，那還會有什麼問題。」

「照你這麼說，」杜月笙最後再問一句：「我要辦銀行是可以辦得成功的了？」

「一定辦得成，杜先生不妨立刻著手進行。」

第二天，又把田鴻年叫來，正式通知：決定辦銀行了，杜月笙把籌備重任交給他，但是囑咐他重要事項必須先跟蘇嘉善商量過，不可自作主張，獨斷獨行。杜月笙正色跟他說：

「辦銀行，我完全是外行，事情我交給你做，擔子就擺在你的肩膀上。將來銀行開張，我做董事長，你當總經理，董事長是個名義，總經理要負一切責任。」

「曉得了，杜先生。」田鴻年十分誠懇的答覆：「杜先生你放心，我自會盡心盡力，小心謹慎。」

定名為中匯銀行，資本額五十萬元，收足二十五萬，擇吉開張，這是杜月笙生平第一次，規規矩矩辦的事業，揭幕之日，車水馬龍，賀客盈門。

61

老友之逝傷心淚盡

中匯銀行經營之初，由蘇嘉善義務幫忙，和田鴻年有商有量，通力合作，業務做得相當不錯，雖不能完全解決杜月笙的經濟問題，但是總算頗獲裨益。不幸的是兩三年後由於蘇嘉善病故，田鴻年只記得他對杜月笙所承諾的上一句：「盡心盡力」，卻忘卻了下一句—「小心謹慎」，到了民國十八九年，田鴻年利用客戶的存款，去做黃金交易所的投機生意，不幸運道欠佳，手風不順，竟然屢戰屢敗，虧蝕纍纍，年中結帳，行方負債五十餘萬。這個紕漏實在出得太大，田鴻年黯然辭職，杜月笙也不追究，一面設法彌補虧空，一面另行物色長才，—後來被他請到了銀行界的世家子，中國通商銀行老闆傅筱庵的哲嗣傅品圭，繼任經理之職。

蘇嘉善之死，對於杜月笙的事業和私人感情，都是一大打擊。蘇喜善有肺病，拖到五十來歲又復加上氣喘，在當時無疑的已是絕症，因此，他在纏綿病榻時，就知道自已是不行的了，有一天，杜月笙過來探疾，蘇嘉善執著這位好朋友、老東家的手，向他吐露了心腹之言：

「杜先生，我這個病是不會好的了。我這一生，大把的洋錢來來去去，其實都是過手的財香，臨到要嚥氣的時候，細細一算，根本就剩不了兩文……」

說得杜月笙心酸難忍，眼淚直在眶子裡轉。但是，他仍然伸手搖搖，打斷了蘇嘉善的話，杜月笙搶著說：

「嘉善兄，你要安心養病，不可胡思亂想，即使萬一天有不測風雲，不管任何事體，都有我杜某人負責。否則的話，我就枉為你最要好的朋友了。」

「不不不，」蘇嘉善雙手直搖的說：「我不是這個意思，老實說，我死以後，家小的生活，大致沒有問題。我所要託你的，倒是另外一件小事情。」

「什麼小事情？」杜月笙急急的問。

「我的大兒子，」蘇嘉善氣喘咻咻的說：「你是知道的，人蠻老實，中學快畢業了，自已也蠻肯求上進，他倒是很想將來吃碗銀行飯，比較牢靠一點。」

「這有什麼問題呢，」杜月笙接口便說：「你放心，他一出學堂，我立刻給他找好銀行差使。」

「那麼，我就感激不盡了。」

「嘉善兄不要這樣說，這是我應份的事情。」為了想使蘇嘉善寬心，杜月笙接著又問：「倒是嘉善兄你想想看，他進那一家銀行比較合適？」

蘇嘉善兩眼巴巴的望住他說：

「頂好是上海商業銀行，因為那邊對新進的練習生，訓練嚴格，管理又好。」

倒抽了一口冷氣，為什麼偏偏要挑上海商業銀行呢？如所週知，上海商業銀行是陳光甫辦的，陳光甫是上海很有名的一位事業家，道貌岸然，事業心重，他跟杜月笙素無來往，同時，他辦上海商業銀行，任用人員，一律招考，不賣面子，不講人情，凡此，都是在黃浦灘上出了名的。

但是，當著病友的面，杜月笙聲色不動，表示得極有把握，他祇是說：

「好的，我一定替你辦到。」

不久，蘇嘉善死了。杜月笙驚悉噩耗，連夜趕過去，他搶天呼地，撫屍大慟。這一次痛哭蘇嘉善，是杜月笙畢生所罕見的，也可以說，他這一輩子裡，從不曾這樣傷心痛哭過。

為蘇嘉善辦喪事，熱鬧風光，備極哀榮，出殯那天，從頂馬到靈柩，送喪行列長達里許。當時杜月笙健康情形欠佳，但他堅持親自執紼，一直送到蘇嘉善家鄉的墳地，家人親友，再四的勸他回去休息，或者是坐一段車，杜月笙卻說什麼也不肯。

蘇嘉善的兒子從中學堂畢業了，杜月笙卻為了實踐諾言，大費躊躇，他心知陳光甫那邊交涉難辦，又苦於找不到適當的代表。一日，楊管北來，想起楊管北和陳光甫是小同鄉，再一問，彼此還很熟。杜月笙非常高興，把這件事託了楊管北。而陳光甫也真能賣杜月笙的面子，打破先例，不經考試，便錄用了蘇嘉善的兒子為練習生。

為了這一件小事，杜月笙對陳光甫大有好感，於是，當民國二十年長江大水災，上海商業銀行風聲不穩，面臨擠兌，幾乎搖搖欲墜，杜月笙便義不容辭，拔刀相助，終使上海商業銀行安然渡過難關。其中經過，頗多曲折，留到以後再寫。

蘇嘉善死後，杜月笙乃以楊漁笙為帳房。但楊漁笙只能管度支，談到經濟規劃，杜月笙還得另起爐灶。

62

工總工統鬥得好凶

陳群開始為杜月笙策劃，約齊了杜月笙的幾位好朋友，如劉志陸、楊志雄、楊管北，幾度開會商議：時局演變，潮流日新，煙與賭不足久恃，理應準備收檔。杜月笙在上海有崇高的聲譽，廣泛的人緣，龐大的群眾，深厚的潛力，——凡此，都是杜月笙的本錢，討論的中心是，抱著這些本錢的杜月笙，今後該往那裡去？

先討論大前提。不錯，法租界是杜月笙的根據地，但是，這個彈丸之地太小，同時，它祇是罪惡的淵藪，煙賭的溫床。力爭上游的杜月笙，頭一步便該把腳步邁出法租界來。

不錯，杜月笙的勢力，早在幾年之前，便已伸展到英租界和華界，甚至環繞大上海的近郊地區，但是，無可否認的，此一勢力的擴展，僅及於所謂的白相人地帶，他並未能登堂入室，打入英租界裡掌握工商勢力的「上流社會」。

於是，確定了目標。

原則：沒有本錢，但卻握有巨大實力的杜月笙，從此改變方向，全心全力，向工商業進軍。

步驟：第一步，掌握法租界華人納稅會。

第二步，拉攏上海市工人和商會。

第三步，交結銀行界同業。

第一步工作只要順水推舟，便可以輕易達到目標，因為，早在民國十六年元月十二日，杜月笙即已當選華人納稅會的委員，而於九名委員之中，如張嘯林、尚慕姜、程祝蓀、於子水、魯廷建、沈仲俊等，都可以目為「杜系人物」。

往後的發展，祇是十七年元月九日，張嘯林以打先鋒的姿態，一馬當先，榮任法租界公董局華董。同年十二月八日，以杜月笙為首的八位華人納稅會委員，也登上了這個法租界中僅次於總領事兼總董的次高職位。而在法租界每一個人的心目中，都深切知道杜先生無異華董中的首席。

第二和第三個步驟，目標同為向工商業進軍。陳群和劉志陸異口同聲的說：杜門徒子徒孫，雖則成千累萬，但若從事工商，進而與高級人士有所聯繫，那麼，杜月笙現有的幹部，無論在質與量方面，就都嫌不夠。這兩位借箸代籌者一致認為：杜月笙本身應該做的事，是儘量的擴大其交遊，師、友與繼續收錄的門生弟子，必須改變方向，向有識見、有能力、有群眾基礎、有號召力量的智識份子中，廣為訪求。

杜月笙自已看中了一批青年朋友，他暗中注意這一群朝氣蓬勃，幹勁十足的朋友為時已久，但是他極欲和他們結交的心願，卻遲遲未便出口，因為這一群初生之犢不畏虎的青年人，曾經直接和陳老八交過手。

民國十六年前後，上海的工人多達八十萬眾，各業各廠，幾乎都有組織，在一盤散沙式的中國社會中，這一股提綱挈領，隨時可以拉得起來的群眾力量，是任何有野心者所必欲爭取的。共產黨便是其中之一，他們假借國民黨的名義，偷天換日，魚目混珠，集合了俄共和中共工運、特務、軍事人員的精粹，在四月十二日清黨以前，險險乎竊奪了上海的政權，甚且經過清黨，共黨份子及其嘍囉轉入地下，仍然掌握相當的潛力。

因此，「四一二」上海清黨成功，由陳群主持的東路軍總指揮部，四月十四日即召集他所指派的十三位委員，開會討論如何改組共黨把持的上海總工會。會中決定，將上海市總工會改組為上海工會組織統一委員會（簡稱工統會），發表宣言，號召愛國工友在國民黨領導之下團結組織起來，實現三民主義，擁護國民政府，肅清共黨並且打倒帝國主義和軍閥。

工統會的會址，就設在閘北湖洲會館，原來汪壽華主持的總工會所在地。這個機構由淞滬警備總司令部每月撥給辦公費三萬五千元，並派遣士兵一隊，常川駐守，任何工廠發生工潮，這一隊配屬於「護工部」之下的武力，可以隨時出動保護。

這個工統會一成立，四月十七日，原由三民主義勞工同志合組的上海工界聯合會，登報聲明率領所屬各工會一體加入，接受工統會的指揮。至此，上海的工運終告趨於一元化。而工統會在成立期間，對於勞工福利的保障和爭取，尤其安定秩序、調停糾紛方面，均有相當的貢獻。

民國十六年六月，馬超俊奉召回國，草擬勞工法案，七月，馬超俊被任命為國民政府勞工局長。另一個「勞動法」起草委員會，則由伍朝樞、王寵惠、戴傳賢、葉楚傖、馬超俊、王世杰、虞和德（洽卿）為委員。

勞工局成立，勞動法在研擬，上海的工人，對於國民黨的勞工政策希望越來越高，於是他們深深的感到，工統會的存在，漸漸形成他們對於爭取福利，要求權利的一層窒礙。

更不幸的是蔣總司令在八月十三日宣告下野，中央驟失重心，黨政軍各機構，步調難趨一致。——在上海有資格領導工運的另外兩大機構：上海市黨部設有農工部，部長是周致遠，他手下的一位得力幹事，便是領導工會從事改組運動最力的張君毅。其次，後來上海市政府社會局的前身，農工商局，農工商局來領導工運，更是順理成章，名實相符。

然而，在工統會有力的掌握之下，以陳群的剛愎自用，獨斷獨行，市黨部農工部和農工商局想要參預工運，聊為身兼二十餘要職的陳老八分勞，就不但不為陳群所感激，卻反而使他滋生誤會，以為正經主子的插足，乃是爭權奪利。

工統會的外在環境如此，陳群就難免怨謗叢生，在工運工作方面，首先失了人和。所謂上海工會的改組，在外間形成議論，在中央演為呼籲，在上海醞釀秘密活動。——但是，陳老八卻依然我行我素，毫無顧忌，他這種強硬的態度，當然是由於他有恃無恐；民國十六年四月以後，他已將上海掌握得很牢，他能調動得了楊虎的兵力，也能運用得了杜月笙的幫會力量，有這兩股大力掌握在手裡，陳老八確實是無往而不利。

可是，壓力增加，反抗越大，這是顛撲不破的至理。工人們不滿工統會的聲浪日見高漲，經過有關單位的因勢利導，諸多配合，於是十六年十一月十七日，明明是為了援助英美煙廠罷工工友的事情，上海市一百二十多個工會的代表，集合在上海市黨部三樓開會的時候，突然之間，有「某」工會提出臨時動議，討論上海工會「總機關」的問題，當經以迅雷不及掩耳的手段，獲得全體通過，而且馬上就進一步討論「總機構」應該用什麼名義？

頓時有人提議成立「上海工人總會」這一個靈感確實快極、妙極；既與共產黨用過的「總工會」不同，又比現有的「工統會」名正言順，響亮得多。「上海工人總會」的性質也快馬加鞭的予以確立，它將為代表上海工友之革命集團，為工人運動之最高組織，乃是一個「純工人」的團體。

63

冷眼旁觀決定插手

臨到推定人員，從事籌備了，情緒熱烈的討論方始觸礁，彷彿沒有人願意提名，也沒有人肯於當選。──這時候，又有一個面面俱到，聰明已極的意見提了出來：籌備委員何妨改為臨時執委，而個人當選倘有顧忌，乾脆點，就由各工會的團體名義擔名義擔任好了。

在上海工人總會成立的前十天，「工統會」主席周貫虹等，還派出代表李載民等，分赴無錫、蘇州、常州、鎮江、南通各地，合組一個「滬錫蘇常鎮通各工會駐滬聯合辦事處」，自十一月七日起，開始進行籌備工作，並且正式在上海工統會內辦公。──陳群和周貫虹等正要大張旗鼓，向外發展，驟然變生肘腋；臥榻之旁，另有「名正言順者」，酣然高臥，對工統會來說，這當然是很大的一項打擊。然而，「工人總會」在呈請國民黨中央黨部工人部準予備案時，卻亮出來了一道護身符：那便是楊虎陳群建制上的頂頭上司：東路軍總指揮白崇禧，他竟呈請中央黨部遴員接收「工統會」，這一件呈文即經中央特別委員會第十次常會議決：交由中央工人部調查情形，妥擬辦法。

第一回合佔了先鞭，工人總會興高采烈，積極籌備，他們推出了各部門的負責人選，並且請由市黨部指派指導員，組織指導委員會，專負指導之責。

這一個令上海八十餘萬工友耳目一新，歡忭鼓舞的工人總會，它第一次推選出來的書記有陸京士、章逸秋、翁端甫，組織為郭晴釗、錢贊廷，調查為徐錫麟、顧若鋒、黎世良。

工人總會在這批青年新銳的領導之下，發展迅速，力量逐漸雄厚，旋不久，他們便以商務、商務發行、郵務、英美煙廠、報界、南洋煙草、華商電氣七大工會為中堅，實力寖假凌駕「工統會」之上。

工統會力圖抗衡，乃以組織對組織，不惜正面作戰，在十六年十二月十八日，成立滬南、滬北、滬東、滬西、浦東、吳淞、租界，七區區聯工會，共同組設「上海市各工會代表聯合辦事處」，發表宣言說：「我們……是純粹工人的團體，……準備將來組織上海純粹工人最高領導機關。凡是破壞上海工人團結者，我們要看做他是敵人，誓以八十餘萬偉大之團結力量對付！」

「工統會」與「工人總會」，兩者之間別開生面，熱烈緊張的競爭，從民國十六年十一月十七日，一直持續到十七年四月底，國民黨中央設立上海工會整理委員會。五月初，命令工統會和工人總會同時停止活動，而委派市黨部的周致遠、劉雲，淞滬警備總司令部政訓處的賈伯濤、社會局張廷灝、工人總會郭晴釗、工統會翁光輝、龐鏡塘等七人為整理委員。然而餘波蕩漾，波洄不已，一直到同年十月楊虎、陳群下臺，整理委員會奉令結束，工會整理事宜，全部交由上海市黨部辦理，方始曲終人散，另起爐灶。

在這幾達一年的長時期裡，杜月笙雖然不免有時會被陳老八借重，發揮一下他在工人大眾中所掌握的深厚潛力，但是，對於雙方的明爭暗鬪，在內心裡他始終站在中立、客觀的立場，工人領導權的激烈爭競，使他霍然憬悟，尤其興趣倍增，他的嚴密觀察，和若干次的親身體驗，給他帶來一個牢不可破的觀念：如欲在黃浦灘上生根、萌芽、壯大，必須抓住社會基層中的基層，眾多的、有組織的工人，於是，他開始從三方面著手：

一、繼續加強運用幫會的力量。

二、虛心結納工人中的新銳領袖。

三、必要時挺身而出，直接爭取工人大眾的好感。

關於第三點，杜月笙不惜大量投資，他有足夠的本錢，把他排難解紛，息事寧人的服務對象，由若干個人擴展到一大羣人，甚或者一個團體。他的野心很大，他要使全上海八十餘萬工友，不分男女「左右」，全都對他心悅誠服，自動擁護。

64

法國水兵當街殺人

民國十七年九月十六日，只差十二天就要過中秋節，家有一妻九子的法商電車司機吳同根，在深夜十一點鐘的時候，收班掉車回廠。空車子駛抵法租界霞飛路和薩坡賽路口，猝然遇見五個喝醉了酒的法國水兵，攔住了電車，強行攀登，用洋涇浜的中國話，喝令吳同根開車疾駛，讓他們兜風。

吳同根是個老實人，他因為公司有個規定，調車回廠時不得搭載乘客，他怕敲破飯碗，向那五個法國兵苦苦哀求，請他們下車，讓他繼續往前走。這時候，街頭還有許多行人，眼見停駛的電車上發生了糾紛，有不少人聚攏來看熱鬧。

法國兵藉酒裝瘋，雙方語言不通，吳同根的哀求苦惱，引起了一名法國兵的凶性大發，從衣袋中抽出一把彈簧刀，就這麼在燈火輝煌，眾目睽睽之下，猛的一刀刺向吳同根左眼。

滿街的人都聽見吳同根發出一聲慘呼，他頓時血流如湧，身子向後載倒。由於法國兵這一刀由左眼直刺入腦，吳同根兩腳一伸，死了。

當街行兇殺人，然後這五個法國兵下電車，揚長而去。在場親眼目睹的中國同胞氣恨填膺，群情激憤，第二天華文各報刊出了慘案發生經過的新聞，於是震撼淞滬，中國同胞聲詈罵帝國主義者的殘暴凶惡，草菅人命！上海市工整會發表措詞激烈的宣言：

「……一切不平等條件的罪惡，租界的罪惡，我們難道真個束手以待殘殺麼?……我們唯一的方法是：一致團結，打倒帝國主義，廢除一切不平等條約，收回租界！」

法商電氣電車自來水工會也在大聲疾呼：

「……吳同根是為帝國主義的鐵蹄踐踏而死，……不僅是他個人的侮辱，乃是整個中華民族的侮辱！」

儘管中國人憤慨的吼聲，喊得震天價響，法租界當局對於此一驚人血案，居然置之不聞不問，中國官方向法國總領事提出嚴重抗議，要求道歉、懲凶、賠償、並且保證不再有類似情事發生。但是當時的法國總領事范爾廸（Verdia）祇冷冷的答覆一句：

「肇事水兵業已拘禁。」

肇事水兵是誰?他將獲得何等懲罰?吳同根死後一家十口生活陷於絕境,法租界方面應該如何賠償、如何撫卹?……一連串的大問題，范爾廸根本一字不提。

傲慢的法國人，未免太過份了，范爾廸簡直不聽、也無視租界裡外中國人的怒吼和憤慨，事情越鬧越僵，可是儘管中國人叫罵喝打，碰到如范爾廸之流的不理不睬，裝聾作啞，畢竟也是毫無辦法。

於是，在舉國矚目之下，杜月笙單槍匹馬，以私人身份來辦這場弄僵了的大交涉。

他井然有序，有條不紊，先派人出去調查慘案發生的詳細經過，命人寫了一份洋洋灑灑的報告，翻成法文，——殺人兇手的級職姓名，逍遙法外的近況，他調查得清清楚楚；在場目擊的證人，經過杜月笙一拍胸脯，也義形於色的挺身而出，自願作證。

人證物證齊全，杜月笙帶了翻譯，專誠拜訪范爾廸，一碰頭，便開門見山的說明來意。

范爾廸滿臉陪笑的說：

「杜先生，這種事情你何必……」

杜月笙的回答，簡簡單單，卻是大義凜然——

「我是中國人，黨然要管中國人的事。」

范爾廸眉頭一皺，連連搖頭的說：

「杜先生，這件事情解決起來很麻煩。」

杜月笙針鋒相對的回答：

「這件事情不解決，我看只有更麻煩！」

「為什麼呢？」

「中國人的忍耐有限度。總領事，我勸你喊人把這幾天的中國報紙翻給你聽，再末，派人到街上去聽聽中國人對這件事的批評和反應，我希望你不要省了小麻煩，反而添了大問題。」

「什麼大問題？」

「自從五卅血案以來，中國人反過英，反過日，還算沒有反過法。法國人和中國人的交情不算壞，你何必為這件事引起中國人的普遍反感？」

「杜先生，」范爾廸委婉的說：「你應該曉得，按照法國的法律，醉酒的人犯罪，應該減免罪刑。現在肇事的那名水兵，已經抓起來了。敝國法律，自會給他處分，至於如何處分法，那是法國人的事，中國人又何必過問？」

「你錯了，總領事，」杜月笙直率的指出：「那個殺人的兇手，並不曾抓起來！照這樣看，你們根本沒有解決這樁事情的意思。」

「你怎麼知道？」

「我有證據。」

杜月笙出示證據，包括那個法國兵，自從醉酒殺人，直到最近時刻的自由行蹤，和種種動態。

范爾迪翻了翻那厚厚一疊的法文報告，面露苦笑，再問一句：

「杜先生，你真的要管這件事？」

回答是斷然的——

「非管不可。」

「好吧，」范爾迪神情懊喪，往圈手椅上沈沈一坐，問一聲：「杜先生，你看這件事應該怎麼辦？」

65

杜月笙出面講斤頭

「請你答應中國人的五點要求：第一、向中國人正式道歉，第二，保證以後不會再有這種事情發生，第三、從優撫卹死者的家屬，第四、取締法租界上的外國酒吧間，第五、取締法租界上祇許外國士兵出入的妓院。─倘使你答應了以上的這五點，而那個殺人的水兵，又能按照法國法律公平處置的話，我想，這件血案大致就可以這樣解決了。」

「不對不對，」范爾廸著了急，雙手直搖的喊著說：「就是你們中國政府辦這件交涉的時候，也沒有這樣多的條件呀？」

「這不是條件，」杜月笙機敏的回答：「這是我貢獻給你的意見。總領事，你必須採納我提議的這幾點，方始可以獲得根本的解決。」

「道歉、賠償和保證，都是你們中國政府提出來的，」范爾廸振振有詞的說：「你為什麼除此以外，又添上什麼叫我取締酒吧間和妓院的兩條？」

「這兩件事你非辦到不可，否則，你就無法達成你對中國政府的保證。」

「這話怎麼說？」

「我有報告，」杜月笙一拍那長篇累牘的調查資料：「你們那五個水兵，當天晚上是在法國人開設的酒吧間裡大喝特喝，喝得醉醺醺的，又跑到專供外國兵消遣的妓院裡去大鬧特鬧，鬧夠了，喝醉了，這才攔住吳同根的電車，借酒裝瘋，殺死了人。總領事，你要是不把酒吧妓院兩個禍根除掉，你怎麼能向中國政府保證，往後再也不會有外國兵肇事殺人的情事發生？」

避重就輕，范爾廸委屈求全，無可奈何的問：

「杜先生，依你的意思，對於吳同根的遺屬，我們應該給多少錢？」

杜月笙更正說的說：

「賠多少錢。」

「好嘛，就算是賠多少錢。杜先生，」范爾廸從善如流，又問：「依我看，由法國總領事館賠給他們一千塊錢，好嗎？」

「好的。」杜月笙很爽快的答應了，卻是緊接著又說：「吳同根有一個老婆九個兒子，遺屬一共是十口之多，一千塊只怕還不夠他們維生。這樣吧，法國總領事賠她們一千，我杜月笙送她們一千五。」

臉孔一紅，范爾廸亟於挽回顏面的說：

「那麼，我再叫法商電車公司也送一千元。」

「好哇！」水漲船高，杜月笙很高興的笑了，笑後又說：「這樣吧，三千五百塊給吳同根的九個兒子做教育基金，他一家十口的生活，由我杜月笙負責，以十年為期，每一個月，我付她們三十元的家用。」

這一筆承諾，計為大洋三千六百元，比法國政府的賠償，加上杜月笙一千五的贈與，還多了大洋一百。范爾廸深知杜月笙出手的大方，他笑了笑，不再接口。

「還有其他的四條呢？」杜月笙緊迫著問。

一臉苦笑，范爾廸凝望杜月笙半晌，然後不勝悵惘的說：

「你一定要我全部依你？」

「是的。」

「那麼，」范爾廸一聳肩膀，兩手一攤：「我只有照辦。」

「謝謝。」

交涉完成，杜月笙抽身便走。

吳同根的太太吳張氏，當天便拿到了法國總領事館和杜月笙私人的兩筆卹金，一共是三千五百元，再加上杜月笙保障十年生活費用，每月支領三十塊錢。一家十口的生活，大致可獲解決，這一家人的感激涕零，當然可以想像。

於是，第二天，華文版上新聞欄裡，對於法蘭西帝國主義的殘暴和驕橫，還在同聲撻伐，大力抨擊，而在廣告欄中，吳張氏登報鳴謝杜月笙仗義勇為，解囊救濟，與法國總領事館厚卹遺孤，畀予巨金的大幅啟事，業已赫然出現。——杜月笙悶聲不響，出錢又出力，爭回了國家的體面，解決了難堪的僵局，這一記漂亮已極的手條子，贏得法租界、全上海甚至全中國同胞的稱讚與喝采。

法商電氣電車自來水工會，在清黨以後原已停頓將近一年，受了吳同根被殺事件的刺激，開始醞釀恢復，然後又得到杜月笙贏得勝利、爭回體面的鼓勵，於是由「恢復」邁上迅速壯大的坦途。從此，這一個法租界中重要的工人組織，由於過去的淵源和新近的因素，又復成為杜月笙所能影響的基本群眾之一，杜月笙有力量用言話一句，叫他們把事體擺平。

66

法國頭腦啥個交情？

外間人士不明內幕，把范爾廸只有對杜月笙才言聽計從，服服貼貼，歸之於杜月笙是法租界華董，和法租界華人納稅會的主席；其實呢，范爾廸終於拗不過杜月笙，跟以上兩項頭銜並無關聯。最顯明的一點是吳同根慘案發生時，這兩大頭銜還不曾套到杜月笙的頭上，范爾廸肯聽杜月笙的，是因為杜月笙跟他很有交情。

范爾廸人高馬大，英俊瀟灑，奉派到上海來當駐滬總領事館書記，還是獨身，他曾在一個交際場合，邂逅一位長身玉立，風姿綽約的中國女郎，姓樊名菊麗，寧波人，家住法租界霞飛路霞飛坊，父親是長江輪船的買辦，家僅中人之資，但卻是中西合璧，稍微有些洋派。

樊菊麗當時已經二十六、七歲，猶仍小姑獨處。她畢業於兩江女子專科學校，兼通英法語文。范爾廸跟她第一次見面，對她的明眉皓齒、光艷照人，以及嫻雅的風度，大方的儀態，至為傾倒。從此他便以法國男士的熱情，向樊菊麗展開熱烈的追求。不久，這一對中法璧人便在慕爾鳴路法國總會正式結婚。

婚後伉儷情篤，經常遠出，遊山玩水，有一次兩夫婦到了太湖，正在煙波萬頃中駕舟小遊，忽被太湖裡的綠林好漢，呼嘯而至，架入深山，把范爾廸和樊菊麗當作一對肥羊，綁票勒贖。當時法租界的外國頭腦大起恐慌，太湖裡的刼案也往黃金榮的肩膀上一放。黃金榮問計於杜月笙，杜月笙立刻派出高鑫寶，因為他跟太湖裡的眾山之主吳世魁頗有往來，高鑫寶接令以後一拍胸脯，允諾一週之內必有回音。

高鑫寶單槍匹馬，親赴太湖煙波寨裡拜山，太湖綠林耳聞杜月笙和小八股黨的大名，又加上吳世魁的吩咐，那一回他們落門落檻，高鑫寶一到，除了大排酒筵，熱烈歡迎，更把范爾廸夫婦從囚牢裡請出來，同為座上客，席終人散，擺隊相送，便連一雙肥羊拱手送給了高鑫寶。

法國人一文不費，范爾廸有驚無險，兩夫婦安然無恙的歸來。他後來知道救命恩人是杜月笙，對他不免另眼相看，曾經假公濟私，一口氣發了二十多張卡，送給杜月笙和他手下的人，這二十多張卡可使二十多個人在法租界裡通行無阻，免予檢查，因此被杜月笙使用多年，其價值無法估計。後來范爾廸洊升到駐滬總領事，杜月笙和他的公私交誼自屬不在話下。自此范爾廸開始收取陋規，煙與賭，兩大宗。

吃人的嘴軟，拿人的手軟，杜月笙對付外國人，專會抓住弱點，儘量發揮，——這才是范爾廸虎頭蛇尾，宣告服貼的內情與底蘊。

從吳同根被殺案的迅即獲解決開始，杜月笙自上海無數工運者中異軍突起，脫穎而出，成為調停勞資糾紛的主要人物。或大或小的勞資糾紛，罷工工潮，官方無法解決，工人運動者無計調停，勞資雙方堅持不下，——僵住了的時候怎麼辦？必定會有人提出這麼一個建議：何妨去請教請教杜先生？

67

法界水電電車罷工

法國水兵刺殺吳同根案發生於民國十七年九月，由於此一慘案的刺激因而恢復的——上海法商電水工會，在十月廿七日，便發表了他們的告全國各界同胞書，指控法商電氣電車自來水公司苛待工友，無故拘押工會執行委員徐寶生，並開除工友十餘人，他們曾於十月八日向公司提出改善待遇要求十六條，請於三日內答覆，但是事隔十九天公司猶仍置之不理，為這件事，他們請求各界予以正義的支持。

於是，主管工運機關一再向法商公司交涉，上海市政府農工商局並接連三次召集勞資雙方到場調解。法商公司置若罔聞，不派代表出席，也不加以解釋。——十二月三日，一千二百十七個電氣、電車、自來水公司工人，開始了大罷工。

幸虧法國人防範得早，電燈自來水還能照常供應，電車可就全面癱瘓，小市民大叫行不得也之苦。當天法捕房政治部派代表程子卿到工會請求復工，工人拒絕，反而發動募捐，接濟罷工期間一千二百多工友的生活，五日，上海市各工會組織工界後援會，實力援助罷工工友，這一來，事件擴大，同時局面也鬧僵。

法商電水公司無可奈何，拖杜月笙出來充任資方代表，負責談判。杜月笙站了出來一看，他所面臨的壓力可真不小。

屬於官方的，黨政軍各機關在十二月八日成立了「處理法商電水工會罷工委員會」，組成份子都是相當重要的人物。譬如說，代表黨方的是冷欣、劉雲，市政府方面是張廷灝，淞滬警備總司令部則派出了賈伯濤。

工會方面，則全上海各工會已經組織了特別委員會，聲明全力支持罷工工友。

這是杜月笙頭一次代表資方，交涉罷工事件，一上來，他便碰了一個大釘子，倘若沒有過人之量，簡直就難以忍受。

由於官方的「處理委員會」成立的原因，是這次罷工利害不僅在於勞資雙方，水電電車的長期罷工，對於市民生活大有影響。因此，當杜月笙派一名鑾有身價的學生，專誠邀請那幾位委員，到他華格臬路家中進行第一次磋商時，其中有一位特別講究體制、一絲不苟的先生，頓即勃然大怒，伸手猛拍辦公桌說：

「杜月笙何許人也？他憑什麼喊我到他家裡去？要談公事，叫他到我辦公室來！」

這個學生回到杜公館，氣得臉孔發黃，一五一十的把碰壁經過報告了，他滿以為杜月笙也會碰拍桌，暴跳如雷。卻是冷眼見他略一沈吟，然後面現苦笑的說：

「好，我明早便去拜望。」

學生子大為錯愕，而且心中不服，他抗議般的嚷叫起來：「先生！你就不管這樁閑事又怎麼樣？」

誰知道，杜月笙仍然語音平靜的說：

「再罷工下去，過兩天連電燈跟自來水都要斷了。所以說，這不是閑事。」

「先生！……」

杜月笙曉得他要說什麼，趕緊打斷了他的話，搶在前頭講：

「官場辦事的規矩，我們本來就不懂，人家說談公事應該到辦公室，當然有他的道理。所以，這樁事情並沒有什麼難為情。」

翌日，他果然移樽就教，親自拜訪，他的坦誠和謙抑，使對方頗為心折，如此這般，談話乃在良好的基礎上順利展開。

接下來，便由黨政軍三方出面，主動召集勞資雙方，進行了一次延長到深夜兩點半鐘的談判，雙方簽了草約，議決十一日正式復工，十五日再在正式條約上簽字。

但是，節外生枝，十一日復工那天橫生波折。下午兩點，一千二百多位工友跑到公共體育場，舉行復工大會，冷欣、劉雲和洪東夷分別訓話，於是一千多工友興高采烈，整隊進發，正當他們抵達辣斐德路華法兩界的接壤處，法租界的巡捕看見人那麼多，誤認又是罷工遊行，因而竭力攔阻，使得這批原擬返廠工作的工友們，一怒之下，一鬨而散。

又復不成工了，杜月笙再做調人，當晚他再邀約官方代表，他慨然承諾：前日深夜所簽訂的草約，雖然尚未經由法商水電公司通過，但是，他個人願意負責敦促廠方全部實現，否則一切後果他願自行承擔。——他希望工友們在十二日下午復工。

民國十七年十二月十二日下午二時，當杜月笙的言話一句說出去了以後，只隔十多個鐘頭，法商電水工會的四面八方，一千二百七十多名準備遵時復工的工友，悄然在向工會集中，兩點整，人數無一或缺，市黨部的處理委員劉雲向大家訓話，他只奉勸一點，整隊出發回廠復工，沿途最好遵守秩序，肅靜無譁。

訓話已畢，劉雲親自領隊出發，工友們只當是排隊去上工的，一路鉗口不語，默不作聲，果然沿途也不見攔阻，順利進抵廠內，闃靜的隊伍忽然亂成一團，許多人爭先恐後的奔向一位瘦削頎長的中年紳士，他正在大門之內守候大隊，工友們很親熱的在跟他打招呼——

「杜先生，你好？」

「杜先生，你怎麼來了？」

杜月笙笑吟吟的回應，他一開口，嚣雜喧嘩的聲浪便戛然而止，杜月笙自己也為這突來的靜默呆了一呆，大庭廣眾間他說不來話，因此，他僅只低沉而簡短的說了這麼兩句：

「各位好好的做，前天訂的草約由我負責。」

就這麼短短的兩句話，引得一千二百七十多位工友掌聲不絕，歡呼雷動，於是，杜月笙頷首微笑，擠出人叢，上了汽車。

法商電水公司開了杜月笙一次大頑笑，一千二百多名工友復工後，他們不但不遵照草約實施改善工友待遇，反而無緣無故的開除了十幾名工友。十五日應該到社會局正式簽約，結果是資方缺席。工會覺得忍無可忍，勉強維持了四天，——完全是看杜月笙的情面，十二月十六，重行罷工。

不等勞方提出抗議或解釋，杜月笙先下手為強，他反轉來給過河拆橋、不守信用的公司當局當頭棒喝，由他所主持的華人納稅會和商界總聯合會，致函資方加以忠告：「請勿徒恃意氣爭端，釀成無謂惡感，目前的僵局長此相持下去，對於每天好幾萬位電車乘客，你們將何以交代？」

68

身在資方心繫勞方

法國公司收到這封義正詞嚴的信，有點著慌，更不免相當生氣，華人納稅會和商界聯合會都是由杜月笙所主持的，而杜月笙則是他們請出來和勞方開談判辦交涉的資方代表。杜月笙巧妙的運用兩個華人團體名義，致函法商公司，措詞之嚴厲，大有哀的美敦書意味，——這兩記耳光甩得法商公司當局好慘，他們無詞以對，啞口無言還不行呢！因為他們不敢開罪這兩大團體，他們深知這兩大團體的主持人杜月笙言而有信，信而必徵，他決非發一對信虛聲恫嚇而已，同時尤有一層難言的隱哀：法商公司如果不得杜月笙的支持，他們決不敢傲慢無禮，欺侮那一千二百多名工人。

挽請杜月笙出面擔任資方代表，在法商公司的原意，無非是想利用杜月笙的聲望和威信，壓迫電車和水電工人就範、服貼。法商公司那一幫人知道，在黃浦灘上唯有杜月笙，才可以擺平這件風潮，壓得下這次罷工，——所以他們不惜卑顏屈膝，把杜月笙這座法租界的偶像抬出來，企圖借用他的「神通廣大」，倘若杜月笙是一心只想巴結法國頭腦、工商大亨，那麼，他蠻可以為虎作倀，建立這項功勞。但是，法界頭腦還不曉得，隨著革命潮流，水漲船高，杜月笙早已無復昔日吳下之阿蒙，此刻的杜月笙，他有理想，有抱負，要改頭換面，亟於另謀發展，他能操縱范爾廸之流於股掌之上，范氏以下的那些個人，他根本不曾擺在眼睛眶。在這些人的交情，和勞工大眾的向心力相比，他當然寧願得罪前者，決不肯犧牲工人的利益。

因此，委託人和被委託者，在基本態度上是同床異夢，貌合神離的。十二月九日上海黨政軍三方召集勞資雙方談判，一次長談便確定了草約，這是資方代表杜月笙獨斷獨行，運用他的代表身份，未經資方同意便允諾了若干優惠工人的條件，——這一項成就，是由於杜月笙內心偏向勞方，他在自作主張。

法商水電工人罷工，以上海市的黨政軍三方面，和全滬各工會數十萬人作為後盾，力量之大，駭人聽聞，照說，單憑杜月笙的一句言話，一紙草約，他們殊難應允立即復工的要求，而將正式條約簽字拖到復工的四天以後，換了任何一個人充任資方代表，決難希望勞方這麼遷就，但是杜月笙和他們磋商定了草約條件，勞方代表並無異議，杜先生講十一日復工便是十一號，說十五號簽約就是十五號，——這其間，明眼人一望可知，正是杜月笙出了面的關係。法商公司的一千多名工人，對於資方要罷工，對於黨政軍機關和滬上各工會要請求支持援助，唯獨對於杜月笙，言話一句，他們就此服服貼貼，甘願遵辦。

資方驚喜交集，因為復工問題解決得出乎意料之外的快，但是，看到杜月笙自作主張代為應允的條件，礙著杜月笙的情面，當眾說不出口，其實是啞巴吃黃連，講不出的苦。他們認為杜月笙放盤放得太多了，公司用不著對待工人如此優惠。

麻煩在於無法公開表示反對，一則，杜月笙是他們自已請來的代表，將在外君命有所不受，實非他們始料所能及，換了別個代表，他們儘可將之撤換，否認草約上所載的若干點，但是請的代表是杜月笙，他們便不敢。其次，水電即將斷檔，電車全部停在廠裡，法租界裡外早已民心惶惶，怨聲載道，杜月笙當時也是看準了這一點的，法商公司縱使吃了點小虧，他們可不敢甘冒眾人之大不韙，否定草約。

法商公司嚥不下這口氣，於是橫生枝節，加以阻撓，這才有十二月十一日工人整隊進廠受阻的怪事發生。公司方面的陰謀實現，使一千多名工友，對於協議草約的能否實踐，當然會發生懷疑。換一位資方代表，他在那一天不但面臨失敗，而且，甚至要受到工人們的交相指責，破口大罵，——這不是無緣無故叫他們去碰釘子觸霉頭嗎？但是，此其杜月笙之為杜月笙，他匕鬯不驚，若無其事，當晚和官方人士再磋商一次，當場一拍胸脯：十二號下午二時復工，草約由杜某人負責，促其實現；又是言話一句，千餘工友照樣一語不發，答應照辦。十二月十二日杜月笙親臨車廠，工人們一見到他，頓時歡聲四起，毫無怨尤的進廠工作。

資方內心裡仍然不服，不惜處處杯葛，儘量破壞，復工三日並不履行草約條文，反而開除了十多名工人，十五日該正式簽約了，資方竟不派人出席。於是工人們一怒之下第三次罷工，杜月笙方面也光了火，華人納稅會和華商聯合會的忠告，便是杜月笙在給點顏色看看，說得不好聽一點，那項忠告等於許多不可測知事件的一個警號。

法商公司的頭腦，開始惴惴不安了。

事件發展到此一階段，杜月笙左右的人開始勸他：

「法商公司不寫意，先生好歇歇了。讓那些工人去跟他們鬧，終久他們要讓步的。先生何必夾在當中，兩頭不討好。」

那一天杜月笙的心情反而很輕鬆，他的回答，是令人莫測高深的一句：

「誰說我要兩面討好的？」

第三次罷工發生以後，法商公司用偷天換日的手段，另行舉出一位資方代表，杜月笙對此不贊一詞，要好朋友忍不住的問他：

「你的代表資格，是法商公司取銷的，還是你自家辭掉了？」

杜月笙仍然笑而不答，在顧左右而言它：

「這件事總歸要到我這裡來解決掉。」

事實證明他這句話決非浮誇，從十二月十六日到十九日，整整三天，新聘的資方代表和勞方代表南轅北轍，各走極端，擔任調解的官方人士左右為難，無所適從，接連幾次「乘興而來，不歡而散」，到了十九日的下午，法商公司的新代表，和農工商局的官員，雙雙駕臨華格臬路杜公館。

從這一天開始，談判進行了十天，資方在巨大的壓力下，終於應允了增加賞金、升工、減少工作時間、增添人手、普遍加薪、因公受傷工資照發。另商其他改良辦法等八項優惠條件。自驕橫拔扈，陰謀破壞，到橫生阻撓，幡然改圖。法商公司痛定思痛，除卻電車罷工廿四天，營業損失不貲外，所獲得的結果，唯有越拖越糟；聲譽越拖越壞，條件越拖越優惠，法商公司於這一次冗長的糾葛中，精疲力竭之餘，頗有悔不當初之慨。

這一次罷工風潮，杜月笙談笑晏如，縱橫捭闔，處理類似事件，他的經歷越來越豐富，手法越來越高明，全上海的人在給他當義務宣傳員，杜月笙的金字招牌，從此跟工運搭上了線，黃浦灘上但若有工潮發生，人人都在這麼說：

「倒要看看杜先生這一趟是怎麼個辦法？」

在杜月笙一生之中，不知道處理過多少次的罷工，更數不清有若干重大的工人運動，與他大有關聯。但是其間最重要、最有價值，對於政府最有貢獻，而且其本身也最曲折複雜，波濤壯闊，最富戲劇意味的，厥為英美煙草公司的巨大工潮。

69

英美煙草巨大工潮

英美煙草公司，是英國人對我施行經濟侵略的一大利器，從民國初年到抗戰以前，我國的香煙市場，大都為英美煙草公司的天下。自上海以迄內地各省，遠至西南、西北邊陲，英美煙草公司的產品，可以說是無遠弗屆，所在多有。由於英美煙草公司獲得不平等條約的保障，它不受中國法律的管轄，也無須乎向中國政府納稅，因此，這是個一本萬利的好生意，數十年裡，不知道賺了中國人多少血汗錢。

由於英美煙草公司獲利之豐，無與倫比，於是，它又成為英國人對華侵略的總金庫、大本營、和「投資者」。民國十六年北伐軍底定京滬以前，北洋軍閥的當權執政者，絕大多數受過英美煙草公司的濟助和支援，如張作霖、孫傳芳……輩，在英美煙草公司的帳簿裡，都有接受金錢接濟的記載。

英美煙草公司支持過許多軍閥，同時也得到許多軍閥的庇護，所以，在民國十六年以前，儘管它是我國經濟上的一大漏卮；但是，從來不曾有誰向它提出「照章納稅」的要求。

民國十六年六月廿二日，國民政府財政部召集各省財政人員，在南京舉行中央財政會議，當時有一個很重要的決議案，便是中央和地方的稅收，截然予以劃分，中央所收的稅歸於中央，地方所收的稅劃歸地方，從此以後，各省行政、軍事人員不得截留中央的稅款，或者是擅行任免財政部直轄機關的人員。

不過，當時完全遵奉中央政令的省份有限，而北伐戰事，猶在大江以北繼續進行，武漢政權，還有「樓船東下」的謠言，國民政府因為交通阻隔，戰亂不已，收支無法平衡，必須多方面的開闢稅源，以裕庫收。

另一方面，更基於「打倒列強，恢復主權」的呼聲，正在全國處處，如怒潮澎湃，方興未艾。於是，財政部長古應芬，遂在六月廿六日通令：從民國十六年七月一日起，實行統一捲煙稅，廢除原定的二點五出廠稅以及其他附捐。

兩天以後，中央政治會議函知財政部，決定從八月一日起，實行關稅自主，裁撤各省釐金或通過稅，入口關稅除特定物品如煙酒等，依特定稅則徵收外，其奢侈品徵百分之三十，普通品徵百分之十二點五。

消息傳出，國人大聲喝采，因為這是恢復主權、挽回利益的先聲，尤其是國人所經營的煙草業，更為之歡欣雀躍，高呼萬歲，如果英美煙草公司也要照章納稅，那麼，此一享有免稅特權達數十年之久的煙業霸主，立將失去暴利的憑藉，退到和國人所營煙業相同的平等線上，從事公平合理的競爭。

英美煙草公司得到通知，當然大起恐慌，他們擺出橫蠻的姿態，根據中英南京條約的條文，揚言抗不認繳。國民政府財政部，當即施以有力的反擊；——你們抗不繳納，好罷，此後英美煙草公司的產品，但出租界一步，立刻予以沒收。

英美煙草公司產品的銷場，廣達我國各地，單靠租界裡面，又能銷得掉幾箱香煙？財政部的嚴正表示，使他們惶恐萬分，講究現實主義的英國人，隨即強扮笑臉，向財政部討價還價，——他們說：可否按照海關估值為計算單位？繳納值百抽二十七點五的稅率。海關估值，只有市價的四分之一，值百抽二十七點五，事實上僅為貨值的百分之六點九不到。英國人太會打如意算盤了，他們妄想多少繳那麼一點，讓我國政府得個聊勝於無。

財政部頓時予以批駁—不准。

走投無路，英美煙草公司施出了殺手鐧，他們在七月二十五日、二十七日兩天，以稅捐過重，燃煤缺乏為藉口，將該公司舊有的一、二兩廠，和新建立的第三廠，宣佈停工兩個月。

英國人的手段，非常毒辣，三爿廠一停工，首先便是八千多工人拿不到薪水，生活無著，這八千多工人加上他們的眷屬，人數何止數萬。投在社會秩序不寧，工潮紛至沓來的上海市面，無異一枚猛烈的炸彈。他們的用心，正是利用大量的失業工人，向政府請願，藉此要挾財政部收回成命。

先是宣佈停工兩個月，還怕不足以引起八千多人的生活恐慌，英美煙草公司不惜加速將八千工人推到饑餓的邊緣，——原來，民國十一年的時候，英美煙草公司訂過一項華人僱員儲金辦法，華籍僱員服務滿六個月以上，公司將在五年之內，每月撥給月薪百分之五，專戶存儲，滿了五年，增加一倍發給。而五年之內公司辭退僱員，也可以加發一倍。此外，在五年之間華籍僱員可以隨意支取儲款，但以全額的一半為限。

當時，公司一宣佈停工，工人生活馬上就發生問題，照道理，他們為了解決生活困難，頭一步，一定會要去支領存在公司的儲款，以便暫渡難關。——英國人猜準了這一點，又決定拒絕履行此一儲金辦法。

英美煙草公司的八千多工人，果不其然，在停工消息宣佈以後，紛紛向各該廠的主管提出要求：第一，他們要領取雙倍的儲金，第二，他們要請公司當局確定開廠復工的日期。

長期置身於英國人管制之下的八千多工人，實在是太柔順也太好說話了，他們默默無言的接受公司無理的停工宣佈，他們只要提出自已的存款，順便問一聲：什麼時候再來上班？

廠方負責人說：這兩點要求，他將儘快的傳達給公司當局，請求核示。

公司裡的英國頭腦一想：憑這些工人的善良和柔順，要叫他們扮大花臉，充武打角色，在黃浦灘上擾亂秩序，再跑到南京去請願，代公司要求減免稅捐，那恐怕是無此可能，於是，他們便施出第二宗法寶，想逼工人們一逼。公司答覆廠方，廠方轉告工人：儲金不得預借，連帶從前訂定的撫卹條例，同時宣告暫停辦理。

杜月笙聞訊，大為不平，他的朋友更向他詳細說明英美煙草公司的陰謀，一致鼓勵他為這樁大工潮花費點氣力。因為，這件工潮對於國家主權和財政的前途，關係非常的重大。

杜月笙由不平之鳴，一變而精神抖擻，準備和英美煙草公司的財閥展開一場惡鬪。英美煙草公司的八千多工友之中，不知道有多少他的關係人物，徒子徒孫。公司當局巴望工友肇事，請願的要求還說不出口，杜月笙卻已能操縱裕如，得心應手。

公司的答覆剛轉下來，工人們正在氣惱、惶惑、疑怯和不安，一項耳語運動，在人群中迅速的蔓延，一傳十，十傳百，百傳千，竊竊私語變成了憤怒的咆哮，當在場工友全部獲悉了這一項秘密，他們之間有人向廠方高聲的質問：

「聽說公司宣佈停工以後，公司裡的職員還是照拿薪水，請問到底有沒有這個事情？」

廠方負責人的回答，是裝聾作啞，緊緊的閉住了嘴巴。

「大家都是在同一個公司裡工作，」工人群中又有人在大聲疾呼：「既然停工，職員工友就該待遇一律，為什麼職員的薪水照發，工友卻連儲蓄金都不許提，請問，這是什麼道理？」

廠方負責人顧左右而言他。

不平則鳴，怒吼的聲浪，此起彼落：

「講講看嘛！公司為啥要這樣做？」

「職員是人，工友就不是人啦？」

「職員要吃飯，工友就該餓煞嗎？」

「講道理，講道理！把道理講出來！」

群情激憤，越來越凶！廠方負責人嚇得逃回辦公室去，當他回身緊扃室門的那一瞬間，驚天動地的英美煙草公司工潮，於是爆發。

70

吃癟大英一戰成功

工人群中開始有人登高一呼，全體工友團結一致，誓死力爭，他們高喊原有工會的負責人挺身出來，代表大家，向公司當局提出三點要求，——這第一次提出的三點要求，可以說是絕對的合理、合情，更是合法：

一、公司停工期間，不分職員工友，薪水一律照發。

二、儲蓄金應仍照前訂辦法，加倍發給。

三、毫無理由宣告停止的「工人撫卹養老條例」，應該即時恢復。

工會頭腦把三項要求正式通知廠方，廠方又說是立將轉呈公司核覆。

即令是暗中鼓動，如欲支持一個八千多工人，進而影響三四萬眷屬生活的罷工和風潮，委實是一副沈重已極的擔子。三四萬人張開眼睛要吃飯，住了房子得付租錢，衣食住行，生老病死，豈是輕易可以挑得起來的？因此，在英美煙草公司風潮初起之際，連那個以黨政軍三單位為後盾的工統會，都在抱持審慎的態度。他們疏導表現激烈的工友，勸他們應以大體為重，在停工期間，切勿採取暴烈手段，以免資方做為藉口。

相反的，倒是杜月笙的看法比較樂觀，態度也顯得積極，當他的朋友憂急交併的向他警告：茲事體大，杜月笙以區區個人的地位，萬萬不宜插足，須防北方人講的話：「吃不了，兜著走」，——

「倘若弄巧成拙，出了事情，這麼樣一副千斤重擔，事關三四萬人的衣食，請問你杜先生如何挑法？」

「船到橋頭自然直。」杜月笙聲色不動，輕輕的吐出這七個字，接下來，他又詳加解釋：「頭一項，英美煙草公司的風潮，起因於英國人宣告停工，停工以後職員薪水照拿而工人不發，這才引起工友的議論和不平，將來萬一餓煞了人，誰都曉得這是英國人不講道理，欺侮勞工。怪罪不到任何人的頭上。」

朋友之一，一聲冷笑的說：

「以杜先生的為人，凡是你所插足的事情，只怕你忍不下心睜眼看人餓煞？」

「當然不會。」杜月笙斷然的承認，又道：「這就是我所要說的第二層道理了：各位試想想，黃浦灘上，中國人自已辦的煙廠家數也不少吧，但是從簡家的南洋兄弟煙草公司起始，多少年來，那一家不是侷處英美煙草公司的壓力之下，多少年來的苦心經營，也不過只能保本株守而已，從不曾聽過有誰想跟英美煙草公司鬥一鬥，拚一拚。」

於是又有人說：

「憑什麼跟人家拚呢？資金？規模？聲譽？歷史？人家的英美煙草公司，寬寬敞敞的三爿廠，光是工人就有八千多。」

「現在倒是拚一拚的機會來了，」杜月笙深沉的一笑，說是：「各位都是吃香煙的人，都有這個感覺，不可一時無此君！英美煙草公司自已要罷工兩個月，香煙少出幾百萬箱，煙廠儘管可以停工，吃煙的卻無法暫時戒掉兩個月煙，買不到英美煙草公司的小大英、老金籠、強盜牌，他們可不可以買旁的牌子過癮呢？」

「嗯，」有人恍然大悟：「我懂得了，杜先生，你原來是想趁此機會……」

「英國香煙獨霸中國市場不少年了，」杜月笙似有不盡的感慨：「六十年風水輪流轉，中國香煙也應該有個翻身的日子。」

「機會倒是很好，」又有人提醒他說：「不過，英國人也是有盤算的呵，他們宣佈停工兩個月，可能他們倉庫裡的存底，足夠應付兩個月的市面哩。」

「這個，」杜月笙深沉的笑笑說：「早就在我的意料之中。」

自從民國十四年上海五卅慘案，和廣州沙基慘案相繼發生，十五年九月初，四川萬縣附近英國商輪浪沉民船暨駐軍船隻，萬縣駐軍將肇事輪隻予以扣押，正待交涉，英國兵艦突然開炮轟擊萬縣，引起大火，造成重大傷亡。——於是這兩三年裡，全國各處，都激起了反英的怒潮。英美煙草公司在民國十六年七月為「抗議」課稅而停工，對於他們自身的利益來說，毋寧是不智已極的舉措。八千多工人不但不曾成為他們的工具，卻竟反過來被利用為打擊公司本身的武器，使英國對華經濟侵略，受到一次最嚴重的致命傷。

這一次抵制英貨期日之持久，浪潮之廣泛，應該說是政府和全民一心一德，共同努力的結果，然而在最前哨的上海，杜月笙確亦有不容抹煞的功勞。他決定方針最早，同時更能夠把握時機，將他奇妙而深厚的影響力量，一一化為實際有力的行動，一次次給予英國人重大打擊。

英美煙草公司工會的幾位主要負責人，如李長貴、顧若峰，都和杜月笙有很深的交誼，又如陳培德，則是黃老闆的學生。最重要的是，杜月笙的一位得意門生陳君毅，正是領導該工會的黨方實際負責人。

八月一日，好幾千名英美煙草公司的工友，在祥生鐵廠附近的空地上開會，由李長貴主席，陳培德大聲疾呼，激發工友們的熱烈反英情緒，最後，是顧若峰慷慨激昂，提出了六點意見——

一、即日派代表到南京，向國民政府請願，請國民政府對英美煙草公司無故停工影響工友生活，提出嚴重交涉。——不是英國人的最初目的，要工友去請求國民政府減低統一捲煙稅。

二、請求全國各商人團體，設法抵制英美煙廠的產品。——可以說是逸出範圍的題外之談，然而，以愛國家愛民族的觀點看，卻大有「時日曷喪，吾與汝偕亡」的氣概。

三、請求本埠行政機關，函知上海各中國煙廠，收容失業工人。——表明這一大批愛國工人，根本就不想再吃外國人的飯了。

四、請求各界發起募捐，以實力援助。——大有長期抵制，拖垮英美煙草公司的決心。

五、組織失業臨時工人代表團，襄助工會辦事。——由此可見工會往後事務之繁劇。

六、停工期內，不准任何工友入廠工作。——預先防範動搖份子的變節或歸順。

這六點意見，當場獲得一致通過。

「賠了夫人又折兵」、「太阿倒持，授人以柄」，八千多工友突如其來的重大轉變，使英美煙草公司的英國頭腦，為之目瞪口呆，手足無措。英美煙草公司工會（名義是上海煙草公會第五分會）

的文件分發出去，一開頭便指責公司「抵抗國稅，狼吞儲金，意圖搗亂革命後方，突使工友失業」，接二連三，幾記悶棍，打得英國人暈頭轉向，不知如何是好。

接下來，社會輿論予以嚴厲斥責，街頭巷尾的中國老百姓，紛紛大罵英國赤佬欺人太甚！更嚴重的是各商店、各煙販，不約而同的自動拒賣英美煙草公司的產品，英美煙草公司停工關門，營業一落千丈，幾已面臨被連根剷除的地步。於是，英國人慌了手腳，他們所透露出來的口風，漸漸的軟化，軟化，再軟化。

很湊巧的，到了八月十二日，我國第一任勞工局長馬超俊，抵達上海，因為上海市總商會統一委員會宣誓就職，他專程前來代表中央監誓。就在這一天，他站在工友的立場，請上海交涉使署趕快辦理這一樁交涉，以免夜長夢多，影響工人的生活。——十三日上午，上海交涉使署派了一位郭泰華專員，陪同工會代表李長貴、顧若峰和魏雲春，到英美煙草公司磋商復工，公司方面由大班馬立斯代表談判，前後花了四個小時，馬立斯承諾下來復工三條件：

一、工會有代表工人之權。

二、開工後不得藉故辭歇工人。

三、停工期間，賠償工人損失工資二日。

基於雙方協議，八月十五日，在整整停工兩週以後，英美煙草公司開始復工。

這是一場很漂亮的外交戰，政府和民眾，同心協力，不僅把趾高氣揚的約翰牛，打得垂頭喪氣，聲聲討饒，而且，這一仗還打出一個極豐碩的果實，——英國人應允復工，也就等於承認了值百抽五十的統一捲煙稅。有此一筆數額龐大的稅收，對於定鼎南京伊始的國民政府，在財政上實有重大的裨益。

71

季布一諾黃金百斤

杜月笙所設想的目標順利達成，這一點使他非常興奮，協助政府開闢了一大財源，爭取到財政、勞工首長對他的好感，尤其使得那八千多位栖栖皇皇的工友揚眉吐氣，同時也解決了他們的生活問題。李長貴、顧若峰、陳培德都成為眾人仰慕的風雲人物，杜月笙自甘居於幕後，他由一次次的處理風潮，確定了他往後擔任調人，始終奉行不懈的三點原則：

一、必須顧到雙方的利益。

二、寧可貼錢吃虧，但凡問題到了自已手上，就下定決心，非解決不可。

三、決不羼入私欲，而且，抱定宗旨，功成不居。

黃浦灘上自民國十六年夏以後，罷工、工潮，風起雲湧，盛極一時。上海是中外人物薈萃之地，有那麼許多資本家、工會領袖、黨政軍機關、英法兩租界的當局，為什麼後來一有罷工，就非得找到並無職守，毫無關連的杜月笙來擔任調停？說穿了，無非他能無私、肯吃虧、公平合理、不偏不欹，於是「季布一諾，黃金百斤」，杜月笙的聲望越來越高了。

十六年八月十五日英美煙草公司復工，但是到了九月底，更大的風波又起，甚至因此爆發了衝突，打出了人命！

起因是廠方不履行雙方約定的復工條件，九月三十日，發放工資，停工期間工人的損失，廠方答應了要賠償兩天的，不料臨到發錢的時候，廠方卻祇發一天，而且只有葉子間的工友有，其餘則一概賴掉。

工人不服，請工會代表交涉。葉子間的工友很講義氣，他們主動的去質問英國人，為什麼待遇不公？英國領班海納和哈木蘭對於葉子間工友的質問大為光火，於是破口大罵，然後拳足交加，工友們並不還手，海納再打電話去請來英國海軍陸戰隊，荷槍實彈，開到廠裡來彈壓。葉子間工友氣不過，一鬨而散，遂又罷起工來。

葉子間工友一罷工，其餘各部門便無工可做，牽一髮而動全身，英美煙草公司好幾個廠同時停擺。這一次罷工的人數在一萬以上，規模比一個半月以前更大。

全部罷工是從十月四日開始，六日，工會發出了罷工宣言，揭穿了英美煙草公司的一大秘密，——原來，該公司被迫承諾百分之五十的統一捲煙稅後，卻又心有未甘，因此他們想出了一個惡毒的辦法——武裝走私。調集大批的軍艦，用軍艦載運香煙，分赴長江沿岸各省，再轉運各地。英美煙草公司多一半應納的稅捐，便這樣被他們逃掉。

由此可知，這一群愛國的工人，發動十月初的大罷工，並非在於那戔戔的一天兩天工資，我們也可以說：他們是在配合政府的財政政策。因為，英國人藉著不平等條約，他們在租界裡享有治外法權，在租界之外又有內河航行權——包括武裝艦隻在內，我們沒有辦法制止他們這種嚴重損害我國權益的行動，要制服約翰牛，就唯有發動罷工，直接影響他們的命脈——大量生產。

72 武裝走私？還伊罷工！

八月間英美煙草公司停工兩週，是英國人咎由自取，所作的片面行為。而十月間的大罷工，就完全是勞方所主動，在這一次大罷工的醞釀、成熟、實現以及持續的四個階段中，其間最磊的功臣，首推在上海頂有號召群眾力量的杜月笙。

民國十六年，上海工人的工資，係以米價折合計算的，通常的公司廠家，都拿白米八塊銀元一石為標準，一般工人，每天工資四角，每月十二隻洋，而當時的米價，卻已上漲到每石十七元到二十元之間。我國昔日駐智利大使段茂瀾，是時在上海基督教青年會工作，他曾花了八個月時間，調查上海工人生活情形和住屋實況，他在一篇報告中指出：普通成年勇工，每月工資只能收到十元到十五元，四口之家的開銷，至少也得二十塊錢，不敷之數，乃由妻子兒女做工彌補。——英美煙草公司和商務印書館，早年還算是待遇最好的兩家，因為他們有一個合理的制度，——米價上漲，即行發給米貼。當米價超過十四元一石時，工資不滿十五元者，增發米貼三元五角，十五元至二十元者，增發米貼二元五角，二十元至四十元者增發米貼一元。

由於多一筆米貼可拿，再加上廠方的月薪百分之五獎金存款，五年期滿加倍發還，所以，英美煙草公司實在是滬上各公司中，待較好的一家，又加上工人服務年資長久，習於忍受英國人的威迫利誘，他們對於飯碗問題，難免要比其他廠家的工人看得重些。——八月間的週停工，讓他們受到了相當的損失，如今創痍未復，痛定思痛，要促使他們為一個較大的目標，甚至於為若干人所懵然無知的問題再罷起工來，這當然得花費很大的氣力，而非三言兩語，喊喊口號就可以竟功。

有些工人說：

「要我們罷工，可以，但是，我們的職業前途，身家性命，必需要有所保障。」

又有些人說：

「何必再罷什麼工呢？我們今天不做，明朝就沒有飯吃了呀！」

為解決這個重大的難題，杜月笙一方面做週密的準備，設法募集款項，救濟罷工期中的工友，甚至於要為他們未來的可能失業，預留地步，說服華商煙廠，必要時擴充設備，加以收容。另一方面，藉由和他相關的工會領袖和工友等人，口耳相傳，很快的使大家曉得：這次罷工是杜月笙講過了的：倘使工友發生任何問題，他絕對負責。

這樣，徬徨遲疑的工人，才算是接受了杜月笙的「言話一句」，罷工告成。英美煙草公司工會的幾位負責人，如顧若鋒、李長貴、陳培德等，他們的經驗閎富，手段敏捷，所建的功勞也不在小。譬如由拿到錢的葉子間工人質問英國領班，使英國人腦羞成怒，顯露出猙獰面目，竟將極少數人毆打成傷，事端發生，當然很能激起各廠工人的義憤，和同情、贊助。

上一次停工事件因為解決得快，杜月笙自以為神機妙算，所安排的兩著妙棋，是由於時間不及而未能發揮作用。這一次，準備充份，他乃得以從容部署，在英美煙草公司的心臟之前，預先瞄準兩支利刃。華界煙店煙販，和華商煙廠，早已由杜門中人，事前便打好了招呼：必要時，杜先生要使用這兩支殺手鐧。

一切準備妥當，十月四日罷工展開，六日發表的宣言，開宗明義第一章，便是洩露英國人武裝走私的陰謀詭計，然後，在十月中，工會方面提出了四章二十條，洋洋大觀的條件，由上海工統會，轉送上海交涉使署，正式的向英美煙草公司提出。

他們很快的獲得資方—英美煙草公司的答覆：「萬難接受！」

罷工一開始，由杜月笙暗中策畫的「罷工後援會」，立刻宣告成立，展開活動。南洋、華成等大小華商煙廠，規定好每出一箱香煙，便抽取五塊大洋，作為發放英美煙廠罷工工人津貼之用，不敷之數，則由杜月笙和他的朋友，紛紛慷慨解囊，合捐了相當數額的錢，存放在後援會裡。杜月笙果真沒有食言，罷工期中，工人們的生活無虞匱乏，他們每人每月可以拿到「維持費」大洋六元，數值跟他們所可獲得的工資，約略相埒。

捐款中最大的一筆，是勞工局馬超俊局長，和中央委員覃振，親自向南洋兄弟煙草公司勸募來的。南洋煙草公司是國人自營捲煙業的巨擘，由南洋僑商簡照南兄弟開設，他們非常豪爽，一口氣捐了三十萬大洋。平均分配給罷工工人，第一次他們就可以拿到將近一星期的工錢。

眼面前的生活解決了，將來的職業也有所保障，工人們樂得鬆散鬆散，回家休息。——另一方面，英國人起初決定的應付方針，也是好整以暇，不理不睬，在他們的想法，一萬多名工人每天至少要開銷六七千塊，他們不相信後援會有這麼大的力量，可以長時期的負擔下去。他們不曾想到，時間拖得越久，對於華商煙廠越為有利，他們也就更能捐出大筆的款項，使癮君子們漸漸的把英美煙廠的出品淡忘，同時，杜月笙早在兩三個月以前，便定就了長遠持久之計。

從十月四日拖到了十一月十九日，英美煙草公司的英國頭腦，越看情形越不對，他們一撥算盤，這才曉得吃虧上當的，還是他們自已。於是開始發起急來，當天，他們調來大批的英國軍隊，一波波開到租界上的工人宿舍，挨家挨戶的找工人，但凡找到，便用軍隊的槍和棍，逼迫他們到廠裡去。

73

英軍出動鬧出人命

寧靜安謐的工人宿舍裡，突然來了這一批批的惡煞神，大哭小叫，人翻馬仰。工人們表現了中華男兒的正氣，他們不肯在如狼似虎的英軍槍與棍下屈服，他們聚成一堆，高聲的抗議，帶領英軍前往的公司領班和工頭大發脾氣，他們唆使英國兵施用武力，於是槍棍齊施，哭喊喧天。工人們赤手空拳，急切間找不到武器，因此只好任人毆辱，在一場空前未有，駭人聽聞的大混亂中，有一位工人被英軍打死，還有十幾名身受輕重不等的傷。憤恚的群眾開始怒吼咆哮，他們忍無可忍，就要拚命抵抗了，英國領班看看苗頭不對，他們倉惶的帶著那些行兇施暴的英國兵，迅速撤離。

慘案發生，黃浦灘上，乃至全國各處一概為之震動。杜月笙咬牙切齒，痛心疾首，在上海的中國人憤恨已極，一致聲討英國人難以原諒的罪行。工潮惡化到這個地步，杜月笙預先埋伏的兩支利箭，終於不引自發，筆直的射向英美煙草公司的心臟。

在當年，這真是波濤壯闊，令人驚心動魄的一幕，被激怒的工人抄起了殺手鐧，——他們自發自動，組織了糾察隊，一萬多名糾察隊日夜輪流，不停的在上海華界大街小巷巡查，誰敢再賣英美煙草公司的香煙，貨物沒收以後，送到西門公共體育場去當場燒掉！

於是，杜月笙一系列的徒子徒孫，則以仗義勇為的協助者姿態，在為這一個全面而徹底的清查工作擔任支援，他們和糾察隊同樣認真而熱心的執行禁賣英美煙草公司產品，他們地點熟人頭也熟，必要時可以號召得動大隊弟兄，零售煙商很少有人敢和他們抗衡。

南洋兄弟煙草公司和華威煙草公司，在國人經營捲煙業中允為翹楚，兩片公司各有工人四千餘，其他規模較小的，亦均擁有工人一千人左右，這些公司都有工會組織，民國十四年發動碼頭工人參加五卅大罷工的周學湘，便是重要的領導人物。為了徹底抵制英貨，加強對於英美煙草公司的壓力，華商煙業為數巨萬的工人也卷入了這個空前熱烈的行動。他們和英美煙草公司的工友，以及杜月笙的群眾力量合流，聲勢更為浩大，抵制行動的範圍也越來越廣，——糾察隊改變方法，一旦查獲零售商還有英美煙廠的製品，貨物加以封存以外，店方還得具結，保證今後不再批購和發售。英美煙草公司從前花了很可觀的金錢，在上海通衢大道，熱鬧場合豎立了巨大的廣告牌，在租界裡的還能保持，設在華界的便成了勞工大眾洩憤的對象，拆除，燒掉，或則搗毀，短短的幾天之內，上海華界不見一幅英美煙廠的廣告。

車站，輪船碼頭，通往外地的交通要道，到處都效有便衣糾察隊的足跡，他們嚴密檢查，竭力防止英美煙廠的香煙運走。一切行動做到充份有效和徹底，英美煙草公司像是已被憤怒的工人扼住了咽喉，他們掙扎，他們窒息，當千方百計，想盡辦法，英美煙草公司凛於糾察隊封鎖，抵制行動的厲害，為時已經太晚，英國人的損失，包括停止生產、貨物被封，和銷場斬斷，多得無法算計。

十四年的五卅慘案是日本人開的端，英國人肇的事，當時曾引起全面的抵制日貨運動。十六年冬的英美煙草公司風潮，則純粹是英國人弄巧成拙的自作孽，他們誤以為國民政府也像以往和他們交過手的其他政權一樣，和廣大民眾是隔離的，各行其是甚至背道而馳，難於步驟一致。他們忽略了國民政府正是國民與政府結合，一盤散沙的中國人終於團結起來了，東亞睡獅的一聲怒吼，便嚇得他們心驚膽跳，茫然失措。

英國人又誤以為一萬多工人，吃他們的飯，拿他們的薪水，理應為主子効忠，作為他們任意驅策的工具。他們沒有想到，每一個中國人都熱愛他們的國家民族，這一大股群眾力量，當然是一項有力的武器，可是，英國人的對手方，如杜月笙者流，只要三言兩語，說明真相，此一有力的武器立即從他們的手中飛去，掉過頭來打擊他們自己。

實在是狼狽得很了，但是英國人仍不屈服，他們又在迷信帝國主義對於中國人另一項誤解，——中國人只有五分鐘熱度。他們更以為中國人自己無法將這個場面再拖下去。根據事後的調查，他們曾經如此荒謬的設想過：

一、蔣總司令下野以後，中央散漫分歧，軟弱無力，他們以為國民政府的官員，尤其是財政官員會屈服於大英帝國的威逼利誘下。

二、當時的北伐軍停滯江左，中樞政局未臻鞏固，而強敵環伺，蔣總司令猶仍未有復職的消息；他們巴望國民政府垮台，北伐大軍逐步撤退，京滬之間倘如換一個新局面，他們所面臨的問題，也就不了自了。

三、一萬餘工人的生活維持，確是極重的負擔，他們希望新成立的後援會力量不繼，當工人們的基本生活發生問題，英國人有把握將他們重新爭取過來，歸入建制，恢復工作。

就因為以上這三點英國人自以為是的原因，拖、拖、拖，大罷工從十月四日，拖到十一月，十二月，民國十七年元月份，整整三個月了。英國人才漸漸的覺得不對勁，他們所妄想的三點，始終不曾顯露半點跡象。國民政府的官員不論於公於私，一致表示全面支援上海的這一次大罷工，沒有人動搖，沒有人理會英國人的威脅利誘。其次，民國十七年元月，蔣總司令在國民政府暨全民的敦促之餘，從上海抵達南京，呈報正式復職，於是萬眾騰歡，兆黎額手相慶。英國人再看到後援會維持一萬餘工人的生活，從容自在，綽有餘裕，另一方面，癮君子們因為英美煙廠製品斷檔，紛紛改吸國產香煙，南洋、華成以次的國營煙業，營業額扶搖直上，各廠日夜開工，仍還供不應求。杜月笙早些時的預言幸而得中，抽香煙不過是一種習慣，換牌子，只有短時間會感到不方便，現在，癮君子漸漸的吸慣中國產品，英美煙草公司復業也好，不復工也罷，已經不再構成他們所關切的問題。

74

英人著慌俯首投降

英美煙廠漸次在人們記憶中淡忘，相反的英國人卻越來越著慌。他們亟於重做宣傳，不惜犧牲血本，派人到各飯館茶館，在每張桌子上丟一包英美香煙，免費奉送，大請其客，同時，他們亦已摸清楚了罷工形成的最大癥結，因此，交涉的重心由上海移轉到南京。

民國十七年元月七日，宋子文接任國民政府財政部長，由他所提出的分開報告，顯示中央財務情形之困難，中央每月的收入不及三百萬元，支出卻需一千一百萬元之巨，甫行就職的財政部長很有把握的說：「只有整頓江浙兩省的財政，兩三個月以後，中央每個月的收入即可激增一千餘萬。」

當然，倘如英美煙草公司恪遵中央法令，不再走私，不再漏稅，這一筆值百抽五十而是銷售到全國各地的煙稅，為數必定相當的可觀，對於中央財政赤字的彌補，自將視做重要的一環。因此，作風明快的宋子文親自出馬，調解英美煙草公司曠日持久、兩敗俱傷的工潮。元月十三日國民黨中央委員舉行談話會，宋部長旋即抵達上海。既有宋部長親任調人，雙方對於復工的原則問題，意見立趨一致，元月十六日，英美煙草公司愛默利（**F.B. Esmry**）代表，勞方代表則為顧若鋒、陳培德、魏雲春等七人，宋部長特別指定上海特別市黨部，市政府和江蘇捲煙局長擔任證人，就在財政部駐滬辦事處，簽訂了一項載約十二條的「上海英美煙廠工會與英美煙廠勞資互助條件」。

工會、後援會和中國官方獲得輝煌的勝利，傲氣凌人目無餘子的英國人終於俯首就範，百分之五十的統一捲煙稅照章繳納不誤，這是勞資雙方洽定條件的外一章，也是我們國家挽回利權的一大收穫．在財政支絀的當時，此一收穫是相當值得重視的。

工人們努力奮鬪三個月，在「勞資互助條件」此一正式文件中，他們所組織的工會，被公司當局正式承認，每月發給的米貼，從八元降低到五元起算，他們在告假期間不再被扣工資，女工分娩給假六個禮拜，一次給予調養費三十元，職工生病，由廠方指定醫院，負責醫藥費用，亡故者，廠方尤須撫卹，——撫卹費，因公身亡或殘廢，都是一次發給一千五，同時，他們的年終花紅仍照十二個月計算，罷工、停工時期一律不扣，附帶的，廠方將設一所英美工人子弟學校，免費供給職工子弟讀書。

英美煙草公司罷工案圓滿結束，杜月笙因為自始至終躬與斯役，雖然在事件過程中，不論新聞或官文書，他一概榜上無名，但是他仍感到無比的興奮，莫大的鼓舞；他總算又對苦難中的國家，又有一次貢獻。同時，他還另有一項意義重大的收獲，財政部長宋子文還不曾認識杜月笙，卻已對於他的為人和作風，有了相當深刻的印象，英美煙草公司工潮，為他們二位往後訂交建立了良好基礎。

儘管英美煙草公司對工人作了很大的讓步，但是由於整三個月的相持不下，使平時被壓迫得透不過氣來的華商煙業，獲得了揚眉吐氣、擴充發展的大好良機。南洋、華成……許多煙廠從此青雲直上，營業一日千裡，進而能和一向獨霸中國市場的英美煙廠分庭抗禮，我們也可以說，這是蒙受英美煙廠工潮的所賜。

最低限度，英國人的虛偽冷酷，唯利是圖，經過持續三個多月輿論的抨擊和撻伐，於焉在中國人面前表露無遺。五卅慘案使中國人憬悟英國人的可恨，英美煙草公司風潮卻讓我們了然英國人的可厭、可嫌與可惡。

英美煙廠一直維持到民國三十六年大陸撤退，共匪入據上海，他們發動工人，要求發還多年積存的儲蓄金，計算結束，儲蓄金的總額，超過了英美煙廠的資產。於是，共匪以此藉口，將該廠全部沒收。

親身經歷許多次工潮，和工業界人士、工會領袖接觸頻繁，杜月笙的交遊益更拓廣，他目光銳利，在新結交或未結交的許多朋友中，他看得出一批新銳的工人領袖正在脫穎而出，迅速獲得勞工大眾的信任與擁戴。這一批人大多數是青年，虛心誠懇，志行純正，他們為了大眾的福利，每每表現得慷慨激昂，敢作敢為，他們的勇氣和膽識，使杜月笙看得既愛且敬。

他開始暗中注意這些黃浦灘上的新血。

在上海七大工會中，郵務工會以後來居上之勢，突飛猛進，在迭次工人運動時表現良好，獻替殊多，已使滬上人士對他們青睞有加，刮目相看，杜月笙自亦未能例外，他更特別看中郵務工會裡的幾名首腦人物，如陸京士，如朱學範、如張克昌等。尤其是陸京士，他曾經指派專人，去搜集、調查他的各種資料。

陸京士是江蘇太倉人，畢業於上海法學院，他在民國十三年參加郵務人員考試，獲得錄取，民國十四年加入國民黨。他在上海郵局服務期間，由於學識豐富、熱心誠懇，不久便被推選為郵務工會的重要負責人。民國十六年三月二十一日，這個世家出身、大學畢業的郵務人員，基於愛國熱誠，響應北伐，竟然手持槍械，參加國民黨領導的工人糾察隊，跑到閘北，憑血氣之勇，兩度向直魯軍的精銳畢庶澄部作戰。在槍林彈雨下親冒鋒鏑，和他同隊出發的信差楊齡，便在這兩次激戰中不幸中彈身亡。

工人糾察隊打了勝仗，擊潰直魯軍，連總工會和糾察隊，一概被潛伏在國民黨中的共黨份子汪壽華、顧順章、周恩來等抓了過去，他們魚目混珠，以訛傳訛，希望繼續利用國民黨的外衣，將上海八十餘萬工人蒙蔽下去，進而陰謀攫奪上海，作為他們的叛亂根據地。

因此，當四月十二日清黨之役爆發，陸京士和他那一批青年朋友忍不住了，他們氣憤填膺，抱著大無畏的精神孤軍應戰，使得郵務工會成為上海無其數工會中，頭一個響應清黨，並且經過鐵與血的鬪爭，短兵相接，把共黨份子趕出去的人民團體。

75

郵務工會驅逐左派

四月十二日之晨，共黨盤踞的總工會已被軍警進駐，糾察隊在共進會弟兄的攻打下既被繳械，又復紛紛作鳥獸散，但是總工會裡的共黨頭目，仍然利用倉猝之際，外間不明真相的機會，以業經解散的總工會名義，煽動全市總罷工，作反抗的示威。他們的真正目的則為奪回槍械，擊走駐軍，進而組織上海赤色叛亂政權。

當時，上海郵局中就潛伏有大量的共黨份子，如王荃、顧治本、周顒、孫鑄東等，他們奉命以後，當即在郵局天井洋台，張貼大幅通告，下令全體員工一致響應，開始罷工。時在早晨將要上班的時刻，共黨份子，全體出動，正在駐足圍觀的人羣裡竭力搧動，慷慨激昂。陸京士和他的朋友們，眼看共黨份子到了陰謀揭穿，總工會和工人糾察隊都已經魚爛土崩的時候，這班赤佬還想興風作浪，惹事生非，於是，由急先鋒于松喬和翁永興，當眾駁斥共黨份子的別具用心，鬼蜮伎倆，一伸手便將罷工通告撕掉。共黨份子惱羞成怒，反唇相譏，雙方險些大打出手；由於大多數工人支持反罷工的主張，罷工罷不成了，共產黨徒相率離去，臨走時他們惡狠狠的說：他們必將報復。

于松喬他們毫無懼意，立刻又採取進一步的行動，用上海郵局投遞處全體信差的名義，草擬一份廣告稿，自家掏腰包，在四月十三日刊載於上海各報，聲明全體信差退出郵務工會。

因此，基於這一項「意外」事件的發生，工會方面的負責人，如陸京士、吳懷品、宋併鏡等分別向各部門會員聯絡，並且張貼通告，訂於當天下午五點鐘，在投遞處召開會員大會，緊急商討投遞處全體信差退會的嚴重態勢。

開會時，陸京士當主席，黃小村發表演說，揭發共產黨的陰謀，要求改組工會，提案正待表決。共黨份子不知從何處找來大批怒眉橫目，氣勢洶洶的大漢，分佈會場四週，高聲喊打，幾欲動武。工會會員們不服，攘拳舞臂，準備應戰，主席台上的陸京士一看情形不對，唯恐一打起來反而中了共黨擾亂秩序的毒計，他機警的高聲宣佈散會，然後跟他的朋友們分別疏導，工會會員安謐如常的退出會場，共黨暴徒也就一鬨而散。

散了會，陸京士約了黃小村、葉兆祺、于松喬、錢麗生等數人，臨時又拉了凌其翰來幫忙，一群熱情的反共青年，當晚便擬定了籌備改組的方案，且又指派任務，並分別擔任各部門的聯絡之責。

四月十四日起，這一批郵務工會的熱心人物，立即展開聯絡和徵求意見的工作，接連多日，正幹得起勁，突如其來的，陸京士接到一封匿名恐嚇信，打開來，噗的一聲響，一顆手槍子彈，掉在地板上。

信中大意是說：陸某人，請你馬上脫離工會，即日離開上海，倘使你不聽話，下一顆子彈，就要射穿你的腦袋。

以當時局勢之混亂，若干共黨份子，暗中猶仍私藏軍火，共產黨要遂行暗殺，並非毫無可能。因此，朋友們紛紛來勸陸京士，叫他小心謹慎，為了免遭共黨的毒手，何妨先避他們一避。

當年，陸京士才二十歲出頭，血氣方剛，一身是膽，他答覆那些關懷備至的朋友，率直的說：「這有什麼可怕？共產黨真敢暗殺我，何必多費一層手續，先寫這個恐嚇信？」過不多久，陸京士倒是安然無恙，另一位熱心人物黃小村，獨自一人經過新閘路，人叢中忽聞砰的一聲響，一顆子彈迎面飛來，黃小村身受重傷，倒臥在血泊之中。過路的人把他抬起來，送往附近醫院急救，幸好，兇手心慌，一槍不曾擊中黃小村的要害，他在醫院裡住了一個多月，才算是保全了一條性命。朋友們怕他留在上海還有危險，設法把他調赴內地郵局工作。

一次危言聳聽的恐嚇，一次真槍實彈的暗殺，當事人本身泰然無所懼，只有把改組工作進行得更積極。反倒是一些膽小的會員，唯恐城門失火，殃及池魚，他們不免打起了退堂鼓，不改組就不改組吧，何必跟共產黨拿性命相拼呢？

籌備一二十天，不得結果，陸京士很不甘心，當時上海特別市黨部農工部長周致遠是他的同學好友，陸京士跑去找他，請為協助。——在市黨部的全力支持之下，五月三日，郵務工會的會員代表大會，終於在市黨部大禮堂舉行。陸京士他們這一群熱心人物，總算是用鐵與血的代價，換得了他們理想中的成果：郵務工會改組完成，共產黨和他們搖旗吶喊的嘍囉，全部被清除出去：陸京士、于松喬、錢麗生、水祥雲、張一道、方壽生、葉兆祺等當選為工會整理員，——他們用最快的速度，促使面目一新的郵務工會順利誕生。

由於這是四一二上海清黨以後，由工會本身自發自動的自清之舉，杜月笙始終都在密切注意，他對於陸京士、黃小村、于松喬等人那刺激緊張一幕幕的演出，讚不絕口，推崇備至，他時常在向他的親信說：

「郵政局那一幫青年朋友，真了不起！」

76 上海大亨毀譽參半

半年之後，到了民國十六年十一月，市黨部和軍方支持的工人統一委員會，為了掌握工人群眾，進行各級工會的改組，早已劍拔弩張，勢同水火，雙方明爭暗鬥，無時或休。周致遠是市黨部的農工部長，他的得力幹部，幹事張君毅，便由於秘密領導工會人員，倡言反對軍方控制工運，竟遭下獄處死。

十六年十一月十七日，上海工人總會的突告組成，對於大權在握的陳老八來說，無異在他面前爆發了一枚炸彈，第二天上午十時，新成立的工人總會尤以迅雷不及掩耳之勢，召開第二次執委會議，確定各部負責人選，陸京士和他的朋友們不避艱危，挺身而出，分任重要職司。同時決定推舉代表，向南京中央黨部工人部，上海市黨部和市政府農工商局請願。從這一天起，直到十七年四月廿四日中央通過上海工會整理委員會組織條例，五月起命令工統會和工人總會同時停止活動，九月七日楊虎、陳群免職，在整整十個月的長時期裡，陸京士他們的種種表現，杜月笙是一向都在擊節欣賞，時刻縈懷，但是他深知陳老八和陸京士是「道不同，不相與謀」，所以他在陳老八面前，絕口不提陸京士，更由於自已正和陳群竭誠合作，密切無間，他當然也不便於談起想要結交陸京士這一幫人。

臨到楊虎、陳群黯然下台，黃浦灘上風雲變色，陳老八茫茫四海，無處容身。杜月笙恭恭敬敬，請他入幕，陳群感激之餘，力陳他當殫智竭慮，為杜月笙的前途畫展，他們兩人幾度長談，檢討過去，認識現在，擘畫將來，其後又加上劉志陸、楊志雄、楊管北等人的數次密議，杜月笙和陳群一致認為：

國內的形勢已經全面改觀，杜月笙未來的做法也要跟過去有所不同，煙賭事業必須相機結束，生財之道應該移轉到工商金融事業方面。

個人敦品勵行，既應力爭上流，那麼，杜月笙的交遊，也得向上發展，大至於黨政軍領袖，小及於金融界、工商界、文化界的首腦人物，都需要傾心結納，儘量爭取。

由於方向轉變，需要不同，人力資源，必須妥為調整。舊有的大小八股黨，幫會徒眾，應予合理的維持，作為基層的力量。另方面開創新猷，尤將大量的吸收新血；所謂新血，應該是智識份子，專業人員，最好，——陳群一再強調的說：

「要多多延攬那些能夠掌握群眾的青年朋友。」

「他們，」杜月笙搖頭苦笑的說：「平時都把我看做幫會人物，地方惡勢力的代表，認為我是革命的障礙。你想，他們怎麼會拜到我的門下來。」

幾句從來不曾表露過的話，使陳群受到強列的震撼。往後他告訴別人說，他一向沒有留意，杜月笙的城府竟有如此之深，看他平時不聞不問，對於市黨部的朋友，一視同仁，但是，那些人對於他的觀感如何，認識如何，儘管由於尚待利用的關系，都在深藏不露，——杜月笙卻胸中懷了一面鏡子，他太有自知之明，因而他能識人，他能深切瞭解自己在別人家心目中的地位。

如何吸收新血輪，延攬基本幹部，杜月笙謙虛得很，他說：他對有本領有學問的人，寧願尊之如師，揖之如友。但是，為他畫策的人卻說那倒不必如此，至少在上海一地，杜月笙有杜月笙的身價，地位和聲望，還有一點，將來他要創辦大事業，總不能拜了成千上百的老師，千千萬萬的朋友，而讓他來高高在上，如手使臂般的運用裕如？

於是有了一個變通的折衷方案：清幫開香堂收門徒的那一套，已經是陳腐落伍，不堪援用了。如果有人甘於拜杜月笙的門，那麼，開香堂便改為點香燭，磕頭改為三鞠躬，拜門的一律稱為學生子，「老夫子」或「先生」則為敬師的尊稱，寫上三代簡歷的拜師貼改為門生帖子，拜師帖上例有的「一祖流傳，萬世千秋，水往東流，永不回頭」，簡簡單單的改作「永遵訓誨」，——這一個揉合了清幫、科舉和上海商場通行的「拜先生，學生意」的拜師禮，別出心裁，不倫不類，卻是在當時那個環境，頗能切合實際。

杜月笙把黨部中人對他的觀感揭穿了說，陳群也就不再隱諱，他詳細的為他分析，黨部若干新銳人物，對他有這種看法誠然不錯，然而杜月笙應該曉得，杜月笙在地方上所擁有的深厚力量，那是黨部人員所需要借重的，因此，市黨部方面的人員還會不斷的和他保持接觸，甚至設法爭取他的友誼，那麼，陳群坦率的說：

「你就該儘量使你的見解和作風，跟他們趨於一致。」

又有一次，陳群開頑笑的說：

「月笙哥，你化敵為友的本領特別高強，任何人和你見了面，共過事，便會自然而然的跟你走。你說我這個話對不對？」

「不對，」杜月笙笑著回答：「只要他路子沒有走錯，我也可以跟他走。」

陳群忽略了杜月笙的這一句話，因此，種下民國廿六年老兩兄弟意見脫輻，勞燕分飛，就此天人永隔的契機。

倒是杜月笙眼看陳老八對於國民黨政治已如野鶴閑雲，而且他是一個相當洒脫的人，不在其位，恩怨都休。他心知自己延攬長才的時機業已來臨，於是有那麼一天，兩人談得正歡，杜月笙趁在興頭上，終於流露出自己內心的願望。

居然陳老八的反應是大為興奮，他一躍而起的問：

「你倒說說看，你看中了那幾位？」

杜月笙報出了一長串名字，其中，就夾有著陸京士等人。

兩位把兄弟興高采烈，細細月旦人物，品隲賢劣、決定了一紙名單，陸京士等赫然在榜，可見兩人所見略同，而且陳群並無半點私衷。

77

謙恭下士結納長才

間接而又間接的，杜月笙運用關係，輕輕的將一句話吹進陸京士的耳朵：

「杜先生想見見京士兄。」

陸京士一愕，大為躊躇，他跟同志好友商量，卻是眾口一詞的在慫恿他：

「當然去，認識了杜月笙，對於我們的工作，方便的地方太多了。」

於是陸京士踏進了華格臬路杜公館，杜月笙彷彿朵雲天降，倒屐相迎，當天他們便作了一席長談，陸京士簡直有點恍恍惚惚了。——眼面前的這一位娓娓而談的中年人，就是毀譽參半的上海聞人、大亨杜月笙嗎？他輕袍緩帶，舉止文雅，談吐清新脫俗，待人接物，彬彬有禮，國民黨剛帶來的新名詞，他也能不假思索，脫口而出，運用得像模像樣，他何有一絲半點江湖獷悍之氣？

在初相識者面前，杜月笙是很有吸引力的，因為他待人和悅可親，不忮不求，尤其是對待陸京士，這個他屬目多時，背景資料搜集得相當充份的青年朋友，他並不炫奇逞能的當面表現他能瞭解多少，但是他說的是陸京士中聽的話，談的是陸京士有興趣的問題，因而在不知不覺間，使陸京士有一種獲得一位藹然長者、知心朋友的歡欣和喜悅。

杜月笙往後的謙恭下士，結納長才，吸收新血輪，以陸京士這一次為先例，漸漸的成為了範例。

如此這般，不久以後，陸京士便加入杜門，當杜月笙和陸京士感情突飛猛晉，這兩股力量，迅速的合流，在他們兩位的經營擘劃之下，不管是杜月笙，抑或陸京士，出面處理工潮，也就此呼彼應，互為奧援，越來越得心應手了。往後若干年中，杜月笙和上海市黨部對於領導工運的漸趨一元化，上海勞工界領導份子，工人領袖，不分華界租界，不論各行各業，莫不紛紛投入杜門，這一股巨大力量的形成合流，乃使杜月笙在黃浦灘上的潛勢力益為深厚。往後建立他龐大的事業，能夠得心應手，其堅實基礎的奠立，也就開始在這時候。

78
耗資卌萬保全顏面

民國十九年六月，上海受到閻馮挑起中原大戰，河南江西遍地炎黎，李宗仁、張發奎入侵湖南、朱毛匪幫趁勢猖獗，全國情勢動盪不安的影響，物價飛騰，白米一石漲到二十元以上，法商水電工會裡面的一些共黨份子，藉機煽動部份工人，聲言工人每月薪金不及一石米錢，生活無法維持，而公司裡的法籍僱員，一加薪便是月支規銀二百兩，他們說：待遇如此不公不平，那怎麼行？於是，共匪小頭目徐阿梅，人長得高高大大，流裡流氣，由他發動機務部的工友，向公司提出改善待遇六條件。

因為徐阿梅影響力有限，發動的人數不多，法商公司不免掉以輕心，先是三次通告，拒絕工人要求，後來爽性關閉廠門，把肇事的工人屏諸門外，另行招僱新工，又尋來一批白俄，入廠工作，逼得這批工人無路可走，終於製造事端，釀成血案，鬧出了轟動全國的軒然大波。

血案發生在七月廿一日，那一天，清早八點多鐘，法商水電公司的機務、車務兩部工人兩百多名，跑到法租界馬浪路工人俱樂部，責問查票工人為什麼不採取一致行動，參加罷工？巡捕房得到了消息，派遣大批的鐵甲車，載了一百多名荷槍實彈的巡捕，馳往彈壓。

工人們不怕，由徐阿梅領頭叫罵，情緒一衝動，索性高聲喊打，工人往前一衝，巡捕沉不住氣，拔槍便放。於是馬浪路上子彈橫飛，鬼哭神嚎。屋頂上一個看熱鬧的泥水匠，當場中彈身亡。徐阿梅帶來尋釁的工人，重傷兩名，輕傷二十三個。而且不分輕重傷，統統一道捉進巡捕房。

事情鬧大了，法租界巡捕房公然當街開槍殺人，難免引起公憤，局部罷工迅速蔓延到全面，參加者達一千餘名，連公司華籍職員都紛紛加入工會，參與罷工者的行列。上海各工會立即組成後援會，嚴重警告法國駐滬總領事，要他負責善後。上海市政府一面派員晉京，報告工潮經過，和慘案真相，一面派秘書耿家基，向法國駐滬總領事提出交涉。

事件發展到最高潮，是國民政府訓令外交部，以法國巡捕在我國領土上開槍殺人，顯係蔑視我國主權，從此，罷工案演變成為國際糾紛，我國外交部，向法國駐華公使提出嚴重抗議。法國駐滬領事范爾迪，從來不曾經過這麼大的風浪，嚇慌了手腳，只好以私人關係挽請杜月笙出面調停，范爾迪聘任杜月笙為他的代表。

因為杜月笙一向受知於黨國元老張靜江，另一位黨國元老，張靜江的好朋友，和杜月笙關係亦深的李石曾，也住在上海法租界，他認為這件工潮應該迅作合理的解決，於是他也參與斡旋。至於陸京士運用他在工人群中的影響力量，為杜月笙奔走調停，釜底抽薪，自屬不在話下。

經過這三方面的通力合作，八月十二日晚上，李石曾邀約市政府秘書耿嘉基，法國總領事代表杜月笙，和工人代表張其祥等七位，到他的家裡舉行談判。當工人代表提出六項條件，杜月笙聽完以後，頓即言話一句：

「可以照辦。」

李石曾很高興，請工人代表和法國代表在草約上簽字，然後囑耿嘉基持此草約去尋法國總領事認可。法國人喜歡耍賴，先則范爾迪不在，由總巡捕費沃里代表簽署，費沃里說：

「這裡面的第四條，法商公司恐怕無法照辦。」

解決了天大的風波，法國頭腦竟而小家氣，過河拆橋，杜月笙甚為光火，當時便說：

「你把第四條取銷好了，這一條，由我杜某人個人負責！」

費沃里老著面皮，當眾劃去了草約上的第四條——

「自願退出公司之四十名工友，工資照給，其待遇與在廠工人等。」

等到十三號早晨，工會召開會員大會，報告情形，陸京士早已有所布置，大家都說條件滿意。接著，中午開慶功宴，全體聚餐，下午一點鐘，一兩千工人歡歡喜喜，排好了隊去復工。

滿天星斗一掃而空，范爾迪也回來了，他約杜月笙去研究研究草約，兩人一見面，范爾迪便愁眉苦臉的告訴杜月笙說：

「法國總領事無權過問法商公司的業務，草約裡面有若干項，公司當局不肯答應，使我相當的為難。」

跟法國人打交道打得多了，杜月笙明知這是恩將仇報的嫁禍伎倆，充其量不過破費幾文，法國人要賴帳，推他這簽了字破一次財。當時，他若無其事的問：

「那幾項呢？」

范爾迪不憚其煩，一一報來。果不其然，凡是該拿錢的條文，公司一概不認帳了。

其中包括：

一、罷工期間工資照給。（兩千多人二十三天的的薪水）。

二、一律月增工資四角。（每個月至少要五千餘元）。

三、四十名退出公司的工友，工資照發。（四十個人天長日久，按月到杜公館拿錢養家）。

剩下來，為公司當局所接受有的，只有三條——

一、被捕工友釋放。

二、撫卹金、退職金、年賞金、原則「接受」，辦法「另議」。

三、公司不得無故藉端開除工友和職員。

跟范爾迪爭也無益，杜月笙落得漂亮，他一拍胸脯，又是言話一句：

「法商公司答應不下來，全部由我付了。」

范爾迪內疚甚深，他連聲的道謝，道歉。

事後細算這一筆帳，杜月笙一總賠了三十多萬現大洋。

或許有人會說，杜月笙活該賠累，因為他著實冒昧，既要簽字於草約之上，為什麼不先跟范爾迪商量商量，弄得來作繭自縛，賠錢受累，大上其洋當。——殊不知，杜月笙之所以為杜月笙，就在於他有所為有所不為，他為的是國家民族禮面，社會大眾公益。不為的是洋崽，洋奴，洋人的工具；范爾迪是法國駐滬總領事，他代表法租界、公董局、領事館、以至法國人、法國政府、法國精神。杜月笙當他的代表，也等於代表了法蘭西民主共和國，這是個為黃種人、中國人爭禮面的光榮差使，他幹。但是在他幹了以後，倘若要他事事請示，事事奉准而行，他可不來。他寧願犧牲透徹，吃虧到底，也得保持他的「自作主張」，法國人肯照他的辦，那麼皆大歡喜，不肯呢，杜月笙不惜自掏腰包，賠錢受累，在他的想法卻是：什麼人在甚等時候能有這種機會，花個三十幾萬大洋，把法蘭西民主共和國和杜月笙，等量齊觀的在天平上擺一擺，秤一秤，而其結果，居然是杜月笙的言話一句，遠勝過法蘭西的外交官信譽。

自此以後，杜月笙大步邁進，更上層樓。三十多萬大洋買來了國際上的好聲譽，中國人的好風光，這一則杜氏佳話，被不可勝計的人，用各種不同的角度，口耳相傳，膾炙人口，一連傳誦了三十餘年。無分宇內海外，到處聽說杜月笙的大名，老上海尤喜津津樂道：

「世界上嘸沒杜先生擺不平的事禮。」

法國固曾出過拿破侖和巴爾扎克，但是經此一仗，至少在東方人的心目之中，虎頭蛇尾，見利忘義，因而人人都在這麼說：「法國人不是好東西！」

「吃虧是福」，以功利為先的外國人，有時候實在難以憬悟中國哲學的奧妙。

杜月笙奇兵突出，斬獲極豐，他不但牢牢的掌握住了黃浦灘上的八十多萬工人，而且，倘若不是范爾迪在翌年便因病告假返國，由於范爾迪的內愧，和杜月笙的理直氣壯，他極可能把范爾迪也納入他的建制之下，而使他自己成為法租界的太上皇。

79

范紹增送土二百擔

民國十九年間，有一天，四川善後督辦，兼國民革命軍第二十一軍軍長劉湘，他部下的一名師長范紹增，專誠拜訪督辦公署財政處長劉航琛，一見面便問：

「上海有個杜月笙，你知道嗎？」

劉航琛點點頭說：

「知道，但是我不認識。」

「我也不認識。」范紹增坦然的說：「不過，他在上海幫了我不少的忙，譬如說採辦軍火呀什麼的，這個人對朋友真誠熱心得很，我欠了他不少的情。」

「啊。」

「因此，」范紹增開門見山：「我想送他兩百擔鴉片煙，這兩百擔煙我買好了，只花了十四萬塊錢。但是，照你督辦署財政處的規定，我運這兩百擔的煙出去，要繳二十四萬特稅。」

「不錯。」——劉航琛訂定的鴉片煙特稅，是每擔一百斤，應繳大洋一千二百元。

「這批煙運出四川，經過宜昌的時候，又要抽四十萬元的特稅。」范紹增扳著指頭算：「二十四萬加四十萬，一共是六十四萬元。特稅要比煙價高出四倍之多。」

「是的。」

「宜昌該抽的特稅，我沒得辦法，只好照繳。督辦署財政處歸你哥子管，你既然曉得我這票鴉片是送給杜月笙的，可否請你把這二十四萬的稅免了。」

「不可以。」

「為什麼？」

「這件事必須請示劉督辦，由他來批。」

「我不好當面去跟他說，航琛兄，請你幫我去講一聲，好不好？」

「好的，我給你講講看。」

於是，劉航琛找一個機會，便中向劉甫澄（湘）提了：

「甫公，上海有個杜月笙，你曉不曉得？」

「曉得，就是沒有見過。」

「我也有沒有見過，范紹增也沒有見過。但是杜月笙幫過范紹增的忙，范紹增很想交他這個朋友，買了二百擔鴉片煙，要送給杜月笙。范紹增託我來跟甫公說，既然是送禮，二十四萬的特稅，可否免掉？」

想了想，劉甫澄回答：

「范紹增要跟杜月笙交朋友，我何妨也跟杜月笙交交朋友哩。這麼樣，你跟范紹增說，這二十四萬的特稅，算是我奉送給杜月笙了。」

劉航琛去把范紹增找來，告訴他劉甫澄允准的經過，末後，再三叮嚀他說：「我雖然主管財政，但是，我管的是劉甫公的財政，他是主管，我是幕僚，對內有我跟他之分，對外，就只有他而沒有我。所以，你要關照派去送禮的人，在杜月笙面前，要說是劉甫公看杜月笙的面子，免了這二十四萬元的特稅，萬萬不可說我劉航琛如何如何。」

范紹增連聲唶唶，走了。這二百擔煙，後來運到上海，經張松濤之手，送給了杜月笙。

民國二十年元月，劉湘派劉航琛為特別代表，到南京晉謁蔣總司令，陳述他統一四川的計劃，並且聲明將以統一了的四川，作為中國的一省，以四川深厚的人力物力，為中央所用，——統一全國，抵御外侮。蔣總司令聆悉劉航琛的報告，甚為欣慰，他請軍政部長何應欽，先撥輕機關槍兩千挺，子彈三千萬發，補助劉湘軍事統一四川之用。

由於這批械彈需在上海具領，劉航琛親自跑了一趟上海，辦理手續，他從南京啟程，乘火車到上海北站。在月台上，一眼望見第二十四軍軍長鄧錫侯的駐滬代表徐次珩，他迎上去，握手寒喧。

「你是來接我的？」劉航琛問。

「我來接你。」徐次珩的神情略現緊張：「同時也是來送你。」

「這話怎麼說？」

壓低聲音，徐次珩悄聲告訴劉航琛：

「上海大亨黃金榮，要派他的學生劉頤漳，綁你的票。」

黃金榮要派人綁他的票？徐次珩說得劉航琛丈二金剛摸不著頭腦。劉航琛跟黃金榮無恩無怨，素乏一面之緣，他要綁劉航琛做什麼？

還是徐次珩透露內情，是劉航琛這個財政處長的前任，對劉航琛久已不滿，在四川省境，他拿劉航琛無可奈何。如今劉航琛單人匹馬的到了上海，他正好利用他和黃金榮的交情，綁他的票，整他一整。

劉航琛暗忖，被綁一次不生關係，黃金榮決不會公然殺人，無非是嚇自己一下而已。再說，他的好朋友兼部下。劉湘帳下的師長兼財政處公債總局督辦藍文彬，在上海方面銷貨採辦，一向走的是黃金榮路線。藍文彬跟黃金榮也有交情，黃金榮可以接受劉航琛前任的請託，他當然不會不理藍文彬的竭力營救和強烈抗議。

徐次珩見他直在沉吟不語，急了，連聲的催問：

「怎麼樣？你可不可以馬上回去？」

「我還有事。」劉航琛笑著回答：「再說，我也覺得這件事沒有什麼了不起。」

「唉！你不曉得上海的情形，」徐次珩很擔心的說：「你就不懂這其間的厲害。」

「那麼，」劉航琛問：「你看可有什麼化解的辦法嗎？」

想了想，徐次珩問：

「你認不認識杜月笙？」

「不認識，」劉航琛搖搖頭：「不過，劉甫公放過他一次交情，此外，范紹增跟他也很有來往。」

「那就夠了。」徐次珩歡聲的說：「我們馬上去找杜月笙！」

80

劉航琛來登門拜訪

驅車到了華格臬路，徐劉二人的名刺遞進去，司閽領他們到大客廳坐下；不一會兒，杜月笙滿面春風，快步走了進來。

「歡迎歡迎！」他伸手和劉航琛一握，欣然的說：「劉先生，我久聞大名了。」

劉航琛一聽，便曉得是范紹增派來送鴉片煙的人，沒有把話說清楚，他所擔心的「張冠李戴，掠人之美」，成為了事實。果不其然，杜月笙一開口便對他說：

「劉先生實在看得起我，憑我杜月笙三個字，就免了我二十四萬大洋的特稅，這件事情，我一直記在心裡。今天能夠見到劉先生，真是高興已極。」

「不不不，杜先生，」劉航琛立刻聲明：「這裡面恐怕還有一點誤會。」——他趕緊把免稅二十四萬，是劉督辦仰慕他杜月笙，因而放的交情，很詳盡的說了個清楚。

「哎，沒有劉先生的美言，劉督辦怎麼會放我這大的交情？」杜月笙誠心誠意的說：「總而言之，我跟劉先生是神交已久，神交已久。」

劉航琛聽說過杜月笙早年的歷史，使他感到詫異的是，杜月笙溫文爾雅，談吐不俗，絲毫沒有江湖獷悍之氣，而且他待人接物，業已到了爐火炖青的地步。以他當年不過四十四歲來看，可見得他曾經過相當的磨練。

坐下來，開始賓主兩歡的長談，談劉航琛的行程，晉京所負的使命，以及劉甫澄的抱負和願望。杜月笙熱烈而誠懇的，表示了他個人的看法，尤其提出許多獨到的意見，凡此都使劉航琛更為驚訝，杜月笙不但對當前大局認識清楚，而且他目光犀利，見解新穎，他極端贊成劉甫澄統一四川以為國家所用的看法和做法。訝異之餘劉航琛又頗為感動，他喟然的說：

「希望這一件事能夠成功。」

杜月笙接腔卻是非常肯定的——

「我想這一件事決不至於不成功。」

談話的時間相當長了，劉航琛怕徐次珩有事，於是一聲苦笑的說：

「杜先生，我今天很冒昧的來登門拜訪，其實是因為我一到上海，就有了小小的麻煩。」

「啊？」杜月笙頓時便興致勃勃的問：「什麼麻煩，劉先生可以告訴我嗎？」

「我正是來求教的。」劉航琛笑著回答，於是，他將徐次珩所說有人要綁他票的種種，一五一十，全都講給了杜月笙聽。

略一沉吟，杜月笙委婉的問：

「劉先生，你可不可以暫時不坐你自己的汽車？」

「當然可以。」

「第二點呢，劉先生在上海的時候，我想請一位朋友陪你，這個人對上海的情形很熟悉，劉先生有他照料，準定不會出什麼差錯。」

「那就極其心感了。」

杜月笙馬上就把他「那位朋友」請來，當場介紹，劉航琛一聽「那位朋友」的名字，不禁驚喜交集，——原來杜月笙派的是他手下第一員大將，小八股黨的頭腦，當年自己亦已成為黃浦灘上亨字號人物的顧嘉棠。

杜月笙親自送客到大門外，大門外已經停好了杜公館裡的一部汽車，牌照「7777」，老上海一望而知，這是杜先生的車子，走遍黃浦灘，沒有人敢碰它一下，攔它一下。

自此，顧嘉棠和劉航琛同進同出，寸步不離，連在旅館裡睡覺，兩人都是共一間雙人房。果然，一連兩夜一日，什麼事情都沒有發生。

轉眼間到了第三天，早上十點多鐘，劉航琛、顧嘉棠因為昨夜遲睡，麗日中天猶仍各據一榻，高臥隆中。房門上忽然剝剝生響，兩人同被敲醒，劉航琛睡眼惺忪，喊了一聲：

「進來！」

門開處，一條彪形大漢，閃身而入。劉航琛不認識來人是誰，正在發愣；對面牀上的顧嘉棠定睛一看，卻是驚得直跳起來，他脫口而出的喊：

「劉頤漳！」

於是，劉航琛也在那兒忐忑不安，一時間不知如何是好了。——但見劉頤漳笑容可掬，狀至親密，走到劉航琛牀前，雙手奉上一份請柬：

「黃老闆請劉先生便飯，派我送請帖來。老闆交代，請劉先生務必賞光。」

言迄，點了點頭，轉身飄然而去；走出了門，又回過頭來，輕輕的把房門關上。

鈞培里黃公館，顧嘉棠也是經常走動的，當晚，他陪劉航琛赴宴，出乎意外，杜月笙並不在場。這是劉航琛初見黃金榮，黃金榮和他居然一見如故，待客十分慇懃，禮數相當週到；尤妙者，席間只談風月，不作任何解釋，因而笑語殷殷，歡聲陣陣，劉航琛這一席酒吃得非常痛快，杯觥交錯，盡興而散。

回到旅邸，劉航琛對於杜月笙的化解手法，讚不絕口，一疊聲的跟顧嘉棠說：

「杜先生辦事，真是漂亮之至！」

杜月笙能玩、能賭、能談，劉航琛也是能玩、能賭，更能談，兩人氣味相投，從神交而訂交，一見頓成莫逆。不過杜月笙深知劉航琛是四川才子，滿腹經綸，他又是劉湘幕中的第一號智囊，因此他時有求教之心，兩個人在一起的時候，多半玩比賭多，而談又比玩多。

杜月笙曉得劉航琛對他的行道興趣甚少，而他自己則對於劉航琛政治經濟、財政金融的行道，亟欲增進了解；所以他們每次長談，杜月笙總是表示願意多聽聽劉先生的。

自從民國二十年以後，劉航琛或則為劉湘的特使，或則為他自己的經濟事業奔走，每一年至少有半年以上，僕僕風塵於渝、蓉、漢、京、滬各大埠間，其中尤以到上海的次數最多。他每一次到上海，必定身為杜門座上客，而且長日盤桓，為時甚久，在杜月笙的外界朋友之中，劉航琛要算是最親密的一位了。

81

范哈兒暢遊黃浦灘

范紹增，字海亭，四川渠縣人，他本來是楊森的部將，後來改投劉湘，洽降時他提出一項條件：往後只要甫公有令，隨便叫我打那個都可以，我就是不打楊子惠（森）。有此一條，劉湘反而對他青睞有加，特別賞識。

他在四川幫會組織的主流——「袍哥」中，地位很高，他部下的官兵，清一色是袍哥，因而平時不分級職，不論軍階，彼此都以哥子、兄弟互稱，打起仗來，卻是相當的剽悍勇敢，以此外間謔稱他們為「袍哥軍」。

范紹增這個人，生性毫爽，小事糊塗而大事精明，就外表上看來有點大而化之，所以他外號「范哈兒」，哈兒者，四川話喻人憨而傻也。范哈兒又頗有雅量，儘管他後來官拜集團軍副總司令，即使有人當面以「哈兒」相稱，他也笑嘻嘻的照答不誤，而且絲毫不以為忤。

范哈兒好賭、好玩、不耐空談，他出手濶綽，一擲萬金，了無吝色，因此他的濶名聲傳遍黃浦灘上，歷久不衰。比諸張宗昌、畢庶澄的「夕陽無限好」，還要更勝若干倍。

民國二十年，劉湘和劉文輝一對堂叔堂侄，分據渝、蓉，勢成水火，劉文輝不吝重金，意圖收買劉湘的將領，范哈兒和藍文彬各得大洋十萬，藍文彬秘而不宣，種下他後來一囚七年的禍根；范哈兒拿了錢立刻陳明劉甫澄，大獲劉督辦的歡心，叫他把錢收下，再跟劉文輝虛與委蛇。

廿年六月廣州生變，中共又在贛、湘、鄂境內猖獗；蔣總司令調徐源泉軍入贛粵邊境防堵，命劉湘出兵三萬，接替徐軍的防務，在湖北洪湖，跟共軍賀龍作戰；劉湘以王陵基代長江上游剿匪總指揮，將范紹增的第三師調赴洪湖前線。

范紹增跟賀龍在洪湖沿岸打了一場硬仗，使賀龍的主力大受損失，鄂境共軍從此一蹶不振，但是范紹增自己也因為身先士卒，親冒鋒鏑，於是右腿受了重傷。

杜月笙在上海得到消息，立派他的愛徒張松濤，趕赴洪湖前線，把范紹增接到上海，送進最好的醫院，延聘最高明的醫師，不計代價，悉心救治。

總算挽回了范紹增的一條命，保全了他一條腿，祇不過略徵有點兒跛，范哈兒從此多了個綽號：范跛子。死裡逃生，兼又在大上海花花世界，范紹增挾巨資以俱來，免不了想要大賭特賭，大玩特玩一番，以資慶祝，而遂自我慰勞的大願。劉湘准了他一個月的假，杜月笙一連多日盛大招待以後，再派顧嘉棠奉陪，一天到晚的花天酒地，徵歌逐舞。

腰纏十萬貫，重甦黃浦灘，兼以受了杜月笙、張嘯林等上海大亨的感染，范紹增花起錢來，便像黃河決堤一般，當年他出手之大方，居然在十里洋場引為奇談，至低限度，一時不作第二人想。范師長賞茶房、賞開電梯的僕歐、賞司閽的小郎，一出手，便是厚厚一疊黃魚頭——上海人俗稱紅色的五塊鈔票，他的小費以一百大洋起碼。

揮金如土，譽滿滬上，老上海人人爭談范師長，一月假滿，包機回重慶，行前杜月笙又開盛讌，為他祖餞。席間，杜月笙身為地主，未能免俗的問他一聲：

「范師長，你這一次暢遊上海，玩得痛不痛快？」

他這一問，恰好兜起范哈兒一件心事，於是，他眉頭一皺的說：

「痛快到是痛快，只不過，上海鼎鼎大名的那位紅舞女，黃白瑛，這人實在是目高於頂，隨我怎麼樣的陪小心，」福至心靈，一句滬白吐了出來：「就是擺伊不平。」

同席的陪客不禁為之噴飯，舉座鬨棠，——唯有杜月笙莞爾一笑，不讚一詞。

范哈兒回到重慶，不出三天，一位滿口滬白，嬌滴滴嗲兮兮的女郎，打電話到大溪溝范莊，——亦即抗戰時期陪都重慶國府路，行政院院長孔祥熙借用的公館，——黃白瑛專程飛渝，移樽就教，請范師長到她寄寓的旅館，一圓舊夢。

劉航琛和范紹增，不但成為杜月笙一生之中最要好的朋友之二，而且，也由於他和劉范二人的友誼，奠立了抗戰八年，他變起倉卒，兩手空空，居然能在西南後方得心應手，大展鴻猷的基石。

82 總領病假省卅六萬

民國二十年，杜月笙四十四歲，這是他多姿多采、詭奇瑰麗的一生之中，最最絢爛熣燦，變化莫測的一段時期。

由於食少事繁，飲食起居無法正常，他的健康情形並不為佳，就外貌上看來他瘦骨嶙峋，兩肩微聳，清癯的面容，平頂頭，使他的高顴、尖頦、隆眉、濶嘴，和那一對大而厚的招風耳朵，愈加顯得突出。為了提神養氣，他不得不借重阿芙蓉，但是每天人來客往，川流不息，當年周公一飯三吐哺，如今杜月笙更是難得抽足一筒鴉片煙，往往抽空吸兩口提提神，煙槍剛搭上嘴唇，外面又在通報某長某長來也，於是杜月笙唯有丟下煙槍再去會客，在這種情形之下，抽鴉片變成了十萬火急就章，為此，特地把侍候好婆——沈月英母親抽煙的郁永馥調過來。郁永馥早年在戲館裡賣鴉肫肝，乖巧伶俐，指法靈活，他能以最快的速度，裝好高達一吋的煙泡，無論杜月笙要長抽短吸，都可以應付裕如，從此郁永馥便專任為杜月笙燒煙泡之責。

如所週知，鴉片煙中的毒質，主要的是嗎啡，輕量的嗎啡能夠止痛催眠，重劑可以致人於死。吋把長的鴉片煙泡，通常只給杜月笙抽三兩口便拋掉，久而久之，形成習慣，使他抽起大煙來不過淺嚐輒止，尤且，他一反阿芙蓉癖者的習慣，抽鴉片時決不喝茶，不以煙與茶俱下，深入胃部，因此他所中的嗎啡毒並不太深，乍看之下，杜月笙並無鳩形鵠面、臉黃肌瘦的煙容。相反的，有空便抽一兩口，反而使他精神抖擻，容光煥發：杜月笙的鴉片煙抽了一二十年，而並無癮君子貌者，其故即在於此。

在法租界巡捕房，刑事部西捕之中揑第二號卡的薩利，每個月要從杜月笙手裡拿兩萬大洋俸祿，因為揑二號卡的西捕，管的正是鴉片煙與賭博。薩利在上海多年，賺的洋錢銀子著實可觀，所以他白相起來，也就無往而不利。上海早年的交際花，或為名門閨秀，或為富家簉室，有艷麗的姿容，優雅的風度，儀態大方而談吐脫俗，她們衹是交遊廣濶，並非純以色相炫人。最著名的有AA殷明珠、FF傅文豪、SS王漢倫，相同的兩個英文字母，正是顯示她們身價之高，聲譽之隆。其中如SS曾為比胡蝶資格更老的影后。垂涎者如想得到她們的青睞，非財勢絕倫，儼若王侯者莫辦。但是，薩利以一名租界上的包打聽，居然能贏得SS的芳心，不僅登堂入室，尚且長期姘居，供應她漫無止境的龐大開銷，衹此一端，也可以想知薩利在中國搜刮了多少。

一個月吃兩萬隻洋俸祿，薩利拿的是暗盤中的暗盤，而巡捕房裡公開的秘密，則是總領事范爾迪每個月要收三十萬元的「私人津貼」，范爾迪拿這一大筆陋規、賄賂，又分為明裡、暗底兩部份，暗底下的歸他自己落腰包，至於他對遠在法國的主管與相關人士，是否需要打點或分潤，事實上無人得知，不過據范爾迪私下的解釋，這一筆數達十八萬的巨額暗底款項並非由他一個人獨吞。

另外明裡的十二萬元，對外當然還是暗盤，衹是捕房中人都曉得，十二萬是總領事館、公董局、會審公廨、巡捕房和其他相當單位的眾家外快，但凡是高鼻子綠眼睛的法國人統統有份。衹不過分起錢來大有差等，分配的最高原則，是誰的職掌跟煙與賭接近，誰拿的錢就最多。

民國二十年的下半年，有那麼一天，黃杜張三大亨又聚在一起，屏退左右，各人祇帶親信隨從，——他們要商量機密大事。

黃金榮先打開話匣，他以消息靈通方面的姿態，告訴兩位老把弟：

「我聽說，范爾迪個老朋友最近身體不大好，已經向法國外交部請了兩個月的病假，等不了幾天，就要回巴黎去進醫院了。」

「好極！」張嘯林高興的兩手一拍：「他那一筆十八萬塊的暗底正好省省了，最近市面越來越不靈，燕子窠裡香兩筒的價錢，已經跌到了小洋一角，居然還有幾家維持不下去，硬叫關了門。賭生意呢，除脫一八一號，巡捕房規定下一注不許超過一百塊錢，市面差到這樣，兄弟們出生入死，擔驚受嚇，各處賺到的銅鈿，幾乎全部送給外國人了，再這樣，大家只有喝西北風。范爾迪請假兩個月，我們省下這三十六萬，多少可以調劑調劑。」

「這個——」杜月笙是最重面子的人，他難免有點遲疑：「恐怕不太妥當吧！」

「有屁個不妥當！媽特個X，」張嘯林頓時就反唇相譏：「人在人情在；范爾迪在黃浦灘一天，我們手底下的煙和賭，萬一出了事情他該負責。現在他要回法國去，保鏢的事體甩手不管，憑點啥？還要我們一個號頭孝敬他十八萬！」

黃金榮最怕得罪法國人，凡事寧可自己吃點虧，他根本不同意張大帥這個小兒科的辦法，一聲冷笑說：

「還有消息哩，連費沃里也要辭職回國養老了，是否連他代收的那明禮十二萬，也要一齊免了呢？」

張大帥聽得出，黃老闆話裡的意思，分明是不讚成省十八萬開銷的辦法，故此拿費沃里經手的那十二萬借題發揮；他對黃老闆多少還有些忌憚，不敢直淌直的頂過去，於是他陪著笑臉說：

「那十二萬當然還是照舊，因為這筆錢究竟不是費沃里一個人拿的。連這筆也免了，法國人跟前一隻銅板不給，那他們怎肯善罷干休呢？」

杜月笙在自家弟兄面前，儘管可以從善如流，見風使舵，這裡面沒有什麼難不難為情的問題。但是黃老闆又在跟嘯林哥唇槍舌劍，針鋒相對，他夾在中間便感到左右為難，因此，他很巧妙的想勾起一個打消張嘯林意見的念頭，他問黃金榮：

「金榮哥，范爾迪請假，費沃里辭職，總歸要派代理的人吧？」

「當然要派代理的人。」黃金榮答說：「代理總領事是從巴黎派來的，聽說名字叫甘格林，代理費沃里的還沒有決定。」

「那就更加不必送這十八萬了。」張大帥振振有詞的說：「送人銅鈿不是小事體，至少雙方要有夠得上的交情。這個甘格林，既然是從巴黎剛調來的，脾氣為人還沒有摸清，怎可以拿大筆的銀兩送給他，與其弄僵，我看不如不送！」

杜月笙問兩個法國頭腦走了以後，有沒有代理的人，用意是想幫黃老闆說話，同時這也是他自己內心裡的想法，——既然有代理的人，張嘯林的「不管事體乾拿錢」的說法，便可以不攻自破；但是他沒有想到，張嘯林正好利用他這一問，又添了他理直氣壯的論據。聽了張嘯林這不無是處的一說，黃金榮和杜月笙一致嗒然無語，——緘默等於承認，張嘯林居然獲得了勝利。

83

法國朋友一個個走

黃杜二人當時的默然無語，除了無詞以應，還有一層最重大的內在因素，那便是這兩位大亨，如今在法租界煙賭事業日薄崦嵫，又被張嘯林敲響了喪鐘的時候，早已意興闌珊，不大起勁了。一再幹下去，固可聊資點綴，到手幾個錢，供養一批人。果真從此洗手不幹，對於黃杜個人而言，祇怕還是利多而害少。

首先，自民國十六年起，迄民國二十年止，黃杜張三大亨順便搞搞賭與煙，早已非同於民國七年以後，由他們自家當老闆，大力經營，任意操縱，黃金白銀，如長江大河般浩浩蕩蕩的滾來。就利益的觀點言，辛勤勞瘁，冒險犯難，所獲得的代價不過是過手財香，充其量，只能圖個表面上的好看，並不能派什麼用場。

黃老闆既已家財百萬，一心悄然歸隱，頤養天年，他犯不上為這戔戔之數來傷腦筋，賣交情，憑添許多麻煩。杜月笙呢，他正多方面的著手，向金融工商業進軍，他藉由平抑工潮，調解勞資糾紛，使他在資本家與勞工兩者之間，結交了不少的朋友，掌握了大批的群眾，展望前途，光芒萬丈。事實上，他比黃老闆更犯不上勞神操心，分潤這區區的財香。

另一方面，在他左右，陣容堅強，目光遠大的智囊團，參謀長，包括陣群、劉志陸、楊志雄、楊管北、陸京士等人，沒有一個不在明勸暗諷，請他早早與此一永遠不見天日的行當，脫離關係，一刀兩斷，以便另起爐灶，鴻圖大展。

尤有甚者，民十七年蔣總司令復職，北伐全面完成，國民政府業已訂定長期根絕煙毒的計劃，第一步，採取寓禁於征的和緩步驟，將各地鴉片煙的買賣，化私為公，納入控制之下。由於中央所表現的決心至為堅強，各省各縣禁煙局、禁煙處普遍設立，禁煙宣傳熱烈展開，報章雜誌，醫師戒煙的廣告如雨後春筍，形成當時最熱門的生意。益且，反對帝國主義侵略，廢除不平等條約的聲浪，甚囂塵上，大批的工人學生群眾還演為實際行動，跟外國「統治者」不斷發生衝突。在民族覺醒的巨浪沖激之下，杜月笙有理由相信，不久的將來，各地的租界勢必收回。而當此罪惡淵牀根本剷除之際，煙和賭這兩行，便難逃皮之不存，毛將焉附的覆滅命運了。

因此，杜月笙確是本著他的良知良能，痛下決心，要跟煙賭事業絕緣，進而連根斬斷，全面脫離的。他既已在內心中有了這樣的決定，因此，當時他雖然已能看得出來張嘯林的意見，無疑自掘煙賭兩業的墳墓，他也就——算了吧，樂得促其竟功。

范爾迪因為是抱病回國治療，行前，杜月笙和他見過面，談過心；瀕行，他更曾登輪相送，祇不過，范爾迪精神體力不濟，一對異國友人未能深談，只有依依不捨，互道珍重而別。

費沃里，這位法租界的老總巡，可就不同了，他常說：在中國一住二十年，所交到的好朋友，唯有一個杜月笙。而這一次，他是告老退休，回到他的祖國去樂享天年，他臨走的時候，曾經和杜月笙幾度盤桓，幾度密談，他更向杜月笙提出不少的意見。

對於杜月笙近年以來，在政治、經濟、社會、金融、工商事業方面的全盤銳進，長足發展，費沃里並非毫無所聞，但是，他自認為和杜月笙過從、共事多年，相交之深，遂而知之甚稔，在他的心目中，彷彿杜月笙一生一世都和他的老行業結了不解之緣。這個見多識廣，機智深沉的老中國通，當然也看得出中國的統一復興有望，租界和外國人享有的種種特權，轉眼間即將趨於幻滅，他敬重、愛護、關切、戀念杜月笙，於是，他很為杜月笙的前途擔憂，一連幾次，向他進以忠言：

「杜先生，你何不同我到法國去呢？」

「到法國去？」杜月笙大出意外的問：「我到法國去做什麼？」

「找一處風景幽美的地方，蓋一幢舒舒服服的房子。你這幾十年的艱辛奮鬬，實是也勞碌得夠了。你何不趁此機會，急流勇退，到法國去享享清福。」

杜月笙莞爾失笑了。當年，他才四十四歲，鼎盛之年，如日中天，龐大的計劃，深遠的事功，方在著手起步的階段，他一生最重要的陣仗還沒開始打呢，此刻，費沃里竟邀他到異域去當海外寓公了。

卻是，他深知費沃里是無限友情，一片至誠，所以他推託的說：

「我那有這許多錢？能夠帶起一大家人，到外國去長期賦閑。」

費沃里非常懇摯的說：

「杜先生，要是你肯到法國來，不論什麼時候，只要你事先通知我一聲，我一定會竭盡所能，蓋一幢舒適的房子，奉送給你。」

杜月笙只好苦笑的說：

「你的盛意，我非常感激。」

范爾迪和費沃里相繼離滬，返回法國。代理駐滬總領事甘格林抵滬履新。張嘯林果然來了一記辣手的，十多年來，法國總領事「應享」的陋規，每月大洋十八萬元，他公然表示不再支付。

然而，料想不到的，甘格林代理的兩個月期限屆滿，從法國傳來了范爾迪的噩耗，范爾迪回法就醫，終於醫藥罔效，一瞑不視。他這一死，法國政府立刻電令甘格林真除駐滬總領事一職。

84

新總領事弗開心哉

法國駐滬總領事，由於有法租界這一塊五花八門，遍地黃金的地方可管，在法國駐外外交官中，當然是第一等的優差肥缺。甘格林東來之前，對於這一個竅門，焉有不知之理？萬里為官只為財，他到上海，原先三大亨每個月奉送「陋規」若干？俸祿幾許？以何種方式，作何種報効？他更是早就查了個清楚明白。正當他悶聲不響，張開荷包等待錢來，偏是張嘯林還他一個不理不睬，這一下，甘格林老羞成怒，大光其火，心中有說不出的難過。——想要禁煙禁賭，加以報復，又怕自己終是短期代理，不過兩三個月的事體，倘若雷厲風行，弄壞了范爾迪的財源，來日范爾迪病癒回滬，彼此都是法國外交部的同僚，顏面上很不好看，范爾迪縱使嘴上不說，內心裡的啣恨自屬難免。所以甘格林千思百想，還是不敢得罪人，兩個月裡，唯有啞巴吃黃蓮，說不出的氣惱和苦楚，表面上，還得隱忍不發，裝做若無其事的模樣。

如今，兩個月代理期滿，正待收拾行囊，空手還鄉，誰想到時來運轉，喜從天降，范爾迪竟然無巧不巧，恰在此時一命嗚呼。甘格林這代理的總領事奉命真除，一朝權在手，便把令來行，他下定決心，真除後的第一件措施，便是整一整滬上三大亨。

霹靂一聲，法租界開數十年未有之先例，總領事堂而皇之的出了佈告，下令禁售、禁買、禁吸鴉片煙，並且還要禁賭。

張嘯林閉門賭場坐，禍從天上來，他首當其衝，大為狼狽，起先以為這是甘格林為了講斤頭，談條件，開條斧，要銅鈿，所做的一種姿態，豈知大謬不然。命令一下，甘格林便板起張面孔，鐵面無私，雷厲風行。頭一天，福煦路一八一號，法租界和全中國首屈一指的豪華大賭場，就此來臨大批的巡捕，奉令行事，無情可講，當場勒令關門打烊。

三天下來，法租界的大小賭場、煙膏行、燕子窠，一掃而空，全部絕跡。這一下，可把張嘯林整慌了手腳，急切無奈，走投無路，他只得拖出黃金榮和杜月笙，甘願忍受他們「既有今日，何必當初」的冷諷熱嘲。走外國人的門路張嘯林是一窮不通，他唯有請他的老把兄和老把弟去試探一下門徑。

多少年來，黃杜張，滬上三大亨同甘苦，共患難，休戚與俱，雖說是張大帥貪小失大，鬧出來的亂子，但是張大帥坍台，黃與杜也是顏面無光，何況裡裡外外，走這條路的，還有那麼許多親戚朋友，徒子徒孫，他們衷心非願，卻是苦於不能不管。於是乎轉彎抹角，投石問路，費了很大的手腳，抬出了不少人的情面，方始叫甘格林放鬆了臉頰的肌肉，終於開了金口：

「煙賭開禁容易，但是他們的『孝敬』必須增加，從前是十八萬，現在我要五十萬！」

五十萬？三大亨苦笑搖頭，還說什麼開禁容易？甘格林分明是在獅子大開口，黃瓜兒反刨到張嘯林身上來，杜月笙、黃金榮也連帶的遭殃。

「這是無論如何辦不到的。」黃金榮向出面調停、替甘格林傳話的人說。

張嘯林根據目前煙與賭的營業情形，坦坦白白，作了一番分析和推斷，如數家珍，歷時久久，末了，他又有點激動的說：

「總領事一個月要五十萬，我們把自己所得的全部貼進去，只怕還不夠。」

「嘯林哥所講的都是實情，對方不信，只管去打聽？」杜月笙的措詞，則是不卑不亢：「總領事假使有心打開這個僵局，希望他的要求，能在我們能力所可負擔的範圍之內。」

傳話的人甚以為然，他去回復甘格林，直話直講。甘格林聽了以後，回答得到還乾脆：

「既然如此，我叫他們每月報效四十萬。」

「三十萬！」——這是三大亨幾經商量的結果。在每月納賄卅萬的情形下，天地良心，三大亨本身算是盡盡義務，白忙，一點好處也沒有。

討價還價，一個月還是要差十萬，這是一筆大數目，並非任何人可以負得起責的。

談判，於是陷於僵局。福煦路一八一號，由囊昔的車如流水馬如龍，冷清到而今的重戶深扃，門可羅雀。

85 襄助鐵老建設上海

國民政府全面禁毒，猶仍在寓禁於征的階段，民國二十一年杪，上海市長由黨國元老吳鐵城擔任。吳鐵城追隨國父和蔣總司令奔走革命，冒險犯難，無役不從，他曾帶兵打過仗，也曾縱橫捭闔，折衝尊俎，運用其卓越的政治、外交手腕，民國十七年皇姑屯之役後，東三省形勢岌岌可危，張少帥的態度如何，東北將領何適何從，關系國家民族前途至鉅。然而東北在日本關東軍和少壯派軍閥威脅利誘之下，全國各地失敗軍閥調唆煽動之餘，終能毅然決然，宣布易幟，成為國民革命之一股堅強力量，這其間，實以吳鐵城專程北上，借箸代籌，多方鼓勵有以致之。以吳鐵城經歷之富，閱人之廣，國民黨人士率多尊稱「鐵老」而不名。

吳鐵城非常賞識杜月笙，和杜月笙私誼之篤，遠過於上海歷任諸市長。當鐵城擔任上海市長時期，也曾有若干朝氣蓬勃，銳不可當的國民黨中下級幹部，對於一意進取，力求報効的杜月笙，由於其寒微的出身和個人環境，猶不免目之為「惡勢力」、「白相人」、「舊時代的渣滓」、「新潮流的障礙」，對於類此不盡公平，抹煞了杜月笙一番苦心的論調，鐵城每每以溫煦的態度，和悅的神情，善加譬解，有以剖白。如所週知，吳鐵城久經歷練，胸襟已臻化境，涵養尤其爐火純青。他不願為杜月笙的事情引起爭辯，不過，時常有人公開批評，指責鐵城不應該和杜月笙過從甚密，鐵城的回答卻是隱有哲理，意味深長的這麼一段：

「政通首重人和，杜月笙這也不是，那也不是，說他是上海地方上有勢力的人士，總該不會有人反對了吧。我既奉命擔任上海市長，我為什麼不要跟地方有勢力人士保持友誼呢？」

吳鐵城和杜月笙之間，推誠相與、公私交讙，祇有對於國家民族，乃至地方上的利益，大有幫助，他們是因私而利公，並非因私而害公。以故，吳鐵城對杜月笙，交往垂二十年，友誼歷久猶新。俗諺有謂：「一死一生，交情乃見」，民國四十年八月，杜月笙病逝香江，吳鐵城遠在台北，哭之以文，一開頭便真誠坦白的指出：

「杜月笙先生，昭代超人之一，重言之，一非常人也。先生獨有其至性至德，良知良能，得天者厚，與生俱來，發為行動，均合於造化之自然，有若春風之煦育，甘露之膏澤，滋榮萬物，造福羣生。而其扶植正義之浩氣，尤磅礴充沛叔世末俗間；先生媲朱（家）郭（解）之任俠，如孟嘗之好客，解衣推食，輸財助邊，善行義舉，不一而足，實駕古之人而上之。學未嘗窮經畢史，而品德自高；貴未嘗出將入相，而聲望特重；吾國內及國際間人士，莫不知有杜月笙先生者，至海上大江南北，農工商學各界，雖農婦學童，亦莫不崇敬其人，稱杜先生而不名。此其超倫逸羣，非常人可幾及也。」

吳鐵城是民國二十一年元月七日，宣誓就任上海市長的，迄民國二十六年七月廿七日俞鴻鈞真除上海市長，他在這中國第一大都市坐鎮了五年有半。他曾指出，在五年半間，杜月笙以私人身份，所界予上海市政的協助和貢獻，舉其犖犖大者，約有以下八點：

一、一二八事變，日軍進犯淞滬，當時通牒之答復，後方之準備，以及往後停戰條件的磋商交涉和簽訂，地方與政府意見一致、合作無間，在在有賴杜月笙的助力。

二、建設大上海，兩次發行公債九百萬元，是由杜月笙慨然擔任募集之責。由於這一筆鉅款，市中心區工興政舉，虬江碼頭造成功了，京滬鐵路也加以延長。上海華界乃能與租界爭榮，蔚為亞東巨埠。

三、上海是全國金融經濟的中心，為各省之領導，吳鐵城明確指出杜月笙「主商業久，力能左右市場」，所以五年半間穩定物價，安定民生，杜月笙出力最多。吳鐵城還特地舉出一個例子，民國二十五年十二月十二日，西安事變，不肖之徒企圖擾亂上海金融，製造紛亂，就是由杜月笙挺身而出，加以制止的。

四、共黨潛伏上海各工廠學校，工潮學潮，時時蠢動，都經杜月笙的協助一一調解平息，共黨秘密組織，更由於杜月笙的從遊者廣，耳目眾多，不時加以破獲。

五、閘北兵燹區域的復興。

六、黃浦江輪渡的開航。

七、地方建設的促進。

八、公益、教育、慈善事業的興辦。等等等等——無一不是杜月笙出錢出力，促使大功告成。

因此，吳鐵城贊嘆不置的說：

「我任上海市長五年多，於私，我甚為感謝杜月笙先生友誼的匡扶襄助，於公，我更佩服杜先生努力地方建設，和政府設施。像杜先生這種愛國家愛鄉土的熱情和赤忱，求之於社會賢達之中，實在是鳳毛麟角！」

吳鐵城在法國總領事獅子大開口，公然索取重賄的時候，曾經和杜月笙獲致一項默契，遂行了一宗史無前例的一時權宜之策，不久便獲得了一石二鳥的成果。那時候，政府全面禁絕煙毒的政策正在大力推動，一方面提高稅率，寓禁於徵，另一方面則舉辦煙民登記，限令分期戒煙，但是上海素為鴉片煙最大的市場，而租界更是華界戒煙的無底漏洞，癮君子在華界吸食鴉片受到限制，到法租界去只當是散散步，在那邊只要有錢，照樣可以一榻橫陳，噴雲吐霧。既有煙館土店林林總總的租界近在密邇，上海市的禁煙工作非常之難以執行。

因此吳鐵城巧妙的利用法國官員和煙賭兩界相持不下的局面，諷勸暗示，讓杜月笙趁此機會先把「土檔」收了，甘格林來一記下馬威，杜月笙何妨回他一記斷魂槍，至於「土檔」一收，勃蘭西地界那般「土朋友」怎麼辦？鐵城說是莫關嘅嘞，你叫他們到南市、閘北一帶來開！

這一來，不但杜月笙因為過去的歷史淵源，被「土朋友」們逼牢而確實無解決的難關，迎刃而解。更重要的是，租界為鴉片的淵藪，癮君子的樂鄉，情勢不然改變，六十年風水輪流轉，法租界的煙館土膏店全部關歇，租界上的「黑糧朋友」，如今反要蕩馬路到華界的閘北、南市來掼鈔票了，這主客易位之勢，關鍵和進出實在太大。「土朋友」們生意照樣有得做，市政府方面化私為公，「紅包」「俸祿」變成了法定稅目，每個月使政府獲得數額驚人的額外收入，尤有巨額的投資從法界移轉華界，——除此而外，華界煙民「走私入口」的漏洞完全堵塞。業經登記的煙民即使在煙館裡也無法吸食限額外的鴉片，至於法租界的鴉片客呢？上海市政府本來就管他們不著，而且，人數畢竟也有限。

南市、閘北的房地價格遠比法租界便宜，各煙館土店生意也比從前差不了多少，數額不定任人「宰割」的賄賂改作公平劃一的煙稅，他們的利潤反而比從前大些。老店新張，人逢財喜精神爽，他們紛紛的美化環境，增加設備：「福壽宮」「凌煙閣」之類的招牌，遍布南市閘北的里弄之中，有些「土朋友」為了「指點迷癮，以廣招徠」，爽性製起在當時頗為稀罕的霓虹燈來。廣潮兩幫的土商，至此又算另外找到了根據地，自遜清道光年間林則徐在廣州厲禁鴉片，為租界繁榮興盛了將及百年的煙土行業，於焉乃成廣陵絕散。

甘格林咬牢一個月納賄四十萬不放，以為他握有權力，便是奇貨之可居，他還在等待杜月笙俯首歸順，豈料杜月笙的一記斷魂槍掩殺過來，首先就促成土店煙館搬出租界之外。四十萬的要索，原是開放煙賭兩檔的代價，如今鴉片煙自尋生路去了，但憑一門賭，怎麼能湊得出四十萬大洋的俸祿？不說張大帥急得大罵山門又跳腳，即連眼睛朝天、傲氣凌人的甘格林，也是大出意表，手足無措。他的下馬威，慘被杜月笙的斷魂槍迎頭痛擊，自己的財香白白溜掉，連他手底下人的額外收入都全部泡湯，法租界官家的收入本來有限，這一記釜底抽薪，使得法國政府也大興雞肋之嘆。

86
中共頭腦頻頻捕殺

問題還不止此，自從國民政府定鼎南京，收回租界，廢除不平等條約，成為舉國一致的熱烈呼聲。國民政府的各級官員非但坐而言尚且起而行，藉由持續不斷的交涉和爭取，首先即將洋人欺凌壓迫華人的最大武器——租界公廨的審判權逐步的予以解除，上海租界會審公廨向來採行一審終結制，審問設有中國法官，判決卻要看隔靴搔癢的總領事臉色，黑天的冤枉也無處申訴，這當然也是租界巡捕的權勢，居然大得驚人的緣故。

民國十九年二月五日，法租界的公廨「自動」改組，規定往後所有刑事案件，一概由中國法官自行審理，這等於把租界上的中國老百姓，從予取予求的魔鬼手中解救出來。同年八月十四日，仍然設在北平的公使團—亦即時今的使節團，通令各地外僑，一律不許租房子給共產黨住，倘有違犯，當即解送回國，依法辦理。

由於使節團的組織份子，也有俄國在內，而我國又是先知先覺的反共國家，這一條禁令無疑的是應我國之要求而發，不許外僑租房子給共產黨，實際上則為截斷共黨份子利用擁有治外法權的洋人作掩護。此一禁令奏效以後，根據不久即行出任上海市長的吳鐵老所說：「共黨秘密組織，因杜月笙的交遊廣、耳目多，不時得以破獲」，中共重要機關及頭目被破獲捕殺的，便有中共政治局總書記向忠發，這個比毛澤東為早的共黨首領，是在二十年夏被捕於上海，他曾跪地哀求饒命，結果在兩天後被上海警備司令部槍斃。

此外還有中共農運「三大龍頭」之一羅綺園，跨黨份子曾任武漢「中共」監察委員的楊匏安，全國總工會書記徐錫根，向忠發槍斃後代理中共中央總書記的「老山東」盧福坦，少共江蘇總書記袁炳輝，和他的老婆反帝大同盟組織部長朱愛華，中共中央組織部長胡均鶴，與袁炳輝、胡均鶴並稱少共中央三大台柱的胡大海等，也在這一段時期之內，先後落網。

更為重大的案件，是民國二十二年二月，少共中央總書記王雲程，組織部長孫際明及其他高級頭目二十餘人的被捕，在這次行動中搜獲了自有共產黨以來的全部秘密文件，並且因為王、孫二人的自新，使在獄的許多共產黨員風起雲湧的展開了自新運動。

二十二年三月，更有全總黨團書記羅登賢、秘書長王其良，張國燾的叔父張威九，中共海員工會黨團書記廖承志的落網，使中共的工運首腦機關，為之土崩瓦解。

這以後，從民國廿二年秋到三年九月，一年之內，共產黨徒在上海被捕獲的，計有中委六十五人，省委九十五人，縣區委一百卅二人，普通黨團員二百八十四人，不詳者一百四十四人，一共是七百二十人，在全國各地逮獲共黨的總數四千五百另五人中，高踞第一位。

共產黨在他們江西瑞金老巢以外的軍事活動，中共中央執行司、蘇省委部、全總等機構，就這麼在「政通人和、官民合作」的巨大壓力下，由黨部調查科負責執行，在民國二十三年秋即已破獲無遺，全面掃蕩。

在收回租界領事裁判權方面，國民政府到了民國二十年八月一日，便交法國駐滬總領事甘格林的裁判權撤銷，法租界的會審公廨同時予以收回，處理法租界上的民刑案件，國民政府司法院設立了「上海第二特區地方法院」，上設「江蘇高等法院第三分院」，上海第一特區地院，和江蘇高院三分院則為英租界的居民而設。

司法審判權從洋人手中收回，英法兩界的社會環境和地方情形，立刻丕然改觀，面目一新。不論是煙、賭、娼，還是其他的花樣，混世界的路道跟從前大不相同，法國人不再耀武揚威，西捕華捕地位一落千丈，又變回了名符其實的警察或包打聽，他們無法再做硬紮的靠山。「天下沒有不散的筵席」，杜月笙那一批同生死、共患難的老弟兄，徒子徒孫，於是都在摸索出路，各自為計。

福煦路一八一號鐵門深鎖，前後左右，還有法捕房派人堅守，既開不了張，豪華設備如想拍賣，又怕賣主「蘿蔔不當小菜」，一殺價錢又能收得了幾文回來？

但是鐵門不開，賭客不來，光是房租，一個月就要花費紋銀四千兩，再加上一時遣散不了的員工，指望「一八一號」吃飯的朋友，一個個的簡直無法打發，這裡要錢，那頭討債。跟甘格林結了怨，沒有一個法國人敢於撐他的腰。市政府和市黨部，組織和職權一日日的擴大，法院也收回到中國人的手裡，……百事如蔴，苦無一把快刀來切，張嘯林深夜不寐，思前想後，越想越不是路道，越想越不是生意經，正在焦頭爛額，徬徨躊躇，誠所謂「天無絕人之路」，張宗昌派了一名代表到上海來，當面向張嘯林提出邀請，北洋軍閥，將在日本軍閥強佔的遼東半島大市，集合起來，舉行一次會議，妄圖死灰復燃，東山再起。

張宗昌柬邀張嘯林列席盛會，使張嘯林受寵若驚，大為興奮，然而定下心來一想，雖說結義多年，情逾骨肉，這樁機密大事，最好還是不要告訴杜月笙，--這個道理很簡單，因為張嘯林深知杜月笙一心一意向著國民黨，他要提起這一次遠行，杜月笙不但不會跟他去，反而要拖住大帥，不讓他走呢。

張大帥這一回所料想的，倒是一點不差，當他率領幾位老朋友，如翁左青、陳效沂、楊順銓，和唱大花臉的「霸王」金少山，瞞住杜月笙，由上海而南京而天津。杜月笙事後得到了消息，他大為吃驚，連連頓足，當時便派人火速往追，並且寫信打電報，請各地的朋友設法攔阻。莫再讓他這位毛焦火躁，不明事理的老把兄，失身變節，在全國一統的壯濶波濤裡，反而自求速禍，陷於泥淖，其結果是張大帥興盡而返，使杜月笙總算放下了心。

87 第一位法院女院長

上海第二特區地方法院成立，管的是上海法租界的訴訟事宜，杜月笙不是張大帥，他在新浪潮中突飛猛晉，一日千裡，由於其多方面的發展，他已成為舉國矚目的人物。特區地方法院的第一任院長是楊肇熉。楊肇熉很看得起杜月笙，曾經以法曹之尊，登門拜訪，和杜月笙建立了良好的友誼基礎。民國二十年六月九日，轟動全國的「杜祠落成」，楊肇熉便在他的姓名之上，亮出「上海特區地方法院院長」的頭銜，送了杜月笙一塊匾，文曰：

「規崇唐相」

杜月笙懂得，在現代社會，法治國家中，法律智識極其重要，「路見不平、拔刀相助」，「吃講茶」，「談斤頭」的舊時代早已過去，任何人都必須接受法律的保障和限制，何況交遊廣濶，接觸面多，事務複雜紛繁如杜月笙者。因此在很早以前，他便已留意結交法界的朋友，如退還四千大洋給老牌律師，素有「通天眼」之譽的秦聯奎，尤曾相與豪賭多時的才子律師江一平，在他座上門下，法政科的學者名流，教授學生多如過江之鯽。

國民革命軍光復上海，清黨之役過後，黃浦灘出現了一位萬眾矚目的女法官，她是早年留學法國，榮獲博士學位的鄭毓秀。她到上海之初，是擔任上海地方法院民事審判廳廳長，後來洊升院長。

由於她任職廳長在先，華格臬路杜公館，自杜月笙以下，都習於喊她：「廳長。」

鄭毓秀的廳長公館，設在法租界馬斯南路，和梅蘭芳的家，相距不遠。杜月笙和鄭毓秀認識以後，對她相當敬仰，而鄭毓秀也由於杜月笙為人謙抑坦率，尤其對待朋友的熱心誠懇，實屬罕見。上海地院址在南市，平時訟案不多，鄭廳長比較清閑，因而她也常愛到杜公館走動。杜月笙的幾位夫人，都曉得鄭廳長是杜月笙最敬重的，兼以廳長是位女姓，幾位杜夫人一致認為與有榮焉。非但廳長這位女性能夠得到丈夫的衷心欽服，而且，她還是跟租界上「關老爺」「陳老爺」地位一般的法官、廳長。甚至後來晉升到院長的呢。於是，杜月笙的幾位夫人每逢廳長來了，莫不爭先恐後的跑出來迎接，包圍著她，問長問短，請教商量，把個鄭廳長像個鳳凰似的捧著，什麼心腹之言，肚皮裡的苦經，全都兜了出來，向鄭廳長訴個不停。當鄭廳長覺得她有仗義執言，保障女權的必要時，她會毫無保留的去跟杜月笙辦交涉，在這種情形之下，杜月笙心裡不論怎麼想，他都得笑迷迷的點頭，表示敬謹接受。

鄭廳長在杜公館直進直出，地位崇高，一言九鼎，她等於是華格臬路的最高法官，鄭毓秀擔任地院院長，為時並不太久，她後來從事自由職業，在上海掛起鄭毓秀律師事務所的招牌，那真是名符其實的大律師，她只接民事案件，而且涉訟標的必定大得驚人，鄭大律師的公費動輒以萬數計，據說僅祇大馬路的一件房屋拆遷案，鄭毓秀所獲的公費就等於上海大賽馬的一個頭獎。

不久，鄭毓秀捐資興學，在打浦路橋畔，辦了一所法政學院，和東吳大學設在上海的法科，黨國元老褚輔成聯合名律師沈鈞儒合辦的法學院，鼎足而三，俱是東南一帶有名的法科學府。而在這三大學院之中，又以鄭毓秀的法政學院聲勢最大，當時若干新聞界人士，和市黨部中的下級職員，都紛紛的去報名附讀，以躋身鄭毓秀博士的門牆為榮。

杜月笙和鄭毓秀的友誼，對於他們兩位的事業，都有莫大的幫助，由於結識了鄭毓秀，杜月笙和司法界人士也有了關聯。關於法律事務方面，鄭毓秀對他尤能盡心盡力的加以指導，鄭毓秀不是杜月笙的法律顧問，但是她所表示的意見，杜月笙無不言聽計從。

88 何必奢談駕馭之術

劉航琛是杜月笙相交二十年，無話不談的知己朋友，他談到杜月笙的待人接物，認為杜月笙的慷慨好客，令受之者無法不為之感動，而杜月笙為人設想之週到妥貼，劉氏自承平生不作第二人想。舉幾個顯著的例子，杜月笙從不在第三者面前談論別人的是非，對任何人的任何事都嚴守秘密，幫他做事的人，永遠只知道自己份內之事，尤有甚者，他交一件事給某人去辦，只說明所需要達成的目標，卻儘量避免指示應行採取的手段，有能力的不妨儘量去發揮，執行有了差錯他自會大力予以糾正。在外表上看他彷彿祇是動動腦筋，撥撥嘴唇皮，事實上他卻密切注意全盤的進度，到了必須他自己挺身而出的時候，他的手下會驚異的發現，杜月笙並無絲毫生疏隔閡，他一接手便可以順順當當的往下幹。

祇有一件小事，杜月笙絕對親自處理，從不假手於人，那便是接濟朋友，和對他手下金錢的授受。他經常有意無意的灌輸給別人一種觀念：杜先生給錢是不許退的啊，他在朋友和手下之間遍設耳目，他渴望掌握朋友和手下的生活情況，他所需要的情報，不是人家的劣跡、把柄、秘密、隱衷，他儘量避免過問別人的私生活。他要的是誰正遭遇困難，不論任何方面的困難。他最喜悅的一件事，是朋友或手下在困難無法解決，迫不得已向他提出要求之前，及時的由他主動伸出援手；凡在親自解決他們的困難時，他會挑一個最恰當的時機，決不容許有第三者在場。於是但凡處理這一類的事情，都是祇有「你知、我知」而已。

曾有一位掌理機要，運籌帷幄的軍方大員，對於杜月笙的「駕馭之術」極表欽佩，他曾請教杜月笙，以什麼方法可使幹部歸心，人人殫智竭慮，樂為所用？杜月笙笑了笑說：

「你一定要問我，那麼，我首先建議你，最好不要談什麼方法，更不要說『駕馭之術』。有一件事情你不妨試做做看，想辦法去了解你部下的困難，譬如說有人急需錢用，你就不使任何人曉得，親自送一筆錢給他。」

這位大員欣欣然的應允照辦，過了一段時期，兩個人又碰了頭，此公沾沾自喜的告訴杜月笙說：

「杜先生，我現在已經照你的辦法做了。同志有困難，我必定親自解決。」

「不錯，做是做了，」杜月笙深沉的笑笑，委婉的說：「不過，要是辦法再改良一點，效果可能更好。打個比方，你的同事發生了經濟困難，最好不要先是寫一封信，再在信裡附一張支票，你何不親自跑一趟，當面把現款遞到他手上。」

此公大惑不解的問：

「這其間有什麼分別呢？」

「親近。」簡潔的答覆過了，杜月笙又作補充說明：「還有一層，你寫信，秘書室裡要留一份檔案。對方拿了你的支票，到銀行裡去提款，照銀行的規定，他還要在支票後面寫好姓名住址。」

這便是民國十六年以後，杜月笙待人接物的若干事例，凡此，都是他用盡腦筋，自出機杼的顯著改變，也可以說仍還是他本身性格和為人的一種反映，因為所謂的改變與更易，也祇是方式上和技術上的差異。民十六以後杜月笙所結交的不是達官顯要、富商巨賈，便是名流學者、智識青年。從前「杜先生撥儂兩鈿用用」的豪爽慷慨，如今必須全面改絃易轍。

懷著一腔虔誠，和滿懷熱望，杜月笙廣泛伸展其觸角，發掘、結交、爭取、延攬各式各樣的人才。杜月笙決心辦事業，興工商，在金融實業界開拓新天地，他的做法確實是與眾不同，他先不籌募資金，推廣股份，他的首急之務是新人才的招徠，和潛勢力的培植。他深信只要有人才有勢力，鈔票銀子自會滾滾而來。

繼吳同根被殺案，法商水電罷工，郵政罷工，以及層出不窮的工潮紛至沓來，杜月笙以公正無私的態度，任勞任怨的精神，功成不居的謙德，寧可自掏腰包擺平事體的勇氣，自民國十七年起，他已成為上海工潮獨一無二的調解人，無論官方、黨方、軍方、資方、勞方，對於杜月笙的言話一句，無不表示佩服。

89

長江賑災聲譽鵲起

民國二十年七月，中央軍正和共軍在江西作殊死戰，日本在吉林長春釀成萬寶山慘案，廣東廣西反抗中央，進犯湘贛，石友三又在順德發動叛亂，全國各處，狼煙四起。七月二十四日，江蘇、安徽長江沿岸，發生了來勢兇猛的大水災，京滬、津浦、平漢各鐵路的交通，宣告中斷，廿八日長江中游漢口江堤潰決，水災區域蔓延到十六省，災民多達五千萬人。八月二日，長江、漢水齊漲，漢口全市被淹。十六日，長江水標高達五十三英尺，漢陽兵工廠水深兩丈，武漢地區的民業已無處可避，就在這一天，上海成立了水災救濟委員會，杜月笙當然是其中最主要的人物之一。

這一次長江大水災，為患最烈時期，災區逾十七省，災民達一億人，而且持續達一個多月之久。長江中下游兩岸，一片汪洋，遍地災黎，中央發行了八千萬元的「賑災公債」，上海方面籌募了大筆款項和實物，然而，這些只能提供臨時救濟之用，對於瀕臨破產的農村經濟，其實並無裨益。

緊接著長江大水災而來的，是九一八事變，日本人鯨吞蠶食，席卷我整個東北三省，旋不久又有一二八淞滬之戰大作，日本在人煙稠密，舉國工商中心的上海，挑起了戰火。於是，從長江大水災導致的十餘省農村經濟破產，購買力喪失無遺，再加上兩次戰爭間接直接的嚴重破壞，大上海迅速發展、欣欣向榮的工商業，因而遭受空前重大的打擊，論者謂為「六十年來所未有」。據統計，光祇是一二八之役，上海蒙受巨大損失的工廠，即達九百六十三家，死傷失蹤等工人一萬零二百八十六人，受損金額五千九百八十一萬四千餘元，於是，上海的工商業呈現極不景氣，工廠商店，貨物堆如山積，因為絕大部份的顧客都失去了購買力。

在這種情形之下，廠東和店主迫不得已，只好關門歇業，宣告倒閉。對於工人，由於「毛之不存，皮將焉附」，當然是唯有加以遣散，當時上海的倒風之盛，幾乎日有所聞，簡直到了駭人聽聞的程度。

資方關歇工廠店鋪，勞方衹有捲舖蓋走路，上海的工人，本來就是天堂裡的生活掙扎者，他們待遇不豐，家累又重，絕大多數都是做一日和尚撞一日鐘，一天不做工，一家大小就只有喝西北風。如今店舖關了門，工廠停了擺，他們的生活，立將陷於絕境，事關身家性命，他們當然不得不跟廠主店東發生交涉，從遣散費的有無，爭到數額的多少。

為爭取遣散費而引起的糾紛，跟平時要求改善待遇的工潮，在心理上和行動上，可就大大的不同了。資方要保本，拿一文錢出去就等於蝕掉一文，工人要活命，多得兩錢便可以多苟延殘喘幾天，雙方的鬪爭，當然尖銳得很，鬧到相持不下，黨政軍機關一致表示無法調停，僵局如何打開呢？到時候，總歸會有人提出建議：

「何不去找找杜先生看。」

於是，在民國二十年秋，到二十一年夏的這一段時期，杜月笙幾乎經常的在調解勞資糾紛，而上海一地所發生的勞資糾紛，居然十中有九，都是通過杜門而後獲得圓滿的解決。

通常的方式是，由勞方或資方，或者勞資雙方共同向杜月笙提出申訴，或則逕直為請予調停的要求，杜月笙答應了，便定期邀請雙方代表，到華格臬路杜公館去談話。

杜月笙很有耐心的聽完勞方的陳情，再聽罷資方的苦衷，然後他每每採取單刀直入的方式問：

「你們希望老闆付多少錢遣散費呢？」

假定勞方代表的答覆是：

「最低限度，老闆要付我們兩個月的薪水。」

接著，杜月笙再去問資方的代表：

「工人的苦處，不說你們也明白，大家相交一場，最後的階段，彼此都該盡點心力。依你看，盡你的力量，能夠付得出多少遣散費？」

姑且假定資方的答覆是：

「充其量，我們只能付得起一個月。」

「好的。」杜月笙點點頭，但是，這並不表示他代為同意了資方的條件，接下去，他還有一番入情入理的分析：「憑良心說，資方的苦衷是實情，倘使他們還能夠兜得轉，他們的廠或店，就決不至於關門。另外一方面呢，工友的說法更加不假，關廠關店就要停生意，失業以後，再找工作要先維持一段時期的生活，回家鄉去得一大票旅費，區區兩個月的薪水實在說來還嫌不夠，他們只提出兩個月遣散費的要求，這完全是在體諒資方的苦衷。」

那麼，問題怎樣解決呢？杜月笙再開口，便是石破天驚的一記：

「依我看，資方要盡心盡力，解決工友的問題，一個月的遣散費太少，兩個月倒還合理。」

斯語一出，勞方代表歡呼雀躍；資方代表則暗底下埋怨杜先生怎麼這樣自做主張？一下子便答應發兩個月，正當他們想要高聲抗議，再度訴苦的時候，杜月笙卻又在笑吟吟的說了：

「不過，我相信老闆確實沒有力量付得出兩個月的遣散費，否則他決不會跟各位這麼樣牽絲扳籐，委決不下。所以我說，老闆還是盡他最大的力量，籌發遣散費一個月，相差的一個月薪水，由我杜某人負擔。現在就請你們把數目算出來，我好叫賬房間開支票。」

漂亮、落檻到這個地步，勞資雙方，除了衷心佩服，萬分感謝，簡直再無其他的話好說。杜月笙儘著在催，勞資雙方謙辭不獲，數目開出來了，最多五分鐘，賬房間裡便將一紙鉅額的支票送到，杜月笙當場交付，這時候，僅及支票面額二分之一，廠老闆或店老闆，所答應的一個月遣散費還不知道在那裡呢？

勞資雙方歡天喜地出門去，走到路上一商量，杜先生的大恩大德何以圖報？商量的結果多一半是：翌日報紙上刊出了勞資雙方共同向杜月笙鳴謝的啟事，然後製一塊歌功頌德的匾額，雇一班服裝整齊的軍樂隊，由勞資雙方推派代表，吹吹打打的送到杜公館，鳴砲，奏樂，致頌詞，再由杜月笙笑容可掬的接受。

杜公館的人談起調解工潮接受上匾這件事，常會搖頭苦笑的說：

「像這樣的匾簡直多得來嘸沒擺處。」

傳記系列003

杜月笙傳——第二冊（四刷）

著　　者：章君穀
校　　訂：陸京士
編 輯 者：傳記文學出版社
出 版 者：傳記文學出版社股份有限公司

創 辦 人：劉紹唐
榮譽發行人：劉王愛生、成露茜
社　　長：成嘉玲
編 輯 者：傳記文學編輯委員會

地　　址：11670臺北市文山區羅斯福路六段85號7樓
電　　話：(02)8935-1983
傳　　眞：(02)2935-1993
E-mail：nice.book@msa.hinet.net
郵政劃撥：00036910・傳記文學出版社股份有限公司
登 記 證：局版臺業字第〇七一九號

定　　價：新台幣三八〇元（本冊）
（全套五冊共一九〇〇元）
出版日期：中華民國七十八年六月一日
中華民國一〇九年九月（四版）